U0509564

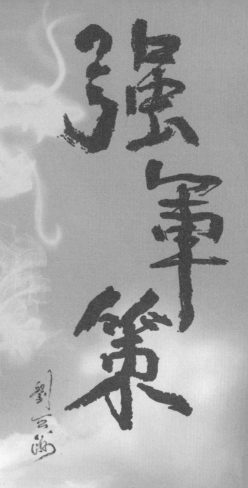

强军策

刘亚洲 / 名誉主编
曹 智 张铁柱 / 主编

刘亚洲 任天佑 王卫星
金一南 肖裕声 徐 焰
姜鲁鸣 蔡仁照 王志国等/撰文

上海远东出版社

强军策

名誉主编：刘亚洲

主　　编：曹　智　　张铁柱

撰　　文：刘亚洲　　任天佑　　王卫星

　　　　　金一南　　肖裕声　　徐　焰

　　　　　姜鲁鸣　　蔡仁照　　王志国等

目　录

策划心语：改革，强军必由之路

强国必先强军，强军必先改革。

一个国家、一支军队对待改革的态度和作为，直接决定着军力的强弱和战争的胜负。进入 21 世纪以来，世界新军事革命如惊涛拍岸，战争形态向信息化战争加速演进。改革，成为这个时代的强烈脉动，成为世界大国强军的必由之路。

他山之石，可以攻玉。军队领导管理体制如何优化、联合作战指挥体制怎样建立、新型作战力量建设有何规律、美国何以持续保持世界军事变革领先地位、俄罗斯军事改革在试错中取得了哪些成果……本书策划团队邀请国内军事名家和相关领域专家，撰文评析世界新军事革命发展趋势，考察点评世界大国军队改革成败得失，纵论分析世界新军事革命对我国深化国防和军队改革的经验启示。

当前，我军正处在机械化建设尚未完成、信息化建设加速发展的历史阶段，军队现代化水平和国家安全需求与世界先进军事水平相比还有较大差距，必须深入推进改革，下大力气解决制约战斗力建设的体制性障碍、结构性矛盾、政策性问题，走出一条有中国特色的强军之路。

"千红万紫安排著，只待新雷第一声。"深化国防和军队改革正面临着难得的机会窗口，与时俱进的人民军队一定会勇敢地迎接这场时代大考，向党和人民、向历史交出一份合格答卷。

这组长篇研讨文章史论结合，从历史观照现实，以现实回应历史，将宏观与具体、理论与现实有机结合，深刻而系统地诠释了新形势下军队改革的必要性、规律性，深刻解析了世界新军事革命的发展趋势，考察了世界主要大国军队改革的经验教训，论述了我国深化国防和军队改革的积极探索和实践。2014年纪念甲午战争爆发120周年，我们曾组织刘亚洲等军事名家撰写反思长文，殇思甲午，研究败仗，是为了找到失败的真正原因，直面历史，认真汲取深刻的历史教训。而2015年观察世界主要大国军队改革的经验教训，关注我国军事体制改革，就是为了强国强军，打赢胜仗！

关注改革强军，支持改革强军，助力改革强军，是军人的责任，也是全体中国人的责任。让我们跨越2015，起航2016，共同聆听中国军队改革强军的铿锵脚步声。

曹　智　张铁柱

2015 年 12 月 31 日

代序：军改是一场革命

刘亚洲

刘亚洲

国防大学政委，空军上将军衔。毕业于武汉大学英文系。参军后历任排长、副连长、中央军委办公厅干事、师级单位政委、军区空军政治部主任、军区空军政委、空军副政委等职。

一

习近平主席指出："深化国防和军队改革是一场整体性、革命性变革。……全军要以高度的历史自觉和强烈的使命担当，以踏石留印、抓铁有痕的精神，坚决打赢改革这场攻坚战，努力交出让党和人民满意的答卷。"

军改是一场革命。谭嗣同说："各国变法，无不从流血而成，今中国未闻有因变法而流血者，此国之不昌者也。有之，请从嗣同始。"今天，我们特别需要谭嗣同精神。

战争是流血的政治。有时候改革也是流血的政治。在中国历史上，军队改革的篇章常常是用血与火写就的。商鞅改革就是很好的例子。商鞅变法很大程度上就是军事改革。

当时列国争雄，思想正从争鸣的庙堂走向变革的旷野。在时代澎湃向前的潮流中，向后没有退路，只有亡国灭种。改革是唯一活路。商鞅以大无畏的胆魄把秦人引到这条生路上，他自己却走上了死路。商鞅变法从一开始就是一场冒险犯难。只有冒险犯难的改革才是真正的改革。秦人有血性，无规矩。商鞅为他们制定了规矩，然后又用自己的鲜血进一步涵养、浇灌了秦人的血性，于是秦人就变得更加刚烈了。商鞅是被车裂而死的，死得如此痛快淋漓，使后世的死刑全部黯然失色。商鞅身体在被撕裂的那一霎间，也预示着秦国与旧制度的彻底决裂，因此他的死不仅是一种仪式，更是一个境界，百世之后，仍让人感奋不已。

二

战争的阻力来自对手，军事改革的阻力来自内部。

第二次世界大战结束不久，美国研制成功第一台电子计算机。紧接着，美军将电子计算机用于预警机和电子战飞机上。1972年5月，美军用15枚激光制导炸弹炸毁了越南清化大桥。而在此之前，美军曾出动700余架次飞机，投了约1.5万吨炸弹，都没将这座大桥炸毁。这一系列看似孤立的事件，给了当时的苏联国防部第一副部长兼总参谋长奥加尔科夫强烈触动。他敏锐地意识到军事领域正在发生深刻变化：以电子计算机为核心的信息技术迅速发展，精确制导武器不断涌现，必将从根本上打破军队旧的发展模式，推动和促进新的军事革命的发生。奥加尔科夫闪电般行动了：用当时最先进的数字化技术改造指挥系统，并以此为基础建立了第一个师级数字化试验部队。他的这一系列做法被称为"奥加尔科夫革命"。

"革命"要求对军事体制进行根本性变革，这与苏军实施高度集中的指挥体制尖锐对立，威胁到一大批人的职位和利益。改革刚开始不久，奥加尔科夫被解除总参谋长职务，降职为西部军区司令。他倡导的数字化试验被停止，数字化试验部队被撤销。奥加尔科夫的副手加列耶夫最近在一篇纪念文章中说："如果不考虑个人利益，大家会举双手赞成改革。考虑个人利益，大家就一致反对改革。"然而，美国人却迅速接受了"奥加尔科夫革命"思想，大力推进以信息技术为核心的新军事革命。美国人的努力在海湾战争中获得丰厚回报。直到此时，俄罗斯人如梦初醒，大力追赶。但无情的事实是，俄军在新军事革命中大幅落后。

今天，不改革是中国军队最大的风险。不改革的症结在于改革动力不足。动力不足的症结在于不愿触及个人的利益。然而，严酷的现实是，只要是私利，就终究会被打破。不被自己打破，就被别人打破。今天不打破，明天必打破。每一次军事变革的开始和完成，都是以一次或几次新型军队对旧式军队的毁灭性打击为"开幕"或"闭幕"的，鸦片战争如此，甲午战争如此，海湾战争亦如此。迟了太久，就不必到了，也到不了。有人用鸡蛋破壳来比喻军队改革：从内向外破壳，是突围，是蓬勃的新生命的诞生；从外面破壳，就变成了别人口中的美食。

因此，军队改革不仅事关军队生死，更关乎国家生死。战争史一再证明，战争的胜负在战场之外，在战争之前。军事变革中的落伍者，必定是未来战争中的被淘汰者。军队决战于变革。所以，军队改革是"铁腕"的事业，所需要的是"断腕"的勇气。毛泽东说："庞大的机构是由自己亲自创造出来的，想不到又要由自己的手将它缩小，实行缩小的时候就感到很勉强，很困难。"当年邓小平面对军队改革阻力时说："第一条决心要大。""第二条才是工作要细。""要用搞革命的方法。一次搞好了，得罪人就得罪这一次。"

三

落后的民族不一定是贫穷的民族，但一定是思想保守的民族；落后的军队不一定是劣势装备的军队，但一定是观念陈旧的军队。

拿破仑说："让驴子和学者走在队伍中间。"这句话不仅说明拿破仑重视学者，更道出了他能打胜仗的秘诀：带着先进的军事理论前行，带着创新的思想前行。他的队伍中，有一支特别分队——数百名各行业的学者以及成百箱书籍和研究设备，可谓别具一格的"学者"军队。学者是拿破仑军队中最优良的装备。由于有学者，才有新思想。纵观历史，由于思想未能及时跟上时代发展的脉搏，一次次错过军事变革的例子层出不穷，例如，元帝国错过了火药革命，清朝未能抓住工业革命。第二次世界大战初期，德军的胜利就是思想的胜利。德国的军事思想充满活力，具有超前性和预见性。德皇弗里德里希二世提出：战争艺术没有止境，不能抱着固有的观念不放。他主张要勤于思考，"通过思考结出果实"。军事巨著《战争论》

以及"总体战""闪电战"等理论在德国的出世就是最辉煌的果实。战争开始后，出现了波兰和苏联骑兵冲击德军坦克的场景，出现了法军蹲在马其诺防线后一枪未发就当了俘虏的场景，这些一边倒的屠杀，刽子手不是武器，而是观念。

陈旧的观念就像泰山一般沉重。几年前，美国驻华大使洪博培离任时，有记者向他提了个问题：中美之间的距离有多大？这位会讲汉语的大使毫不犹豫地说："一百年！"我为这句话感到震惊。仔细想来，他讲的距离不是指经济，不是指硬件，而是指思想观念。观念是软力量，但却是决定性力量。军事理论一日千里。我军还在纠缠"三总部""四总部"之分。红军、八路军老打胜仗，是因为有三总部或四总部吗？不是。是因为他们有新思想。美军一直站在军事理论创新最前沿。从海权论到信息战，从空地一体到全频谱作战，美军差不多每隔几年就推出一个崭新的军事学说，魅力无穷。伊拉克战争中体现的以"震慑理论"为基础的"快速决定性作战"思想，就是对海湾战争中"压倒性力量优势"理论的大胆否定。曾供职于美国国会预算办公室的迈克尔·奥汉隆说："五角大楼如今已经完全成为信仰军事革命的官方机构。"不断地自我否定，强烈的超前意识，这是美军改革的两个显著特点。随着高科技周期越来越短，高科技的内容变化越来越大。今日的高科技，几年后就是古董。当我们整日都在呼喊"高科技！高科技！"之时，高科技正冷笑着从我们身边呼啸而过。"局部战争"的概念是美军提出的，它的战略任务从"同时对付两个半战争"转到"对付世界任何地区的局部战争"。

美军在全球部署。战争对于美军来说，当然是远离本土的局部战争。但对敌对国家，却是全面战争。海湾战争、科索沃战争对美军是局部战争，对伊拉克和南联盟就是全面战争。美军提出这个概念，是因为其战略对手苏联的消失。中国的战略对手消失了吗？新世纪，中国的战略对手不减反增。对中国而言，无论哪个方向发生战争，都有可能不是局部战争。

思想必须革命，观念必须更新。更新观念最重要的有两步：看到所有人都能看到的，再想到所有人没有想到的。我们的目光应当像探照灯一样，照射的不是过去，也不是现在，而应该是未来。军事领域的变化比想象的要快很多，甚至是所有领域中变化最快的。因为每一个时代的尖端技术和思想都最容易用于军事目的。当你触摸到战争本质的时候，你可能已经输掉了这场战争。海湾战争后，全胜而归的美军参战部队司令施瓦茨科普夫没有要求加官晋爵，而是提出退役。理由是："我已不适应下一场战争了。" 施瓦茨科普夫角色的转换在我看来是那样惊心动魄，甚至比世界上第一场"直播战争"（海湾战争的别称）中美军对伊军疾风骤雨般的打击还要让人惊心动魄。军队的强大绝不仅仅体现在高、精、尖的武器装备上，更体现在思想和观念的强大上。马岛战争以来，世界上所有的战争都是不对称战争，根本原因是一方思想观念先进，另一方思想观念陈旧所形成的不对称。

只有革命才能找到真理。真理不会灭亡，但极易受伤。谬误却相反。

四

军改由人来改。军改首先改人。

刘伯承元帅说："要建设一支现代化的军队，最难的是干部的培养，而培养干部最难的又是高级干部的培养。"人永远是战争中最重要的因素。1947 年 8 月，豫东战役结束后，毛泽东说："解放战争好像爬山。现在我们已经过了山的坳子，最吃力爬坡阶段已经过去了。"解放战争刚打了一年，毛泽东敢这么讲，不是因为共产党的军事实力超过了国民党，而是我军在战争硝烟中涌现出了大批掌握战争规律、具有高超指挥艺术的将领，构筑了一个人才高地。如，晋冀鲁豫野战军刘伯承、邓小平，西北野战军彭德怀、习仲勋，华东野战军陈毅、粟裕，东北野战军林彪、罗荣桓，中原军区李先念。由于拥有这批人才，解放战争胜利到来之迅速，出乎意料。但是今天，我们这支军队曾经拥有的人才优势，已经成为与强敌较量时的薄弱环节。

1963 年，毛泽东在凭吊罗荣桓诗中写道："君今不幸离人世，国有疑难可问谁？"这首诗既是一个分野，又像一句谶语。自第一代将领凋零之后，我军一直期待出现席卷天下时那股人才潮。一支守天下的军队，用一大批德才兼备的干部有难度，但用几个优秀人才应当有可能。问题是，在不良政治生态影响和平庸守旧思想氛围的笼罩下，这几个出类拔萃的人才也容不下。这带来两个后果：（1）不敢讲真话。关起门来也没有人讲真话；（2）生存第一。为了避免吃亏，我们甚至在没吃亏前就已经懂得如何防范了。

今天我军人才队伍建设又到了"爬坡"阶段。这个"坡"，比当年的"坡"艰难百倍。因为积弊太深，如深渊万丈。不进行一场革命，不足以焕发青春。革命覆盖三个方面：

高层：此次军改，应在高级将领中刮一场头脑风暴。当今世界，"战略为王"。《司马法》云："将军，身也；卒，支也；伍，指姆也。"士兵是战术的，将军必须是战略的。所有的胜利都是战略的胜利。所有失败都是战略的失败。毛泽东的成功在于选择了正确战略。邓小平也是战略起家。我国"将军团"如果能成为"战略团"，军必兴焉。

中层：铸造一个全新的"参谋团"。"参谋团"即精英集团。一战后，德国总参谋部被撤销，军队只能保持 10 万人。德军最高首脑冯·西克特设法保留了一个军官团。冯·西克特制定的标准是，每一个列兵都受到成为军士的培训，每一位军士都受到成为军官的培训，每一位军官都受到成为将军的培训。正是这些精英，构成了德国的"十万陆军"，后来发动了二战，一下把世界打懵了。俄国近代虽然拥有一批伟大的军事统帅，也诞生过一些军事思想家，但长期以来没有一个高素质的军官团。虽有源源不断的兵源优势，但先败克里米亚，再败旅顺，又败对马。日军中也有一些优秀的参谋，不仅把日本搅得天昏地暗，还翻腾过亚洲大陆。联合舰队参谋秋山真之策划了日本海大海战。关东军参谋石原莞尔一手挑起了"九一八"事变。

在我军历史上，参谋也曾起到重要作用。解放战争中，在几间简陋的土房里，雷英夫和几个参谋指点江山，横扫千军。正是此人，不久后还准确预测了麦克阿瑟的仁川登陆。自那以后，我军参谋队伍越来越庞大，人头浩荡，黑压压如山，却鲜有卓见和建树。今天我军参谋队伍有两大问题：其一，缺少吞天吐地的能力。首先是缺少吞天吐地的气魄。"参谋不带长，放屁都不响"就是辛辣而真实的写照。其二，缺少干事业的追求。中层军官必须把打仗当成一个职业。军人不把打仗当成一个职业，就更不会把它当成一个事业。"参谋团"应由我军最优秀的知识分子组成。在我军"参谋团"里，让未来的将军更早相遇。

基层：士兵要有知识和文化。我国过去所进行的战争中，一名士兵无非就是练了两天射击的农民。这名士兵阵亡后，三天之后就又可以补上一名。但现代战争却不是这样，一名合格的士兵需要经过长期而严格的训练。解放战争中"即打即补，随打随补"的现象再也不复存在。在美军近几场战争中，一个班长五分钟内即可呼叫到航空兵火力突击，一个单兵两分钟可呼叫来地面炮火支援。在美军设计的未来战争中，士兵只需敲击计算机键盘就可以达到攻击对方军事枢纽、破坏经济命脉等多种目的。键盘就是武器，鼠标即是炮火。这些都需要士兵具有高度文化知识。我曾访问过美军一个步兵连队，和士兵交谈。他们开阔的视野和活跃的思维让我吃惊。从伊拉克到阿富汗，从印度洋至太平洋，他们侃侃而谈，激昂得很。

五

军改既是中国军队"国际化"的过程，又是把外军先进经验"中国化"的过程。我曾提出"以美军为师"的概念，指的主要是精神层面和观念。此次军改，我们没有照搬美军模式。美军体制固然先进，但那是美国政治制度和价值体系的产物，如果一味向美军学习，我们将会迷失方向。我军就可能犯"颠覆性错误"。一切拷贝美军是目前世界上大多数军改执行者的普遍心态。此心态，须革除。

反思各国军队近十几年的改革，基本上都有美军的影响和色彩。美军的改革是基于美国的国情。美军如此奔腾鱼跃前行，可美军参谋长联席会议副主席欧文斯却认为：美军的改革太慢了。欧文斯指的是美军改革的步伐仍跟不上美国在全球扩张的步子。俄罗斯军队改革为什么走那么大的弯路？就是它照着西方特别是美军的模式改了六次，矛盾重重，得不偿失，最后以难以适应本国国情而告终。

中国军改不能脱离国情和历史。国情就是历史，历史就是国情。是历史创造了未来，而不是未来自己创造了未来。没有历史的未来是一个黑洞，什么都会被它无情吞噬。丘吉尔说："看得见多远的过去，就能走得向多远的未来。"我们以怎样的态度对待历史，历史就回报你一个相应的未来。譬如，美军的统帅部是直接指挥到单兵的，但它并不是强化集中指挥，而是逐步下放战斗的自主权。如果只看到统帅部直接指挥单兵这一点，那就是"一叶障目，不见泰山"。美军的主旨并不是直接掌控单兵行动，而是践行德国军事思想上的精确作战、量化作战。这和中国昔日战时一竿子插到底的情形有着本质的不同。历史上蒋介石最爱干一竿子插到底的事。每次蒋介石亲自指挥作战，诸将领必头痛不已。结果只有一个：必败无疑。我军目前采用的是苏联军师团模式，指挥体系是适应于机械化战争的金字塔结构。这种指挥体制应对现代战争特别是信息战争有难度，但固守本土，保持国家政治稳定又是有效的。看上去左右为难，其实这告诉我们：到了让你换个方向前进的时候了。重新开始不等于原地踏步，原地踏步也未必不能重新开始。毛泽东指挥解放战争的历史是一部教科书。今天我们恐怕还是要有点毛泽东精神。这有点像钟表，可以回到起点，但已不是昨天。

马汉说："如果一个国家的地理位置，除了具有便于进攻的条件之外，又坐落在便于进入公海的通道上，同时还控制了一条世界主要贸易通道，显然它的地理位置就具有战略意义。"地理位置决定着军事变革的方向。我一直研究美军战略，发现它的军事部署始终沿着一条地理线展开：海湾—红海—地中海。这是人类文明的海上枢纽。这条地理线就是美军战略线。中国军改也必须考虑地理因素。中国这块地盘实在太好了。可以说上天过于眷顾中国人。中国的地理形状代表了典型的地缘政治家所描绘的具有"战略意义"的特征：主要是大陆国家，同时又有漫长的海岸线。尤其是西部，占据着全世界最高的地势。过去的英国人、俄国人，现在的美国人，都对这片高地垂涎不已。从上世纪末到本世纪初，美军身影一直在这块高地附近闪现。过去，这块高地利于防御。今天，这块高地利于进攻。尤其是，国家已制定了"一带一路"的战略。军队改革必须适合国

我军特战团官兵在演习场进行反恐演练

家战略的需要。当国家战略转变时，军事理论也必须转变。军改，必须服务服从于国家发展整体战略。

爱因斯坦说过："我不知道第三次世界大战使用什么武器，但我知道第四次世界大战一定会使用棍子和石头。"战争形式正以龙卷风般的速度发生着变化。每个时代都有每个时代的战争。我军很多将领至今还对解放战争和抗美援朝时大规模超大兵团集群作战的经典战例津津乐道，还梦想着指挥这样的作战，但这样的机会还会有吗？永远不会有。外敌一旦打击中国，绝不会深入到中国腹地，与我军进行大兵团决战。特种作战已是世界大势所趋。军事理论革命滥觞于美国。美军已经走得太远了。如果我军跟着美军撵，永远也撵不上。我们必须对已经被美军革命过了的军事理论进行再革命。

每一支强大军队的崛起都是独一无二的。这种崛起都是探索符合自身特点的成长道路的结果。只可以超越，不可以模仿。高手比到最后，比的是自我。历史，在关闭一扇门的同时，会打开其他的门。这启示我们，只有走自己的路，才能让别人无路可走。譬如，美军最早提出了信息战的概念。美军讲的信息战其实就是计算机战。全世界生产计算机中央处理器的三大公司都在美国。包括我军在内的所有国家军队的自动化指挥系统，计算机所使用的中央处理器，绝大多数是美国产品。这就决定了美国的独占性。在美国，聚集黑客最多的地方不是企业，而是美国政府。我把这种计算机战争称为"物质信息战"。打这个战争，谁能赢得了美国？那么，比照"物质信息战"，能不能提出一个"精神信息战"的概念呢？这种战争，信息主要用于人的精神层面，即用大量的主观信息干扰、破坏、降低乃至使敌方完全丧失思维识别能力，在巨大的精神压力下，溃不成军。相比较"物质信息战"的"硬杀伤"，"精神信息战"造成的作用是"软杀伤"。"软杀伤"不会比"硬杀伤"作用小。

新的战争形态已现。

全球新一轮军事革命潮起潮涌

任天佑

任天佑

国防大学战略教研部主任，教授，少将军衔。著有《让思想突出重围——当代军事转型中的心路纪要》《问道改革强军》，主编、参编著作10余部，在重要报刊发表文章百余篇。曾获全军政治理论优秀成果一等奖、国防大学刘伯承科研成果特等奖等。

一、风云骤起

人类社会形态每一次革命性发展，特别是科学技术、生产方式的重大变化，必然对武器装备和作战方式产生革命性影响，进而推动军事领域的整体变革。"一旦技术上的进步可以用于军事目的并且已经用于军事目的，它们便立刻几乎强制地，而且往往是违反指挥官的意志而引起作战方式的改变甚至变革。"发轫于上世纪70年代的当代世界新军事革命，再次诠释了恩格斯的这一经典论述。

上世纪七八十年代，以信息技术为核心的高新技术迅猛发展，引发了军事技术的革命性创新。首先是高新技术群体加速涌现。以人造卫星和航天飞机为代表的航天技术，以激光为先导的聚能技术，以核聚变为代表的新能源技术，以遗传工程为代表的生物技术，以海洋工程为代表的海洋开发与应用技术，以复合材料和耐高温材料为代表的新材料技术，以新材料为基础的隐形技术等高新技术群体迅速发展，广泛渗透到人们生产生活的各个方面，快速进入军事领域的各个层次。其次是各大国针对技术发展态势，纷纷制定技术支持战略。1983 年 3 月，美国总统里根宣布"星球大战计划"，要求加快大规模集成电路、超级计算机的技术研发，提升信息获取、处理、传输能力，推动精确制导、指挥控制的技术突破。欧盟、日本、苏联紧随其后，制定了各自的国防科技战略。在国家的有力支持下，以信息技术为核心的高新技术在军事领域广泛运用，直接带动了精确制导、遥感探测、卫星通信和预警、全球定位导航、隐身、激光、夜视、光电等一系列军事技术的突破发展。

军事技术一旦突破，接着改变的就是武器装备。短短数十年，平台、侦察、传输、感知、控制等一系列武器装备的信息化水平实现了质的跃升。这些武器装备迅速用于实战，体现出震撼性的作战效果。1972 年 5 月，美军出动 14 架战机一举摧毁了清化大桥，而过去美军曾出动飞机 700 余架次、投弹 1.5 万吨都未能将其摧毁。1981 年 6 月，以色列 14 架先进战机，悄然飞临巴格达东南 20 公里空域，2 分钟内将伊拉克核反应堆摧毁。1982 年 5 月，阿根廷军队用一枚价值 20 万美元的"飞鱼"导弹，一举击沉英军价值 2 亿美元的"谢菲尔德"号驱逐舰。在信息化武器装备面前，缺少信息支撑的传统作战平台只能处于被动挨打境地。1982 年 6 月，以色列空军出动电子战飞机和轰炸机，6 分钟之内将叙利亚贝卡谷地的萨姆 -6

导弹全部摧毁。1989 年，美军首次使用 F-117 隐形战机，成功躲过了多个国家的雷达监视，以密集编队长途飞行数千公里，对巴拿马军用机场和 2 个步兵团实施空袭。随后而来的海湾战争、科索沃战争、阿富汗战争、伊拉克战争，美军进一步检验了信息化武器装备的阶段性成果。

随着高新技术迅猛发展及其在军事领域运用，人们开始从更大范围、更深层次来研究把握其影响。早在上世纪 70 年代末，当时以苏军总参谋长奥加尔科夫为代表的一批军事家就预言：信息技术在军事领域的应用必将引发一场新的革命。他们将这种时代性的革命称之为"军事技术革命"，认为这场革命正在使发展着的新技术武器装备发生深刻变化，将从根本上打破陈旧的军事理论，极可能出现比核武器更有效的杀伤性兵器，从而影响到军事领域各个方面。90 年代初，海湾战争正式拉开了这场世界性军事革命的序幕。海湾战争结束后，美国及世界战略学界开始大量出现关于军事革命的论述。1994 年 1 月，当时的美国防部长佩里批准在国防部成立了一个高级指导委员会，负责指导美国有关 Revolution In Military Affairs（RMA）的研究工作，这是美官方最早承认和使用 RMA 这个词。之后，围绕新军事革命这一主题，美国防部、参议院及军队在不同层面、以不同内容召开了各种研讨会、听证会。1998 年，佩里在该年度国防报告中专门就新军事革命定义作了说明。他认为，当今这场世界性军事革命是采用新技术的军事系统、创新的作战理论与变革的军队组织体制相结合，从根本上改变军事行动特点和进行战争

在海湾地区几架战斗机准备从"乔治·H·W·布什"号航空母舰上起飞

的方式。我们最初把 RMA 翻译为"军事革命"，后来考虑结合中国实际，认为把它翻译成"军事变革"更确切些，并把这场席卷全球的军事上的巨大革命，称之为"世界新军事变革"。

与此同时，创新的军事理论尤其是作战理论开始涌现，并渐成"井喷"之势。美空军副参谋长特别助理沃登的"五环打击目标"，美国防部长拉姆斯菲尔德的"军事转型"，美海军作战部长约翰逊的"网络中心战"，美空军退役上校博伊德的"OODA（观察、判断、决策、行动）决策环"，以及"基于效果作战""快速决定性作战""打破方阵""空海一体战""全域控制战""即时全球打击""第六代战争"等理论纷纷推上前台。美国等通过各种形式验证这些理论，形成新的作战样式。比如，1991年海湾战争，美国打的是空地一体战；1999年科索沃战争，打的是非接触作战和战略瘫痪战；2001年阿富汗战争，打的是精确作战和特种作战；2003年伊拉克战争，打的是快速决定性作战和网络中心战。

未来学家阿尔文·托夫勒认为："新的文明兴起并向旧文明挑战，整个社会发生转变，迫使武装部队从技术和文化到编制、战略、战术、训练、条令和后勤等各个层次都同时发生变化，这时就出现了军事革命。"具体讲，当代新军事革命有四大因素：一是以信息技术为主导的先进技术和武器装备发展；二是军事理论尤其作战理论创新；三是以创新军事理论为指导的体制结构改革，即军事体系重塑；四是官兵素质大幅提升。其中，主要和关键环节，是体制机制和政策制度改革。只有通过这样的改革，才能实现军事领域的整体飞跃，构建适应信息化战争要求的新型军事体系，占领未来战胜制胜的战略制高点。正因为如此，伴随着高新技术和武器装备发展，开启了各主要国家你追我赶、抢占潮头的军事改革浪潮。

上世纪70年代，美军越战失败后，改革呼声渐起，目的就是利用高新技术尤其是信息技术的发展优势，进一步拉大与其他国家的军事差距，保住自己的世界霸主地位。他们认为，进行军事变革，可以把美军建设成为世界上第一支信息化军队，与其他国家形成"时代差"，从而按照美国的意志去塑造21世纪。因此，从上世纪80年代开始，美在加速发展高新技术和武器装备的同时，加快推进军事改革步伐，持续推进联合作战指挥体制改革和军事转型，成为世界新军事革命的领头羊。俄罗斯作为军事组织体制改革的追赶者，从上世纪90年代开始，几次改革，几经折腾，到2008年的"新面貌"军事改革，在打造精干、高效、机动的新型现代化军队上取得实质性突破。英、法、德、日等国也不甘落后。英国从上世纪90年代启动军事改革，组建直属国防参谋长领导的常设联合司令部，建立三军一体的联勤体制。法国于1993年将各军种指挥权集中于三军参谋部。德军上世纪90年代大幅精简机关，2006年又决定裁除军种部，实行由快速反应部队、稳定部队和支援部队构成的新体制。日本在2006年进行联合作战指挥体制改革。从总体上看，各国军事改革力度之大，军事组织体制调整涉及面之广，为二战结束后所罕见。

至此，新军事革命的冲击波一路汹涌而来，从军事技术到武器装备，到军事理论、作战方式，再到组织体制，短短数十年中，全面覆盖了军事各个层面、各个领域、各个角落，掀起了席卷全球的军事改革浪潮。

二、势不可挡

军事实力是国家综合实力和竞争力的战略支撑。美国之所以能在当今世界横行霸道，有其经济、科技先进等重要因素，但更重要的是它手中掌握的美元和无人匹敌的军队，而强大的军队才是它最后的底牌。历史和现实表明，雄厚的经济实力是国家强大的基础，而强大的军事实力则是支撑其强大的"骨骼"。

当今世界正在发生深刻复杂变化，世界格局深度调整，国家综合实力竞争加剧，传统安全威胁与非传统安全威胁交织，由此带来国家安全面临的复杂性、多样性、风险性增加。尤其是新军事革命的发展，超级大国依托高新技术群的发展，保持着强大军事优势，强化操纵和干预国际事务的姿态与战略手段，导致国际战略力量对比发生倾斜，对发展中国家带来巨大安全威胁和压力，造成一种强者愈强的不平衡态势。维护国家安全和发展利益，必须要有强大的军事实力，也就必须适应时代发展要求，不断推进军事改革。

更重要的还在于，新军事革命深入演进，极大冲击了传统战争理念，改变了战争面貌，催生了战争形态的重大变化，作战方式日益呈现出从合同作战向联合作战、从线式作战向非线式作战、从接触作战向非接触作战、从粗放作战向精确作战、从火力打击向信火打击、从武器平台支撑向体系支撑，从传统领域向太空、网络等新型领域快速演变态势。一路走来，从海湾战争、科索沃战争、阿富汗战争、伊拉克战争，到两次车臣战争、俄格冲突，再到今天美俄在中东地区的新一轮博弈，可以看出，那些缺乏先进武器装备且抱着传统体制和打法的军队，在有了先进武器装备且已经或正在重塑新的体制结构、运用新的作战方式的军队面前，就如同当年用大刀长矛对抗洋枪洋炮军队那样，简直毫无还手之力。另一方面，即使有先进武器装备，但仍陷于传统理念、体制和战法之中的军队，就是面对相对弱小的对手也并不轻松，甚至很难取胜。而所有这一切，其深层原因就是战争制胜机理变了，信息主导、体系支撑、精兵作战、联合制胜成为现代战争的基本特点。它一次次告诫人们，不改革，军队是打不了仗的，更是打不了胜仗的。

比如，制信息权成为夺取战场综合控制权的核心。传统战争主要依靠火力、机动力等，而在信息条件下，信息力成为战斗力最重要因素，信息优势成为战争制胜关键，催生了"发现即摧毁"即所谓"秒杀"的作战方式。从近期几场战争来看，作战行动基本上都是首先在电子信息网络领域展开，目的就是夺取和保持己方的信息优势，削弱甚至剥夺对手的信息能力。

科索沃战争中，北约军队电子战飞机出动的架次占飞机出动总量的 40% 以上。北约军队每一次空袭行动，都是先以 EA-6B 电子战飞机对南联盟军预警雷达和火控雷达实施"致盲"干扰，再以 EC-130 电子干扰飞机对南联盟军指挥通信系统实施"致聋"干扰，为空中突防提供掩护。北约军队还广泛使用新概念电子攻击武器对南联盟的信息系统和电力系统实施毁灭性打击，多次使用的常规电磁脉冲弹，导致南联盟的电子信息系统大面积瘫痪。阿富汗战争中，美军把最先进的武器（如激光制导炸弹）、老"古董"（如已有 40 年历史但配备了现代电子技术的 B-52 轰炸机），与骑着驴马但装备先进信息设备的战士，以史无前例的方式集成融合起来，信息主导的优势获得了致敌毁灭的效果。

比如，基于信息系统的体系对抗成为信息化战争的重要特征。传统条件下，战斗力要素之间是封闭、割断、独立的关系，战争主要表现为作战力量单元之间的较量，信息系统则将各种作战力量、武器平台、指挥机构聚合成一个有机体系，体系结构成为赋能释能的强大倍增器，一体化联合作战的体系对抗成为基本作战形式。

早在科索沃战场上，F-16 先后打下南联盟骑士中队装备的 16 架米格 -29 中的 11 架，而米格 -29 却未能击毁 1 架 F-16。是米格 -29 性能不如 F-16 吗？苏联解体后，美军得到不少米格 -29，曾专门组织与 F-16 进行对抗演练，得出的结论是，米格 -29 的胜率远高于 F-16。原因在哪里？在于 F-16 得到了北约预警系统的有力支持，而米格 -29 只是凭借自己单个平台作战。两"虎"相争，胜在体系。如果说，曾经一个时期，主要靠几件高新武器作为"撒手锏"还可以发挥较大威力的话，在体系对抗条件下，这些想法已经过时。

2011 年 5 月，美军击毙本·拉登更是一次典型的"大体系支撑精兵行动"。这场行动说是战术性质，实际上是一场多维立体的战略性行动。看上去，只是美海军陆战队的两架"黑鹰"直升机和 24 名陆战队员在执行任务，但其背后却有着一个庞大系统在支撑：若干颗侦察和通信卫星、一架担负实时传输和无线监听任务的隐形无人侦察机、多架空中待战掩护的 F/A-18 战斗机、一支担负战略支援的航母编队、两个中亚基地和五个指挥中心，以及近万名各类支援保障人员。这种小行动、大体系支撑的作战样式，充分显示了现代作战的制胜机理。

再如，运用精锐力量实施精确作战成为重要作战方式。传统战争的制胜之道是通过大规模兵力火力，大量杀伤敌人有生力量，改变敌我双方力量对比，最终赢得战争胜利；而在信息化条件下，依赖信息优势和体系支撑，则主要通过中远程武器在防区外对全纵深目标进行精确打击，从而达到改变战场态势甚至赢得战争的目的。

从对战略目标打击能力的急剧增长可以看出精确打击的潜在效果。1943 年，美国空军在整整一年的进程中仅打击了 50 个战略目标。在海湾战争最初 24 小时内，盟国空中力量打击了 150 个战略目标，与 1943 年相比提高了 1000 倍。在未来 10 年内，在战役头一分钟内可能打击的重要战略目标将达 500 个之多，是海湾战争时的 5000 倍。按照预想，精确打击将达到类似核武器的打击效果，且不用冒险将破坏升级到无法忍受的程度。当直接打击敌军重心目标时，精确打击就证明其具有决战决胜的作用。

2001 年阿富汗战争中，正当塔利班部队从喀布尔战略撤退时，美军侦察机发现一个镇上小旅馆疑似塔利班的指挥机构，实时把图像传到美国佛罗里达州的中央司令部作战指挥室判定后，随即呼唤两架 F-15E 战斗轰炸机（每架能够携带炸弹 11 吨）对标定目标进行轰炸。整个指挥部被炸毁，基地组织的主要军事指挥官拉基夫被炸死，直接导致了塔利班由有序撤退变成了无序溃败。

2003 年的伊拉克战争，美军发动的首轮打击代号为"斩首行动"，其行动目标是除掉伊拉克总统萨达姆；第二轮打击的代号为"震慑行动"，在数小时内发射 1000 枚左右的巡航导弹，出动携带精确制导炸弹的各型战机数千架，达成了精确打击并摧毁伊拉克作战体系的战略目的。自此，伊拉克丧失了组织大规模作战的能力，抵抗能力与抵抗意志大大削弱。最终，美英联军仅用 40 天的时间，在未发生传统的大规模地面作战的情况下，基本结束战争。通过实施远程精确打击完成作战行动，使战场面貌、战争面貌发生了根本性改变。美国总统布什和国防部长拉姆斯菲尔德称，这种作战方式与当年二战时"闪电战"类似。

"天下大势之所趋，天地鬼神不能易。"《基于效果作战》的作者戴维·德普图拉说，对一支浸透既往传统、战例和战略的军队来说，其面临的挑战是要先人一步认识到变化、拥抱变化并利用变化。面对这场新军事革命汹涌浪潮，不同的应对决定其走向绝然不同命运的归宿。谁洞察先机、顺势而为，谁就能抢占潮头、赢得未来；谁思想保守、固步自封，谁只会错失宝贵机遇，陷于战略被动。而军事上的落后一旦形成，对国家安全的影响将是致命的。解决问题的方案只能是赢得这场竞赛，而不是选择退出竞赛。正是在这样的时代背景下，各主要国家必须通过加快推进军队改革，谋求夺取军事领域竞争的战略主动权。

三、持续推进

当今世界军事改革，是一场大规模、全方位、深层次的整体性变革，其实质是适应高新技术发展对战争形态和作战样式的新要求，通过对传统军事体系的根本性改造，全面提升以信息优势为主导的战斗力。从更深层次看，未来打什么样的仗、怎样打仗，建设什么样的军队、怎样建设军队，由此进行怎样的军事改革、构建怎样的军事体系，是一个不断深化认知并把它转化为目标追求的过程。这就决定了改革是一个长期探索、持续深化、不断调整完善的过程。

军事改革的博弈，说到底是思维方式的变革和设计未来战争能力的较量。军人谋划和准备的，永远是明天的战争，甚至后天的战争。俄罗斯军事理论家斯里普琴科说过："我们不是简单地走向未来，而是必须创造未来。我们要做的不是选择道路，而是铺设道路，因为建设进程不仅能改变建设者自身，而且还能改变建设者的命运。"从当今各国实践看，军事改革从打造联合作战指挥体制突破，进而在领导管理体制、部队力量结构、军民融合发展等方面，不断探索、持续推进，并向着新型领域快速拓展。

——联合作战指挥体制改革强力推进。美军一直把联合作战指挥体制改革作为军队建设发展的基石。上世纪 50 年代开始，美军发现一种奇特现象，即每当危机来临，都必须抽调人员和装备组建各种临时性联合机构，而危机结束后，这些高效运转的联合职能机构，只能面临被解散的命运。到了六七十年代，越战失利，以及伊朗人质营救失败、贝鲁特惨案、入侵格林纳达等教训，使美军下决心突破阻力，率先进行联合作战指挥体制改革。1986 年制定的《戈德华特 - 尼科尔斯法案》，明确规定了联合作战司令部司令职责，把军种参谋长排除在作战指挥链以外，确保联合司令部司令拥有与其责任相符合的权力。这一改革，是作战指挥体制的一次革命性变化。

鉴于两次车臣战争和俄格冲突的教训，2008 年俄军下决心进行"新面貌"军事改革，全面调整各军兵种隶属关系，重新划分作战指挥权限，放弃实行 60 多年的管理与指挥合一军事体制，成为自彼得大帝建立正规军 300 多年来规模最大、最彻底的改革。法国设立三军联合参谋长职位，全面协调各军种力量和实施联合作战。日本以建立联合参谋部取代参联会，形成以联合参谋长为核心的联合作战体制，实现联合参谋长在防卫大臣领导下对联合任务部队的一元化指挥。印军成立联合国防参谋部和三军联合的战区司令部。

——领导管理体制改革不断深入。领导管理体制在国防和军队建设中发挥着全局和枢纽作用。随着信息技术发展，传统的"树"状领导管理体制，暴露出层级过多、流程过长、效能低下等弊端。美国吸纳权力分立与制衡的理念，通过立法形式持续推动国防管理体制转型改革，逐步建立起科学的国防管理体制、军费预算制度、采办和资源配置制度、国防动员和应急体制、国防科技和国防工业体系。2006 年后继续在现行框架内调整职能、精干机构、明确职责、理顺关系，进一步压缩总部层级和高级职位，颁布《战略管理计划》，推动战略管理制度化、标准化和程序化。2012 年又提出资源配置从军种需求牵引模式转向战略驱动模式，通过集中规划方式提高经费投入效益。

俄罗斯国防管理体制改革，主要是大幅度合并职能交叉和相近部门，取消不必要部门，对各部门职权进行重新分配定位。2008 年以来，俄陆续制定和颁布一系列《规划纲要》和《发展构想》，使国防部转型为俄军"现代军事管理的枢纽"。法国则以加强对军队建设发展领导功能，提高军队组织体系运行效率为目标，出台了 30 年长期、15 年中期和 1—3 年短期计划的战略管理模式。

——部队力量结构持续优化重塑。信息化战争具有战场环境复杂、作战形式多样、体系对抗激烈、节奏变化迅速、任务转换频繁等特点，要求在军队整体素质上，必须注重打造快速反应能力，锤炼遂行多种任务能力，提升联合作战能力。军队传统的大规模机械化组织结构，已变得不能适应。首先是压缩规模，精简机构，减少指挥层次，裁减冗余人员。美军已从 1990 年的 210 万人，裁减至目前的 132.6 万左右。俄罗斯冷战结束之初拥有 300 多万部队，目前精简至 80 万左右。英军 1985 年为 32.6 万，裁减至目前的 21 万。法军 1990 年为 55 万，裁减至目前的 29 万。德军 1991 年有 55 万，裁减至目前的 32 万。俄多次削减军事领导机构和指挥机构，并把 8 个大军区精简为 6 个，又进一步整合为 4 个战区。德军在 1997 年就撤销 15 个局、近 100 个处，将机关人数压缩为原来的 60%。通过规模压缩和机构精简，领导管理和作战指挥层次不断减少，原来金字塔式的多层结构被逐步淘汰。

更重要的改变在于，通过结构优化重塑，形成作战平台网络化、作战要素模块化、指挥体系扁平化、信息传递实时化，使部队实现作战要素的多功能任务组合。为此，美军不断深化和完善军事转型理论，加快从固定兵力结构转向灵活编组的模块化部队，加速推进部队网络化或网络部队化。美陆军转型后整合为模块化职能旅，拥有 76 个模块化旅战斗队、97 个模块化支援旅和 130 个模块化职能旅，缩小了战术单位规模，细化了作战功能，根据作战要求实现"量体裁衣"式编组，使作战单元由传统单一功能演变为多任务功能组合，全面提升了新质战斗力。俄罗斯提出"创新型军队"建设理论，重点建设战略遏制和机动力量，加快空天防御力量建设，取消陆军大部分重型集团军、师和所有简编与架子部队，将合成旅作为基本战术兵团，使军队组织形态由"大战动员"转向"常备机动"。英军加快裁减陆军重型装甲部队，组建可遂行多样任务的新型作战旅。2013年英陆军依照功能分编为"反应部队""适应部队"和"力量部队"，并通过模块化结构极大拓展了部队职能。德国围绕建设干预部队、维持稳定部队和支援部队，力求使国防军成为能够执行多样化任务的新型联合军队。

——新型领域军事力量体系日益完善。进入21世纪，军事改革呈现再次加速之势。特别是随着信息、智能、隐形、纳米等战略新兴技术的持续突破，无人、隐形、水下、反导、太空、网络、远程打击、光学、动能、定向能等新质武器陆续问世，新型作战力量成为军事能力跨越式发展的"增长极"，成为军事强国竞争的新"宠儿"。当前各主要国家都在通过改革，加快太空、网络和新概念作战力量建设。美国先后出台了《国防战略指南》和《面向2020年的军队发展规划》，以空军为主组建了太空作战部队，建成了下辖10万部队的网络司令部，打造了世界上规模最大的网络战力量，并已经具备实战能力。美在其《2020联合构想》中，还提出建设快速机动军、精确打击军、传感器军、聚焦后勤军的"新四军"。俄罗斯整合空军与航天作战力量建立了空天军，组建了网络战指挥机构和部队。2015年英国启动拥有1500人的新锐网络战部队"第77旅"，通过"脸书"平台专攻"非常规信息战"。日本则通过《宇宙基本法》加快太空军事化进程，积极组建"网络空间防卫队"。同时，主要国家高度重视无人化、智能化、隐身化、轻小型化武器装备发展和力量建设，积极发展颠覆性技术，以快速打破军力平衡，确立自己主导的"战争规则"。目前，网络作战、太空作战、无人作战、智能作战、混合战争、全维战争等新技术手段快速发展，各种类型冲突混合出现，新作战样式渐露端倪，新的战争形态蕴藏其中。

当今世界，在科技革命的强劲推动下，新军事革命浪潮必将峰波迭起，军事改革更不会就此止步。美国兰德公司研究员格伦·巴肯认为："对于发展中国家的军队来说，军事变革最大的吸引力就在于它们有可能使其在军队发展中'跳过几个阶段'。这也是变革的本质所在。"每一个变革的起点和拐点，都存在重新选择的历史机遇，都蕴涵变革图强的战略契机。"天与弗取，反受其咎；时至不行，反受其殃。"当今中国正处在由大向强的关键阶段，国防和军队建设要实现"弯道超车""关键一跃"，必须解放思想，抓住机遇，中流击水，坚定执着地加快深化军队改革。不改不行，改慢了也不行，畏首畏尾、犹豫彷徨只会错失良机。一代人有一代人的使命。现在强军的责任历史地落到了我们肩上，我们必须挑起这副担子。这既是党和人民的期望，也是当代革命军人应有的政治品格，更是实现中华民族伟大复兴赋予我们必须担当起的历史使命。

透视外军联合作战指挥体制改革

王卫星

王卫星

军事科学院外国军事研究部部长，研究员，中国军事科学学会国际军事分会会长，少将军衔。1996年调入军事科学院，历任研究员、研究室主任，副部长、部长。著有《中国军事艺术》《白话中国兵法》《中国古代战略理论精要》等。

合理的体制结构，将有助于释放那些被现有制度束缚的能量和想象力。

——（美）前国防部长詹姆斯·施莱辛格

外军作战指挥体制改革，重在以联合为指向，在调整指挥职能、指挥关系和指挥重心上下功夫。深入分析各国军队改革指挥体制的思想理念、方法路径和利弊得失，研究把握其中带规律性的东西，对于开阔我们的视野，激活我们的思路，搞好改革筹划设计，提高改革效益，具有重要的参考价值。

一、作战指挥权与建设管理权相对分离

战后世界主要国家军队改革，都遵循了作战指挥权与建设管理权适度分离分工的原则。分的目的，是为了专业化的建、联合化的用，从更深层次意义上讲，是为了确保国

家最高当局对军队这个特殊强力集团的政治控制。

从外军联合作战指挥体制改革的路径来看，作战指挥与建设管理在顶层实施一元化领导，在某些层级，权力相对分离，这也是构建联合作战指挥体系的必要基础和前提条件。早在 1958 年艾森豪威尔进行国防改组，美军就开始推动作战与行政两条指挥控制线相对分离。《1958 年国防部改组法》明确"取消各军种以前作为'执行代理人'所享有的指挥部队的法定权威"；"建立两个指挥渠道：针对已部署部队的作战渠道和针对支援任务的行政渠道"；"涉及作战指挥和部队使用时，指挥关系自总统起下至国防部长，再向下到参联会，由其负责传递命令，然后抵达联合司令部和单一军种司令部总司令。涉及军种的训练和装备时，指挥关系自总统起下至国防部长，然后到各军种部长，最后到每个作战司令部内的军种司令部。两条指挥链均汇合于军种组成司令部一级。各军种组成部队司令部负责部署于联合司令部中的本军种的部队"。也就是总统和国防部长负责作战指挥和建设管理的全局；战区司令部和职能司令部负责作战筹划和指挥；军种负责各自部队的人事、训练、装备、编制、经费、后勤等业务，向战区司令部司令提供参战部队。

例如，美军第 6 舰队在训练和装备方面走的是海军指挥系列，但当它被部署到地中海时，它就要接受负责地中海的联合司令部——美国欧洲司令部的作战命令。目前，美军已经形成了在国防部长以下、战区军种组成部队以上两权分开的基本格局。建设管理从国防部、军种部往下走，作战指挥从国防部、作战司令部往下走，两者在职能分工、运作流程等方面的界面，切分得相对合理，也比较清楚。

俄军形成了作战指挥权与建设管理权适度分离的体制。与美军相比，俄军分得没有那么彻底。1998年，俄军提出区分两大职能的基本原则，即"在战略级指挥机关尽量分，在战役-战略级尽量少合，在战役、战役-战术和战术级则完全合"。目前，俄军主要在国防部机关、总参、军种层级，推动作战指挥与建设管理职能的相对分离：一是军种把作战指挥权交给了总参，实现了作战指挥权的统一；二是总参把若干行政管理的职能交给了国防部和各军种司令部，比如，核技术管理总局、外事局、管理局、队务和服役安全局等负责建设管理的职能部门就离开了总参序列。也就是说，总统和国防部长负责军队建设和运用的全局；总参谋部负责战略筹划和战略指挥；联合战略司令部负责指挥战略方向联合作战；三军种司令部主要负责本军种部队建设。比如，目前俄军在叙利亚的空袭行动，就是由总参作战总局实施总体指挥，由俄设在拉塔基亚基地的航空兵司令部实施具体指挥，空天军总司令部不作为一级指挥机构直接参与。英、法等国军队和日本自卫队的各个军种，目前也都交出了作战指挥权，基本形成了作战指挥与建设管理这两条比较清晰的链路。

从中可以看出，各国在军队改革中，推动作战指挥权和建设管理权相对分离的深层次原因，就是现代条件下军队结构日益复杂，分工更加精细，作战指挥与建设管理已经成为既密切相连又各具特点的两个领域。这样做，有利于联合作战指挥机构强化核心职能，专司作战指挥，保证指挥的高效统一。美军推动两权分离，还有自身的一个重要原因，就是美军二战后各军种有些坐大，权力过重，"军种至上主义"盛行，而美国的政治文化，强调权力的相互制约平衡，需要对军种权力加以抑制，以确保对军队的政治控制。

纵观外军推进作战指挥权与建设管理权分离的实践，有三个共性的做法值得重视：一是瞄准方向，持续推动。尽管主要国家军队推动两权分离，有的比较彻底，有的还留有尾巴，但都认为这是一个大的趋势，迟早都要搞。二是立足实际，合理确定分离的层级和程度。世界各国对军队的政治掌控都很严，在最高层都是一元化的，哪个国家的政治领导人都不会放弃军权，总统就是武装力量的最高统帅。差别仅仅在于分离的程度，美军分到了战区一级，战区以下部队都是两权合一的；而俄军分到了总部和军种一级，战区以下是合一的。三是军种交出指挥权、退出指挥链，需要一个过程，不搞一刀切、一步跨。剥离军种作战指挥权也不是绝对的。比如，俄罗斯的战略火箭兵和空降兵这两个独立兵种，现在仍然保留着作战指挥权。

二、夯实战区级联合作战指挥根基

考察外军这方面的情况，有三个共同的特点。

一是大国军队在联合作战指挥机构的设置上，坚持重心下移。从目前情况看，各主要国家军队中，设立战区级联合作战指挥机构的只有美国和俄罗斯两个国家。理由其实很简单，大国军事行动区域广阔，需要立体应对来自多个战略方向的安全威胁，必须把指挥机构的重心放在战区。把这一级的指挥机构做实做强，配齐作战指挥要素，使其具备独立筹划、准备和指挥各自方向作战行动的能力。

美军把联合作战指挥的重心放在战区司令部，战区司令部司令对所属军种部队及战时配属部队行使作战指挥全权。战区司令部司令人选一般来自战区主导军种，平时战区司令部所属军种部队比例大小也根据任务来确定。坚持谁主战，谁主导，谁指挥。比如，美太平洋司令部1947年成立以来共任命过23位战区司令，无一例外都来自海军。中央司令部1983年成立以来共任命过12位战区司令，除1位来自海军外，其余均来自陆军和海军陆战队。俄军把战略方向作战的指挥重心放在联合战略司令部，把职能领域作战的指挥重心放在总参谋部。

二是在战区联合作战指挥机构的职能上，坚持把作战指挥作为核心职能。从美军战区司令部的情况看，其主要职能包括：负责制定作战方案、提出用兵需求、指挥作战行动。美国1986年出台的《戈德华特－尼科尔斯法案》明确规定，战区司令部应制定"预有准备的计划和危机行动计划"两大类应急计划。"预有准备的计划"主要用于应对各种潜在的战争和重大危机，也是战区司令部演练的重点。平时以预案为蓝本组织实战演练，预防和遏制地区性危机；战时对下属和作战配属与支援部队，实施作战指挥。美军太平洋司令部各级，每年组织的各类演训不下1500次，其中较大规模的就有80多次。以美韩为例，每年要举行大小演训达200多次。每次演习后，都要对作战计划进行检讨，根据半岛的形势变化，增加新的立案背景和演习内容，每两年修订完善一次作战计划。截至目前，仅代号为5027的对朝作战计划群，就已经修订了几十次。

可以说，美军战区司令部平时主要工作就是：穷尽计划、演练计划、完善计划。由于制订了应对各类突发情况的预案，并且经过了反复演练和不断完善，一旦有事，就可以迅速付诸行动，争取先机。比如，1990年海湾战争当中，美军实施的"沙漠盾牌"行动，依据的就是"1002保卫阿拉伯半岛"计划；2003年伊拉克战争，依据的就是"1003东方大规模战区战争"计划；2004年12月，印度洋海啸救援行动中，美军依据的就是"5070-02作战构想"，设立了536联合特遣司令部，统一指挥大规模的联合救援行动。据美军官兵讲，这些行动的艰苦和严酷程度，甚至还不如平时的演习，许多作战行动在战前都经过了反复演练。

俄军的战区是在原有军区的基础上改造而成的，作战指挥权与行政管理权是合一的。从1862年米留金军事改革以来，军区在俄罗斯已经存在了一个半世纪之久。150多年来，俄军之所以不放弃这套体制，是和它的国情有关的。俄是一个陆权国家，军区定位是国家的基本行政单位，可以统筹内外。因此，对于不以海外作战为主、内部安全威胁又很重的俄罗斯来说，军区体制是非常有生命力的。所以，改革后的俄军战区，继续保留了军区原有的一些职能，比如，兵役、动员、地区防卫以及相应的陆军管理业务等。实际上，这是一个既有战区联合作战指挥职能，又有军区行政管理职能的复合体。一位俄军区司令曾形象地说，所谓联合战略司令部就是军区领率机关的总称，军区领导人就是联合战略司令部的领导人。军区既有作战指挥权，也有行政管理权。但从战区机构设置的情况来看，主要履行作战指挥这一核心职能，行政管理和保障机构大大压缩，人员也比较精干。这样做的好处是，利用行政隶属关系强化了作战指挥权威，不需要像美军那样，用配套的法规制度来补强；不利的地方是，一定程度上分散了作战指挥的精力。

三是在战区设置上，坚持以国家军事战略和应对安全威胁的需要作为根本依据。美国基于"维持全球领导地位"的目标，着眼全球部署、全球用兵、全球到达、全球打击的政治需要，按区域将全球划分为六大战区，即太平洋司令部、欧洲司令部、中央司令部、南方司令部、北方司令部和非洲司令部。同时按领域设置三个职能司令部，即战略司令部、特种作战司令部和运输司令部。美军战区和职能司令部是美军高级作战指挥机构，承担地区性或职能性任务。战区司令部有明确的地理责任区，包括所属陆地、海域和空域，国家指挥当局将计划、准备和实施该战区内军事行动的权力委托给战区司令部司令。职能司令部没有地域限制，是将全军战略资源整合起来，单独遂行非地区性作战任务或支援地区性作战，可以在全球范围内行动，主要担负太空作战、网络空间作战、核作战、导弹防御、特种作战、战略运输等任务。俄罗斯基于主要威胁来自陆上，着眼战略防御、陆权主导，依托军区领率机关建立了立足本土、向外辐射的四大战区联合战略司令部，使其成为战略方向的联合作战指挥机构。

战区的设置，是随着军事战略的调整和安全威胁的变化而适时调整的。比如，二战结束后，美国先后对战区体系做过 4 次大的调整。最近的两次，一次是"9•11"后，为应对本土安全面临的新挑战，于 2002 年组建了北方司令部；另一次是，针对非洲战略地位上升，为加强争夺和控制，于 2007 年成立了非洲司令部。俄罗斯于 2009 年成立了 6 个战区，后来很快就发现，其中几个战区存在着战略任务交叉重叠的问题，不利于统筹作战准备和统一指挥作战。一年后，就将列宁格勒军区和莫斯科军区合并为西部军区，将西伯利亚军区一部和远东军区合并为东部军区，并随着北极地位的上升，于 2014 年成立了北方联合司令部。

三、建立完备的联合作战指挥机制

拿破仑说过："在战争中，没有什么比统一指挥更重要。"联合作战指挥有没有权威性，直接关系到作战的成败。《美国法典》第 10 编第 164 条规定，战区司令没有自由选择军种组成部队司令和司令部参谋军官的权力。但是他有权拒绝军种推荐的人选，有权中止其司令部下属军官的职务，还有权召集军事法庭，对违反作战命令的军官进行处分。同时，有权对下属军种指挥官的任职表现进行评价。其鉴定意见，在军种军官遴选委员会考虑军官晋升时，占有相当大的权重。美军还规定，如果联合司令部司令认为自己的权力不够时，应立即报告国防部长，以保证根据需要随时得到赋权。可见，战区司令虽然没有自由选择权，但他有四个非常重要的配套权；

更重要的是，他感到权力不够时，还可以直接向国防部长要权，直到满足指挥为止。

为了确保作战司令部对作战指挥各保障支援单位的有效使用，美军明确规定了指挥机构与保障单位的相互关系，建立起密切顺畅的工作机制。以情报保障为例，美军各战区司令部都建立了联合情报行动中心。这个中心把国家情报总监、各军种的作战支援机构以及自身的情报力量都整合到一起，国防情报局、中央情报局、国家安全局都在中心派驻了代表。一旦出现危机状态，战区司令部就可以立即通过这些代表，直接动用国家的情报力量。美军把作战司令部定位为"用户"，把军种和国防部直属业务局作为"产品提供者"，后者有义务给前者提供所要求的各种资源，"用户"是否满意是判断各类支援保障行动是否成功的最终标准。

四、统领太空、网络力量指挥

随着网络、太空领域在国家安全和未来战争中的地位作用日益凸显，世界主要国家军队都在加紧抢占这些新的战略制高点。美国把太空、网络与核并列为支撑全球战略的三大领域。俄罗斯把太空作为国家最高等级的优先发展领域，把网络安全摆在与国家经济安全同等重要的地位。美俄两军都已经或正在采取有力的措施，加强对太空、网络等作战力量的统一领导指挥，推动解决这两个领域的指挥运用问题。

美军在战略司令部之下，设立了网络空间司令部，统一指挥全军的网络作战力量。太空力量，是由战略司令部统一指挥，下设太空、情报监视侦察、一体化导弹防御三个联合职能组成司令部，共同协助战略司令部实施指挥。

俄军解决航天力量的领导指挥关系，经历了一个复杂的过程。苏联解体后，航天器发射与控制部队于1992年7月单独成立"军事航天力量"，作为直属部队。1997年，军事航天力量并入战略火箭军。2001年，军事航天力量和原属防空军的"导弹太空防御兵"从战略火箭军编成中撤出，合并成立太空兵。"新面貌"改革期间，太空兵又与原属空军的"空天防御战役战略司令部"合并，于2011年底成立了空天防御兵，下属航天司令部、防空反导司令部和国家航天试验发射场。2015年8月，在新的军兵种结构调整中，俄军将空天防御兵并入空军，成立"空天军"，下属空军力量、太空兵和防空反导兵三大块。另据报道，俄军于2013年2月启动组建网络空间司令部。

美俄两军在太空、网络领域采用各自做法建立指挥机构，主要有三个原因。一是思路不同。美军太空力量发展的原点在空军，目前主体力量也在空军，但其他军种也有一些相应的力量，要解决"统"的问题，就需要在军种框架之外设置联合职能司令部。而俄军实行总参体制，成立"空天军"也没有改变军种总司令不掌握作战指挥权的现实。总参统一指挥航天力量和防空反导力量，不需要运用职能司令部来解决"统"的问题。二是功能结构的属性不同。美军太空力量，由战略司令部直接指挥，是因为太空力量的职能，包括太空作战、太空侦察监视、太空支援、航天器发射、导弹防御等，任何一个二级职能司令部，都没有办法承担起全部的指挥任务；网络力量由战略司令部通过下设的网络空间司令部来实施指挥，是因为网络力量具有侦、攻、防一体的特点，它的指挥任务由一个二级司令部承担就足够了。三是部门利益相互妥协的结果。其实，早在美军网络空间司令部建立之前，空军就抢先组建了暂编的网络空间作战司令部，并把它的职能定位为"保证本国的网络安全，攻击他国的核心网络"，目的就是要主导美军的网络作战。很快，这一举动就遭到了其他军种的强烈反对。最终，各军种相互妥协，采用了在战略司令部之下设立一个二级司令部的方案。在网络空间司令部成立时，又受到国防部下属的国家安全局的坚决抵制，原因是网络空间作战领域的主要人才和技术力量都在国家安全局，它担心自身利益受损。最后，任命该局局长兼任网络空间司令部司令。可以说，这是一个为了减缓阻力而做出的妥协安排。无论美俄在太空、网络力量指挥体制上有什么不同，都需要解决"统"的问题。

现在大家都在谈论美军改革模式、俄军改革模式、美俄结合的改革模式，有的说美军模式好，有的讲俄军模式符合实际，有的认为美俄模式都吸收一点更好。这实际上反映的是如何科学借鉴外军经验的问题。其实，无论我们向外军学习什么，都必须充分考虑到国体、政体的不同，军队性质的不同，一定要接中国的地气。世界主要国家军队改革实践证明，成功的改革从来都不是"舶来品"，而是要选择适合自身实际的模式和道路。俄罗斯军事科学院院长加列耶夫大将在谈到俄军事改革时说："我丝毫不反对学习美国、德国的有益经验。但是，在学习别国某些经验和放弃自己的经验之前，必须反复权衡利弊。"这句话很有道理！

说到底，就是要搞清楚别人是怎么做的，为什么这么做。要摸清别人的底细，知道自己的底盘。在研究外军东西的同时，一定要记住我们自己的东西。这样，才能真正走出一条属于我们自己的改革道路。

21世纪世界军事发展新趋势

肖裕声

肖裕声

军事科学院世界军事研究部原副部长，博士生导师，少将军衔。著有《中国共产党军事史论》《中国共产党军队政治工作史》《毛泽东政治工作思想概述》等。主编《中国大百科全书》（第2版）军事分册《中国人民解放军军史》等。

"兵者，国之大事，死生之地，存亡之道，不可不察也。"进入21世纪以来，世界主要大国围绕加速推进国防和军队信息化，以军事战略、军事技术、作战理论、力量建设、组织结构和军事管理创新为基本内容，以重塑军事体系为主要目标，出现了一系列新的发展趋势，其速度之快、范围之广、程度之深、影响之大，为第二次世界大战结束以来所罕见。回顾21世纪这10多年大国军事发展的特点，对于建设巩固的国防与强大的军队具有一定借鉴和启示作用。

一、强权战争是引发地区动荡和世界和平稳定的主要威胁，必须未雨绸缪，主动推进新军事变革

2001年"9·11"事件后，以打击恐怖主义和防止大规模杀伤性武器扩散名义，以美国为首的西方大国对主权国家发动战争，呈现出强权战争的新态势。一个月后，美国在阿富汗打响了反恐战争的第一枪，推翻了塔利班政权。2003 年，美国在"反恐"的招牌下，发动了伊拉克战争，一举推翻了萨达姆政权。这场战争再次向全世界显示了强权的战争逻辑和思维。2011 年，美国自称落实联合国安理会 1973 号决议，打击利比亚卡扎菲政权的相关目标。实际上，强权战争是霸权主义和强权政治的军事表现，旨在运用武力来诠释强权的战争思维。

美国强权战争离不开其强大的综合实力。一是经济实力。1991年美国打海湾战争，花费 600 亿美元。打科索沃战争，花费 100 多亿美元。美国每天仅维持驻伊拉克和驻阿富汗军队的消耗，就要花 2 亿美元。没有雄厚的经济实力，就无法承担发动战争的巨大代价。雄厚的经济实力，是美国推行其强权战争思维最重要的基础。二是政治外交实力。海湾战争时，美国打着所谓"主持公道""伸张正义"的旗号，得到联合国的授权，组织了一个"多国部队"。科索沃战争中，美国应北约之请，解决所谓的"人道主义危机"。2011 年，美国自称落实联合国安理会 1973 号决议，结成"广泛联盟"联合行动，推翻了卡扎菲政权。美国凭借其超强的综合实力，在国际舞台上纵横捭阖，许多西方国家唯恐不能唯美国马首是瞻。每一次发动战争，美国都能够召集到它所需要的盟友为它做好发动战争的政治准备。三是军事实力。强大的军事实力是美国强权战争屡屡得手的直接原因。越南战争以来，美国不断总结教训，推进军事改革，军事实力有了质的飞跃。在伊拉克战争中，美军不仅做到了对战场态势的全

美军 F-18E "超级大黄蜂" 战斗机编队在空中加油后继续飞行

程跟踪监视，而且使战场态势的显示时间，由海湾战争时的每 2 小时刷新一次，缩短到每 2.5 分钟刷新一次，处理速度提高了近 60 倍，达到近乎实时的程度。从攻击周期上，美军在海湾战争时从发现目标到实施打击，有时长达 10 多个小时，在阿富汗战争中至少也需要 19 分钟，而在伊拉克战争中已缩短为几分钟。2003 年 4 月 6 日，美军的无人机发现伊军 12 枚车载 "蛙 7" 式地对地导弹后，立即通过预警机调度空中待命的战机，一举将其全部摧毁，整个过程不足 10 分钟，可以说是 "发现即摧毁"。正是由于美国拥有强大的综合实力，特别是拥有超强的军事实力，强权战争才能够大行其道。

回顾美国一步步攫取世界霸权的历史，不难得出一个结论，综

美军"鱼鹰"倾转旋翼机

合实力尤其是军事实力是一个国家在世界之林的立身之本，而综合国力的提升离不开国防和军队的不断改革。自 1997 年 5 月美国国防部长科恩签发第一份《四年防务审查报告》起，美国就把军事改革作为一项常态化的工作来实施。10 多年来，美国的军事改革从未停止，美国军队从上至下全力推动军事改革，军事领域始终保持着理论创新，并不断实践，国防和军队建设取得了很大成绩。

二、非对称作战是弱国反制强国的精兵利器，必须加强"集弱"研究，把握制胜主动权

扬长避短是战争永恒的法则，也是非对称作战的本质所在。无论是机械化时代的战争，还是未来信息化时代的战争，弱国奉行的重要原则就是发现对手的弱点，对其进行"集弱"研究，借以寻找克敌制胜之法。

俄罗斯认为以美国为首的西方国家未来准备打的是"技术差"战争，其本质特征是"精确战"，而支撑这种战争的核心技术是空天侦察监视预警系统、导航定位系统以及精确制导技术，但是这些系统在作战运用与技术防护上，存在着难以克服的"漏洞"，只要能够发现这些"漏洞"，点到美国天网的"死穴"，美军整个系统的效能就会化为乌有。

俄罗斯通过测算还得出结论：破坏性进攻手段的费用，不到建设性投入费用的 5%。也就是说，通过研制和开发进攻性手段与装备，可以用极小的代价，破坏对手建立起来的优势体系。为了形成非对称作战的优势，俄罗斯加紧军队的改革步伐。一是不搞军备竞赛，建设"种子军队"。俄罗斯认为"从国家综合实力来讲，无论如何都不能与美国和北约进行竞争"，必须吸取前苏联的教训，放弃与西方的军备竞争，走一条非对称的质量建设之路，重点是建设一支规模小、要素全，一旦需要可以快速扩充的"种子军队"。二是不打堂堂之阵，发展"网络破袭战"。针对美军实施的"网络中心战"，俄军要重点发展"网络破袭战"，通过发展网络节点打击、信息阻断和特种作战等行动，达到"四两拨千斤"的效果。三是不作对等反应，实施"先发制人"的打击。面对以美国为首的北约优势军事力量，俄罗斯强调要综合使用政治、经济、外交和军事等各种手段

俄空天军苏-34战斗轰炸机在"赫美米姆"空军基地起降

做出反应，不与其进行对等的军事对抗，特别是要广泛利用经济、政治、外交等手段，分化北约集团，最大限度地孤立和制约美国对俄罗斯实施武力胁迫的图谋，以弥补军事上的劣势。四是不求全面发展，优先掌握"撒手锏"装备。俄罗斯强调，为了发展非对称的作战装备，必须坚持有所为、有所不为。俄罗斯确定了三大计划：第一，优先发展具有突防能力的战略核武器，保持可靠的战略核威慑潜力；第二，重点发展节点破坏、电磁压制、导航干扰、网络攻防等手段和技术，保持可靠的破网能力，抵消对手的信息优势；第三，积极发展防空反导、反卫星装备，以及指挥自动化系统，努力形成局部优势。

透过俄罗斯针对美国非对称战争的战略设计，我们可以看到，在新世纪，要取得与强国抗争的非对称优势，就要善于发现对手的弱点，对其进行"集弱"研究。

三、"威慑"成为一种常态化的战斗力，必须准备多种应对措施进行反制

21世纪全球进入信息时代，"威慑"作为一种和平时期的重要战争思维，已经被世界普遍接受和运用，内容和形式不断拓展深化。美国为了维持自己"一超独霸"的地位，更加重视全方位、全时空地运用"威慑"。一是突出以"先发制人"的进攻战略实施主动威慑。"先发制人"就是要按照美国选择的时间和方式，对美国认定的对手和威胁源发动"事先毫无警告的打击"，"把美国的意志强加于对手"。这种打击既包括使用经济制裁、封锁、反扩散、秘密情报活动等非军事手段，也包括主动运用军事手段打击，甚至还包括对一个国家实行军事占领，强行改变其政权。美国进一步强调，"先发制人"打击的主要对象是国际恐怖主义组织、庇护恐怖主义的国家和所谓"无赖国家"。而应对大国的威胁主要还是靠威慑，并且"必须要有进行威慑的新方法"。事实上，美国提出"先发制人"本身就是一个威慑，也是更新威慑的一个重要方面。二是进一步确立了"核威慑"的地位。美国认为，尽管常规武器发展迅速、威力越来越强大，并在某些方面为核打击能力提供了强有力的补充，但"核武器仍是快速结束冲突的终极手段"。基于此，美国从2002年开始，调

整了核战略：第一，放弃核均势战略，将反导系统正式纳入核战略，开始建立攻防一体的全方位核武系统；第二，放弃不进行核试验的承诺，准备试验新的"钻地核弹"和"微型核弹"；第三，取消"不对无核国家使用核武器"的承诺，明确把俄罗斯、朝鲜等7个国家列为核攻击对象，并大大降低了核武器的使用门槛。三是强调了威慑的重点。第一，要把威慑的重心放在影响对方的决策上。美军认为，强大的实力、使用实力的意志和决心以及恰当地向对方传达这种实力和决心，是威慑的三个要素，而最重要的则是让对方清楚地看到美国的实力、认识到美国的决心，从而做出保持克制的决定；第二，"威慑"必须全时空进行。要贯穿到平时、危机时和战时的全过程，同时覆盖所有空间；第三，要采用"系统整合"的"威慑"方法。第四，要充分加强信息威慑。美军认为信息威慑的样式主要包括心理战、计算机网络战、欺骗行动和电子战等。

俄罗斯从苏联手中继承了大部分威慑力量，但与美国和北约相比仍然有很大的差距，因此俄罗斯极力谋求相对优势，突出战略威慑，特别是针对美国核战略的调整，俄罗斯采取了相应的措施：一是宣布采取"先发制人"的战略，放弃"不首先使用核武器"的承诺；二是开发导弹突防技术，研发新型拦截导弹，建设多层次的反导、反卫星体系，采取不对称措施保持核均势；三是扩大核威慑范围，降低核威慑目的，改变核打击方式，以迎接核武器小型化、实战化的挑战。欧盟在加快经济、政治一体化的同时，更加重视安全问题，同样强调要"先发制人"。德国提出了"实战＋威慑＋危机管理"

的战略；法国将其军事战略的首要功能确定为核威慑，重点加快发展海基核打击能力，试射新型多弹头潜射战略导弹。印度提出了"惩戒威慑"战略，加紧发展"三位一体"战略核打击能力，研制核潜艇，增强自身的战略威慑能力。日本谋求引进短程弹道导弹，并进行拥核的法理试探，不断突破"专守防卫"的战略框架，逐步升级威慑能力。

总之，进入 21 世纪，各国在高调维护世界和平的同时，也更加积极地把威慑作为确保自身安全的基本战争思维，形成了咄咄逼人、危机四伏的国际安全环境。越是在这样波诡云谲的安全环境中，越要力戒"毕其功于一役"的急躁思想，只有擦亮双眼，把握国际军事矛盾的本质，做好打心理战、持久战、外交战的扎实准备，才能有效应对军事强国的战略威慑。

四、太空是打赢未来战争的制高点，必须加强空天一体化作战能力建设

早在 1957 年 10 月，苏联成功发射了第一颗人造地球卫星，人类第一次冲出地球，进入了太空。3 个月后，美国紧随苏联的脚步，也进入了太空。美国空军参谋长怀特上将随即宣称："现在是谁能控制空中谁就能控制其下的陆地和海洋；然而，未来则是谁能控制太空谁就能控制地球表面。"

苏联解体后，俄罗斯继承了反卫星武器系统。尽管由于经济滑坡、军费削减，许多计划被迫停止，但反卫星领域的相关研究一直在进行。

进入 21 世纪，俄罗斯正式组建了拥有 3 万人的太空兵，装备了新型"太空雷"。这种"太空雷"重量约 2—3 吨，长为 4—6 米，可攻击在地球低轨道上的所有卫星和航天飞机。俄罗斯军队目前已将太空作战视为现代战役的重要组成部分，战略目标不仅仅是空天防御，还包括战略威慑和通用战略行动。2007—2015 年政府武器装备计划中，就涉及 2016 年及以后的空天防御问题，规划了未来 20—30 年间建造空天防御的主要领域及阶段。

冷战结束后，克林顿于 1993 年宣布实施新的导弹防御计划，这一计划由"国家导弹防御系统"和"战区导弹防御计划"两部分组成。"国家导弹防御系统"的任务是防御能够打到美国本土的洲际导弹，"战区导弹防御计划"的任务是防御对美国海外驻军造成威胁的近程和中程导弹。1996 年，克林顿政府为了全面控制太空，还制定了美国第一个《国家太空政策》。在这一政策的指导下，美国空军于 1999 年成立了第一个航天作战营，次年又成立了第 527 航天攻击部队。小布什执政后，美国加快了导弹防御系统的发展，并开始实际部署导弹防御系统。2013 年，美军新版《太空作战》联合条令出炉，规定了太空作战的 6 大任务领域。从美国正在展开的太空发展项目来看，五角大楼将与情报界合作，在 6 个月内设立太空联合作战中心，旨在强化太空侦察能力，防范潜在对手攻击美国太空资产。

美国军方认为，太空就像海洋、南极、信息网络一样是"全球公共领域"。同时也如未来学家托夫勒所预测，在太空创造财富意味着人类发展继农业、工业和信息三次浪潮之后，开始迎来"第四次浪潮"。"太空行为体"多元化不可逆转，因此迫切需要一套对美国有利的太空游戏规则，来巩固其长期形成的霸权地位。这个游戏规则，要求进入太空的国家加强合作，防止破坏，同时开发或建立太空交通线。

进入 21 世纪以来，除美国和俄罗斯外，日本、印度、以色列、英国、法国等国也在加速发展太空力量，高度重视太空威慑。最新统计表明，目前参与太空开发的国家已达 60 多个，其中 30 多个国家具备不同程度的太空军事能力。各军事强国之所以要抢占太空这个新的制高点，是因为天基系统日益成为信息网络的核心枢纽，有了制太空权就有了制信息权。太空战使战场空间更广更复杂，战争形态、作战样式、作战行动、作战指挥和作战保障都将发生一系列深刻的变革，这些变革将直接制约战争的胜负和结局。实现强军跨越，绝不能指望外部力量的"帮助"，必须把强军的主动权牢牢掌握在自己手中，通过改革推进强军进程。只有到中流击水，以时不我待的紧迫感抓住当前世界科技革命、产业革命、军事革命蓬勃发展的历史机遇，加快推进国防和军队改革，才能在 21 世纪的军事竞争中赢得胜利。

外军转型全力打造"信息主导"

马 军

马 军

军事科学院外国军事研究部美大军事研究室副主任，上校军衔。毕业于空军导弹学院。多次参加部队重大任务，曾赴国外多地留学，3 次荣立三等功。2010 年调入军事科学院，先后从事有关印军、美军和中东地区安全问题研究。

　　2003 年爆发的那场伊拉克战争被认为是人类战争史上第一场初具信息化形态的战争。时光荏苒，这场战争已经过去了 10 多年。在这 10 多年间，各国军队的信息化程度又有了迅猛提升，从武器系统、作战理论，再到作战力量、作战体系，不仅信息化含量在不断提高，对信息化含义的认知也在不断深入。进入 21 世纪以来，各国军队大力倡导以信息化为核心的军事转型，尽快使工业时代的机械化军队转型为信息时代的信息化军队。作为军事转型"龙头"的美军，虽然并没有提出"信息化建设"这一概念，但信息化始终是其新军事革命的核心内容，其军事转型紧紧围绕提高军队信息力和结构力这一根本目的，对军队进行脱胎换骨的改造，逐步把传统军队转型为以信息和网络为基础的新型军队。在这一转型过程中，"信息主导、综合集成"已经不再局限于一个纯技术性的概念，而逐渐成为指导各国军队军事转型的一个全新的理念。

一、"信息主导"的军事含义

信息主导，既有它普遍的时代背景，也有它特定的军事含义。信息主导，是以信息技术为重要支撑，彻底改变工业时代军队以火力和机动力筹划作战的旧观念，确立以信息为基础建设军事力量的新思想。美国海军部于2010年5月颁布了《美国海军信息优势构想》，其中提到了信息主导的概念。报告中称：信息主导是在海军任务范围内，为达成决策性竞争优势，在必要的时间地点，夺取和控制信息领域"高地"。信息主导意味着海军在海上、信息和网络空间领域，以及在它们的交叉地带保持行动自由和信息优势。为达成信息主导，海军必须大幅调整作战能力，从依赖只管理使用自身电磁频谱的单个部队或平台，转变为依赖自动地、整体地管理使用全部电磁频谱的舰队。由此可见，美军海军对信息主导的理解更加具体。

二、"信息主导"是顺应人类时代发展的客观要求

苏联和美国分别于1957年10月、1958年1月发射了人造地球通信卫星，标志着人类开始进入全球卫星通信的新时代，人类第一次感受到信息以极短的时间在广袤的空间传播带来的震撼。2000年7月，西方七国及俄罗斯国家元首在日本冲绳召开信息化首脑会议，

颁布了《全球信息社会冲绳宪章》，将人类社会正式称为"信息社会"，正式宣布了全球信息时代的到来。与人类社会信息时代的萌芽和发展相适应，军事领域也经历了信息化的发展过程。20世纪40年代，以雷达、计算机为代表的电子装备等相继问世；越南战争后期，第一代红外精确制导炸弹和 C^3I 系统雏形出现，信息化指挥控制系统开始出现；20世纪80年代以来，随着微电子、信号处理技术广泛应用于军事领域，各种信息化装备系统战术技术性能得到很大提高。英阿马岛战争中，电子对抗已从过去的作战支援手段上升为重要的作战手段。随后进行的美军空袭利比亚的"黄金海岸"行动中，电子战装备作用开始凸显。1991年海湾战争中，由精确打击武器、情报支援系统、电子战系统和指挥控制系统等结合的信息作战系统开始改变机械化战争形态。2003年伊拉克战争中，战争空间更为广阔透明，作战节奏和进程明显加快，打击精度成为战争释放能量的主要方式，制信息权的作用空前重要，软杀伤、硬摧毁同时并举，全纵深、非线性、非接触式、联合作战、快速决定性作战成为基本作战样式。战争形态急剧变化，传统的物质、能量主导转变为信息主导，信息化战争雏形开始显现。适应信息社会、信息化战争的发展，是各国军队无法回避的时代要求。在人类文明历史由工业时代向信息时代转变时期，工业时代的机械化军队正在转变为信息化军队，几乎任何一个国家的军队都不能置身其外，信息化必然成为各国军事转型的主导。

三、"信息主导"是适应战争形态变化的必然要求

社会经济形态的发展决定战争形态的变迁，不同的社会经济形态下，人们进行战争的工具和手段不同，战争形态也各异。不同的战争形态下，信息作为战争资源或要素的权重和地位也发生着巨大的变化。自古以来，战争都需要情报的支持，情报就是一种信息。《孙子兵法》中"知己知彼，百战不殆"的论述，实质上就是强调及时获取各方面情报对于战争的重要性。烽火台、火箭、驿道，以及信鸽、鸡毛信等，作为过去战争年代传递情报的一种方式，都曾发挥过重要作用。但是信息时代以前的战争，信息在战争中的作用，还不能称其为"主导要素"。一是因为获取情报的手段不多；二是即使不能获得对方足够多和很准确的信息，也可以通过对情况的大致判断，依靠人力、火力数量上的优势，以巨大的破坏力为基础，或是以出其不意的谋略为指导，从而赢得战争的主动权。而实际上，战争双方的行动都存在着巨大的不确定性和冒险性。随着信息技术的飞速发展，一种以信息化装备为基础，以确保信息安全、夺取信息优势为主要制胜因素，在陆、海、空、天、网、电等多维空间和心理认知的多重领域进行的一种全新的军事对抗活动——信息化战争正逐步登上舞台。20世纪90年代以来的历次局部战争实践已经向人们生动地揭示了这一趋势。以美军为首的西方国家军队，通过海湾战争、科索沃战争、阿富汗战争和伊拉克战争，依仗其强大的信息优势，在夺取和保持信息权的基础上，以较小的代价、最低限度的附带损伤，一次又一次地取得胜利。透过这几场高技术局部战争，人们惊讶地

发现，构成战斗力的3大要素——物质、能量和信息，在现代战争中的地位正发生显著的变化：信息正逐步取代物质和能量，成为战争的主导因素。这一战争形态的变化，对各国军队打赢未来信息化战争提出了严峻的挑战。

四、"信息主导"是符合战争本质变化的发展要求

战争的本质就是夺取作战控制权，作战控制权是指交战双方在一定时间内，对一定战场空间获得的控制能力和控制程度。战争的本质就是夺取和保持战争的主动权，赢得战役乃至战争的胜利。作战控制权的思想内涵随着战争实践的变化而发展，不同历史时期作战控制权争夺的重心和焦点不同。在以往的战争中，制陆权、制海权、制空权曾先后成为决定战争胜负的制高点，谁夺取了制陆权、制海权、制空权，谁就能掌握战场的主动权。信息化条件下作战，决定战争胜负的制高点发生了变化，传统的"三权"地位作用下降。制信息权，即一定时空范围内对战场信息的控制权应运而生，并取代传统的制陆权、制海权、制空权，成为敌对双方争夺的新的焦点，及时掌握制信息权成为作战行动的前提和战斗力的倍增器。未来信息化战争，只有夺取和保持制信息权，才能确保己方自由地获取、传递和使用信息，同时限制敌方侦察、传递和使用信息；指挥员的决策才能建立在实时、准确、可靠的信息基础之上，从而避免决策失误；诸军兵种作战力量才能在统一的指挥控制下保持协调一致的行动；各种信息化装备、信息化弹药才能发挥出应有的作战效能；掌握控

制信息权还是夺取制陆权、制海权、制空权甚至制网权、制天权的重要前提和基础。伊拉克战争几乎是在单方透明的情况下进行的，主动的一方掌握了制信息权，可以自主地按照预定计划组织实施攻击行动。而被动的一方由于丧失了制信息权，"看"不见敌方的作战行动，"听"不见上级的作战命令，飞机无法起飞、军舰无法出航、部队无法控制、导弹难以找到目标，只有被动挨打。刘亚洲将军在《关于伊拉克战争》中讲道："美军凭借其强大的电磁压制、精确打击能力，使伊拉克的空防体系全面失效，雷达不敢开机，飞机不能升空，导弹不能发射，伊拉克地面力量不仅无法进行有效机动，也不能进行集结，甚至不能坚守地下工事。我们都知道脑袋控制拳头的道理。被剥夺了信息的军队，就好像被挖去了眼睛、割掉了耳朵，摄走灵魂的躯壳。你见过人被击碎脑袋后还能拳打脚踢吗？在雷达、通信系统被摧毁之后，伊拉克的百万大军就像是被抽掉核心部件的一部机器，笨重而毫无用处。"刘亚洲将军将作战网络信息化系统形象地比喻为人身上的神经系统。只有神经系统健全的人，他的手脚才能灵活自如。如果"中风"，他就会瘫痪；如果是严重的"脑溢血"，就只有死亡，或成为"植物人"。一位参战的美军空军将领形容说："如果没有制信息权，军队不过是一群武装的乌合之众。战场的情况就好像一个突然打开电灯的厨房，伊军是满地乱跑的蟑螂，我们一个一个地、不慌不忙地将他们杀死。作战制权争夺核心的变化，制信息权地位的凸显，要求军事转型必须坚持信息主导，以提高信息化水平为核心。"

五、"信息主导"加速作战力量建设

"信息主导"军队建设的方方面面，重点是主导作战力量的建设。作战力量建设作为军队建设的重要组成部分，也是整个社会建设的一分子。以信息技术为核心的新的技术革命将人类带入了信息时代，信息技术在给经济社会发展带来翻天覆地变化的同时，也顺理成章地成为军队建设的重要支撑和基础。一般来说，信息技术是指信息的产生、发送、传输、接收、转换、识别和控制等应用技术的总称，是在信息科学的基本原理和方法的指导下扩展人类信息处理功能的技术。现代信息技术则是以微电子技术为基础，以通信技术和计算机技术为标志，渗透于各种传统技术中的一门综合性技术，主要包括微电子技术、电子计算机技术、网络技术、软件技术，等等。现代信息技术不可避免地应用于军事领域，形成了军用微电子技术、军用计算机技术，以及以信息技术为基础的军事光电子技术、军事定向能技术、军事隐形技术、军事航天技术、军用新材料技术、军用纳米技术等。这些技术在军事领域的广泛应用，不仅改变了战争的面貌形态，也作用于部队教育训练、军事装备研制、军事人才培养以及后勤装备保障等方面，对作战力量建设必然产生重要影响。随着信息技术在作战力量建设过程中应用越来越广泛，军队的知识和技术含量不断增长，组织结构从面向武器系统转变为面向信息系统，编制员额逐步减少，由数量规模型向质量效能型，由人才密集型向技术密集型转变；新的、高技术的特殊军兵种，比如天军、网军将不断涌现，比例不断提高。

六、"信息主导"催生新的作战力量

"信息主导"不仅使传统的情报战力量、电子战力量、指挥控制力量变得更加强大，而且催生了网络战、心理战等新的作战力量，甚至信息本身就是一支作战力量。2010年美国海军颁布的《美国海军信息优势构想》提到："信息不再局限于辅助作战作用，海军将信息作为一种武器，将被用于海上和海军全部任务中。"互联网自诞生之日起就成为兵家必争之地，"黑客"攻击造成的经济损失不亚于战争带来的损失。早在20世纪90年代，美军就意识到了网络作战的重要性，专门招募"黑客"。2002年，美军组建了第一支由电脑专家和"黑客"组成的网络部队。2006年，美军组建了网络媒体战部队，美军陆、海、空军相继组建了网络应急反应分队。2009年6月23日，美军组建网络战司令部。伊拉克战争中，美军广泛地使用网络攻击手段。战前，数千名伊拉克军政要员在他们的电子邮箱里收到了美军发来的电子传单，劝他们放弃抵抗，造成很大的心理冲击。美军曾将"信息战"解读为"网络战"，认为网络战是为干扰、破坏敌方网络信息系统，并保证己方网络信息系统正常运行而采取的一系列网络攻防行动。美国国防部、陆军、海军、空军先后发布了《网络空间行动战略》《美国陆军网络空间作战概念能力计划》《美国海军信息优势构想》《美国空军网络空间作战》等网络空间作战文件。2008年8月，在俄罗斯和格鲁吉亚的冲突中，俄军在军事行动前攻击了格鲁吉亚的互联网，致使格政府的效能、通信、媒体和金融系统陷入瘫痪状态，此事件被定义为全球第一次与

军事行动同步的网络攻击。2015年1月，英国陆军开始组建第77旅，该旅被称为"脸书"部队。刘亚洲将军认为，信息化有三个层面：一是武器平台的电子化；二是作战系统的网络化；三是战略打击的"心理化"。他说："心理战可以说是这场伊拉克战争中最引人注目的地方了，它被称为战争之前的战争、战争之外的战争、战争之上的战争。"他一直认为心理战属于信息战的范畴，他说："从这次伊拉克战争看，美军对伊拉克实施的心理战是精心策划的。按战略、战役、战术层次次第展开，脉络清晰。它标志着心理战作为一种独立的战争形式已经登上人类的战争舞台。"

七、"信息主导"增强体系对抗能力

信息化战争的特征是体系与体系的对抗。现代信息技术的发展以及在军事领域的广泛应用，提高了作战体系的效能，信息系统在提升军事能力中的强大功效日益显现。海湾战争中，美军的作战指挥还没有完全脱离传统的手工作业。伊拉克战争中，美军先后动用90多颗卫星，与预警机、侦察机、无人侦察机以及地面侦察装备联网，构成全天候、全时空的立体侦察监视体系，美军的指挥中枢直接与基层作战单元相通，特别是美军使用了"蓝军跟踪系统"，使得中央司令部的指挥官可以实时观察到战场态势，甚至能看到己方每辆坦克或每门火炮的位置，对部队实施实时指挥。美军完成从发现目标到定位、瞄准、攻击、评估战果这五大步骤，海湾战争需要100分钟，科索沃战争为40分钟，阿富汗战争为20分钟，伊拉克战争只需10

分钟。未来战争是信息化战争，基于信息系统的作战体系的效能更为突出。"9·11"事件发生后，美国追加了400亿美元的经费，主要用于提高空军和海军对突发事件的信息反应能力，其中一项重要措施是加快发展电子信息装备。英军总结信息化条件下局部战争的经验教训，提出要建立具有英军特色的信息系统，加强电子信息系统的目标捕获功能。俄罗斯在莫斯科地区建立了由18颗预警卫星、16部大型预警雷达和A-50空中预警机组成的空中侦察预警系统，并计划装备新型防空一体化指挥系统，在俄罗斯西部建立新的战略预警雷达中心。以上这些都是对基于信息系统的体系作战功能的优化。军事斗争是一个十分复杂的巨系统，衡量军事系统优劣的一个重要标志是作战能力的强弱，高新技术发展对军事领域的影响十分广泛，最终都体现在作战能力上。世界近期局部战争表明，基于信息系统的体系作战能力关乎战场主动与战争胜负。

八、"综合集成"是形成体系的科学方法

如果说"信息主导"逐渐成为各国军队军事转型中的一种物质技术手段和一种重要的精神理念，"综合集成"则成为各国军事转型过程中普遍使用的一种科学方法和一种哲学思想。信息主导为综合集成提供了技术物质基础，综合集成则使基于信息系统的各作战要素形成一个整体和体系。

综合集成也叫系统集成，它着眼于实现系统整体功能的最优化，是管理开放复杂巨系统的工程学方法。综合集成源于系统方法，系

统方法是一种工程管理方法，它是把对象放在系统的形式中加以考虑的一种方法。这种方法强调从定性到定量，以人为主，人机结合。随着信息技术的发展，系统方法又发展为综合集成（系统之系统）的方法，并逐步被引入到军事领域。20世纪80年代，著名科学家钱学森最早提出综合集成是处理开放的复杂巨系统的工程方法。后来，他进一步提出了"从定性到定量的综合集成研讨厅体系"，并特别指出这种方法蕴含着巨大的军事运用潜力。

军队建设与作战力量建设也是一个开放的繁杂巨系统，对于巨系统的建设，必然要求运用综合集成的科学方法，以达成整体的水平与能力跃升。在军事领域，它不仅仅是一种单纯的技术方法，更是一种全新的军事思想和军事哲学。由于军事技术发展的局限，以往的战争中，不同战场空间的作战力量独立作战，相互影响不大。工业化时代，飞机、大炮、坦克等单项武器在机械化战争中发挥的作战能力，在一定的战争领域产生战果。信息化战争的重要特征是体系对抗，战争体系是由庞大的人流、物流、信息流、能量流组成的开放系统，发挥信息技术的作用，运用系统工程的方法，把生成战斗力的各个子系统、分系统整合成一个有机的整体，把各种复杂的作战要素、作战单元联结成一个紧密结合、协调运行的体系，这个体系才能够最大限度地发挥各种作战力量的效能。信息化战争，已不是单个或数个作战力量单元之间的对抗，而是一个作战体系与另一个作战体系的对抗。比如，信息系统提高武器平台的作战能力，但如果作战体系结构不合理，功能不齐全，单凭几件先进武器是形不成强大的作战能力的。在信息化时代背景下，各国军队在信息化建设的实践中，都把综合集成作为广泛采用并获得巨大效益的科学方法，诸如武器平台集成、部队功能集成、作战手段集成等，应用领域十分广阔，总体上表现为"人-机系统"的集成。综合集成作为信息化作战力量建设的基本理念和方法，是由信息化战争的特殊表现形式——体系与体系的对抗决定的，装备配套、标准化、系统兼容性、互联互通等问题需要综合集成，各作战要素整合形成一体化作战体系更需要综合集成。通过综合集成实现作战力量组织一体化、部队编成一体化、后勤装备保障一体化等。海湾战争，美军能把 30 多个国家的作战力量组合成一个整体，把天、空、地、海的侦察、指挥、干扰和攻击单元整合到一起，把每一个单元作为一个"预制件"整合成联合作战力量，无不是采用了综合集成的方法和思想。伊拉克战争中，多国部队先后出动飞机 10 多万架次，只损失 40 架，被伊拉克防空武器系统击落的飞机不到出动飞机总数的 3%；美英联军实现了在传感器、作战平台和指挥中心之间实时传递目标信息，战场情况随时都能看得见、听得清、打得准；美军 C^4ISR 系统与武器系统结合更加紧密，美军的战场态势感知能力大为增强，信息传输能力和指挥控制能力显著提高，都是得益于整个作战体系的高效能。采用系统集成的方法，把基于信息系统的各种作战力量形成体系，打造出体系作战能力，才是打赢信息化战争的关键所在。

九、"综合集成"要达成"1+1>2"的军事效应

综合集成的主要目的就是产生"1+1>2"的聚合效应。美军综合集成的过程，就是利用信息技术将武器平台中的信息系统、侦察监视中的信息系统、指挥控制中的信息系统进行整合，通过内部渗透、外部融合等方法，实现所有信息系统的互联互通。这是综合集成的基础。信息系统既是火力打击、指挥控制、综合保障等一体化的"黏合剂"，也是提高部队整体作战能力的"加速器"。只有搞好信息系统综合集成，才能为作战要素及作战体系的综合集成奠定良好的基础，才能实现不同作战系统之间的高度融合。

未来信息化战争要求一体化作战，各个作战资源只有进行合理配置，有机融合，才能形成整体力量，这是以综合集成牵引作战能力提升的关键。通过科学配置和优化组合，建立起作战体系、体系内部外部的有序结构，才能达到"整体大于部分相加之和"的效果。在信息系统综合集成的支撑下，以作战要素的综合集成为基础，最终实现各军种作战体系的集成和一体化，这是综合集成的高级阶段。实现作战体系的综合集成，也就实现了全面的综合集成，这是各国军队军事转型的目标。信息化条件下的军事转型，就是要打破以诸军兵种作战平台为中心的结构模式，依托信息系统把综合感知、实时指控、精确打击、全维防护、聚焦保障等作战力量集成于一体，使各系统在信息主导下协调一致地行动，最大限度地凝聚作战能量、有序释放作战能力。

一位美国学者关于军事改革的思考同样适用于当前军事转型。

他认为军事改革的最低层次是技术方面，强调先进技术在武器平台的使用虽然重要，但要让技术的使用有助于使用它的人，如果不考虑使用者的需求，脱离了战场需要，就会走到"唯技术而技术"的道路上去。其次是思想方面，要改变置战争现实于不顾的庙堂式思维，理念对了，技术才能发挥作用。最高层面是精神方面，改革的目的是增强军队的凝聚力，增强相互信任与理解。改革的精神不仅横向存在于作战人员之间，而且纵向贯穿于各级部门之间。从"信息主导"到"综合集成"是顺应信息化时代、产生于信息化时代、以信息化技术为基础的理念，它不仅是一个技术手段、科学方法，更是一种崭新的思想和"壮士断腕"的精神，必然是军事转型的关键引擎。

新型作战力量是未来战争制高点

李银祥

李银祥

国防大学孙子兵法研究中心副主任，大校军衔。长期从事军事思想、军事历史、军事训练学等领域的研究，主持或参与国家社科基金重大项目、国家社科基金项目、总部及国防大学的课题 10 余项。

新型作战力量是军事革命的制高点。从本质上说，军事革命的过程就是建构新型作战力量及其能量释放模式的过程。

一、时代之箭　胜利锁钥

新型作战力量具有鲜明的时代性，它是一个时代军事发展的风向标。

新型作战力量是以新需求为牵引、以新技术为支撑、以新能力为标志的作战力量。它的产生和形成与社会生产力发展水平、科学技术进步、战争形态演进、武器装备发展等时代因素息息相关，是时代的产物。它代表着军事技术和作战方式的发展趋势，是国家战略前瞻力量，是生成新质战斗力的强力引擎。它的发展是一个长期持续的、否定之否定的过程。

在冷兵器时代，骑兵及铁制兵器的使用

曾一度成为新型作战力量的代表。骑兵相比步兵、车兵具有明显的优势，融冲击力与防御力于一体，冲击力大、速度快、机动性强，冲锋时将人从奔袭的劳累中解脱出来，保证了在战斗中具有旺盛的体力和战斗力。钢铁兵器较之青铜兵器更锐利、更坚韧、更轻巧，也更便于制造。战国时期，在连横破纵、远交近攻等战略指引下，秦国军队不断对东方诸国发动一次又一次的大规模进攻，之所以能锋芒所指无往不胜，一个重要原因就是骑兵的正确运用与兵器的相对先进。当时，中原各国在战争中以车兵、步兵作战力量的运用为主。而秦国位处西部，在与游牧民族交战的过程中，秦军率先掌握、熟悉了骑兵运用的战术，同时，发展了弩机这种适于马上作战的兵器，设计精巧、精度较高、射程较远、杀伤力大。在多次扩张战争中，秦军还注意对冶铁中心的攻占，使得自己兵器手工业不但跟上中原各国的发展步伐，而且通过政权的强力运作超越中原各国钢铁兵器的发展水平。

新型作战力量产生之初，作为当时军事发展领域的新事物，总是具有传统作战力量不可比拟的优越性。当其广泛使用并逐渐在战场上占据主导地位后，新的代表更先进军事技术的作战力量又出现了，原来的新型作战力量转变为传统作战力量，并不断暴露出落后性而遭到战争的无情唾弃。随着火药的发明及在战场上的使用，新兴作战力量——火药化武器装备的部队出现，骑兵、金属兵器在作战中的地位不断下降。特别是火炮，一度成为威力无比的新型作战力量。

伊丽莎白一世时期在英国海军发展史上具有里程碑意义。伊丽莎白一世十分重视海军的建设，激励英国海军开拓创新，快帆船就是这一时期诞生的。快帆船与远程火炮的组合搭配，推动了英国海军新作战方式的变革。远射程的炮战取代了近距离的肉搏战，海上步兵退出了历史舞台，海军逐渐脱离陆军成为独立的战斗力量，标志着桨船时代战斗力生成模式的结束和风帆火炮时期英国海军战斗力生成模式的形成。这为挫败西班牙"无敌舰队"奠定了基础，也为英国成为海上强国打下了坚实可靠的战斗力基础。此后，英国不断改进火炮与船只性能，凭借火力与机动性方面的绝对优势，英国舰队在1805年特拉法加海战中一举打败法西联合舰队，确立了英国海军此后在世界海洋上长时间没有对手的霸主地位。

18、19世纪有一段时间，法国军队曾经在陆上所向披靡，也无不与重视火炮技术的改革与发挥炮兵的作用密切相关。被称为法国"炮兵之父"的琼·巴普蒂斯特·格利包佛尔于1776年任法国炮兵总监时，改革炮兵，改进了炮架、炮结构和编制，采用标准型制，炮架零件可以互用，重炮可以分解。1800年，法军又对炮兵进行了改革。拿破仑更是大力加强炮兵建设，在前人的基础上改进和发展了法国炮兵，大幅提高炮兵的地位，使之进一步标准化和轻便灵活，编制也更为合理，运用也更为巧妙，火力更为强大，因此，拿破仑陆军的战斗力一度成为威力强大的代名词。

新型作战力量对战斗力的提升是直接的、迅速的。它的作战效能与传统作战力量相比，呈现出指数级的差距，在实战中往往会收到奇效。掌握和运用新型作战力量成为衡量战争双方强弱和决定战争走向的重要指标，谁先拥有谁就能占据主动，谁力量强谁就能改变态势，谁用得好谁就能决定胜负。进入 20 世纪，坦克、飞机出现，装甲力量、空中力量等成为当时的新型作战力量。在二战初期，德国军队之所以能够"闪击"别国，就归功于他们率先掌握并使用了新型作战力量。

在苏联，一批有远见的军人早在二战前的一二十年就渐渐发现了这种趋向。图哈切夫斯基等人认为，由于有了航空兵和坦克这样的作战手段，不仅能够直接攻击前沿防御之敌，而且能越过敌阵地，同时攻击整个防御纵深内之敌。日后著名的大纵深进攻作战理论就这样日渐成形。这是上世纪 30 年代苏军的重大军事思想成果，也是与英国富勒等人提出的机械化理论相提并论的当时最先进的作战理论。在这一思想的指导下，苏军以装甲兵为代表的高技术兵种比例大幅提高，T-35、T-37、T-38 等一大批新型坦克陆续问世，并于 1932 年成立了世界上第一个坦克机械化军。可惜，当时苏军中主张使用骑兵的人占了上风，图哈切夫斯基等人在大清洗运动中遭到杀害。苏联机械化兵团运用理论和军队建设也因此受牵连而严重倒退，取消了坦克军编制，仅作为步兵和骑兵部队的支援单位而不再独立使用。但是，1940 年 5 月纳粹德国装甲集团在西欧战场上的所向披靡，使苏联不得不重新审视机械化兵团的编制建设和运用，很快恢复以机械化军编制为主体的装甲兵编制，并于当年组建了 9 个军，1941 年 2、3 月又再建 20 个军。但长期的内耗和对机械化装甲部队的轻视使苏军的战备情况极为糟糕，德军入侵开始时苏军完全无法抵挡德军装甲集团的快速突击，导致苏联在卫国战争初期蒙受重大损失。直到机械化装甲部队得到大幅发展后，苏联卫国战争的局势才得到较大改观，为法西斯德国的覆灭敲响了丧钟。

二、见龙在田　未来已来

新型作战力量往往是先进军事技术和新型作战思想联姻的产物。新型作战力量的兴起，往往预示着军事改革大幕的开启。有远见的战争指导者都会根据当时军事发展的最新趋势，选择将新型作战力量作为重点并着力加以发展。上世纪 70 年代，精确制导武器、电子信息技术尤其是指挥自动化系统的发展，成为新型作战力量的主要代表，为新军事革命的孕育和形成奠定了最基本的物质技术基础。

1973 年第四次中东战争，是二战后首次在两支机械化部队间大规模使用电子战设备的战争，新型作战力量兴起的端倪已经出现。以色列一开始缺乏电子战手段支持，曾被叙利亚以"萨姆"导弹为主的防空武器击落上百架飞机。随后，以色列吸取教训，不断提升电磁对抗能力，发动了著名的贝卡谷地歼灭战。以军先以电子战导致叙军防空导弹雷达系统全线瘫痪，然后仅用了 6 分多钟，就一举摧毁了叙利亚苦心经营多年的 19 个导弹阵地。

在越南战争中，美军激光制导炸弹的运用，揭开了精确打击的序幕，并成为战斗力对比的重要砝码。在海湾战争中，"战斧""爱国者""响尾蛇"等导弹纷纷闪亮登场，几乎将战场变成了导弹的格斗场。精确制导炸弹的运用极大地提高了作战效果。据美军统计，摧毁一个目标，在第二次世界大战中，需要900枚炸弹，在越战中需300枚，而在海湾战争中，使用精确制导炸弹只需要2枚，在伊拉克战争中仅需1枚就能摧毁目标。

与此同时，信息技术迅猛发展，广泛应用于军事领域，使指挥控制系统得到了很快发展，美、苏等军事强国在上世纪70年代初步建立起指挥自动化系统。指挥控制系统的建立和完善，使信息由战斗力的一般性要素变为主导性要素。

1982年，以色列和叙利亚发生空战，之所以出现0∶82的结局，表面看来，以色列只是多了预警机，实质是，叙利亚传统的空中格斗作战方式已经无法和以色列一个空中作战系统对抗。海湾战争中，美军动用了数十颗卫星和大量的地面基地，建立起 C^4I 系统，将陆、海、空、天、电多维空间的作战行动凝聚为一体，初步开创了多维空间力量一体化联合作战的成功先例。多国部队平均每天出动飞机2000多架次，这些飞机从不同的基地起飞，袭击不同的目标，仅此一项，就可以看出战场自动化指挥控制系统的功效。1997年，美军将监视和侦察功能也纳入 C^4I 系统中，形成 C^4ISR 系统。到了2001年，美军又在 C^4ISR 中加入了一个新要素——杀伤，变成 C^4KISR，使得指挥控制与战斗力各要素更紧密结合，最终达到将各种传感器、指挥控制系统与武器系统连接成为一个有机整体的效果。1999年美军正式提出并迅速启动全球信息栅格（GIG）建设，使原有的信息网络和 C^4ISR 系统发生了革命性的改变。在科索沃战争中，北约驻欧洲总司令克拉克在远离战区的布鲁塞尔北约总部，运用 C^4ISR 系统对相距遥远的各种打击力量实施实时指挥与协调。网络化战场信息系统把战区外战役指挥与战区内战术控制融合起来，先进指挥系统的使用大大提高了北约部队尤其是美军的战斗力。

以新制胜是军事竞争的一条重要法则。新型作战力量作为军事变革中最活跃、最闪亮的部分，代表着新军事变革的发展方向，正深刻地改变着人们对战争和作战力量的已有认知。为掌握未来战争的主动权，一些大国已经或正在大力发展无人化作战力量、太空作战力量、网络作战力量、光能作战力量等新型作战力量。

无人化作战力量。以远程遥控和自主控制为核心的机器人技术迅猛发展，导致无人飞行器、地面机器人、水面和水下机器人作战系统相继出现，并先后投入战场，无人化作战这一崭新作战样式正在破土而出。其中，无人机的使用尤令人瞩目。美国已形成具备多种功能的无人机谱系，"全球鹰""捕食者"系列无人机已大量运用于实战，在侦察监视、通信中继和火力打击等领域发挥了重要作用。在阿富汗战争中，美军首次使用无人侦察机发射导弹打死了"基地"组织头目阿提夫，创造了战争中运用智能化无人装备直接实施自主作战的新模式。在近年来的反恐行动中，美军更是频频实施无人机攻击。美军还在加紧研发 X-47B、MQ-4C 等新型无人作战平台，其中，前者已在航母上多次进行了试飞，未来将可能与有人战斗机协同作战。美军规划，到 2023 年无人机将达到空军飞机装备量的 90%。俄军也预测，2025 年前后，无人化作战力量将大量列编，成为未来战

一架美军 X-47B 无人机从行驶在美国弗吉尼亚海岸附近的"乔治·H·W·布什"号航母上起飞

场上的主战武器装备。自主智能军队的出现，必将带来面貌全新的战争景观。

太空作战力量。目前，美国正在实施"一小时打遍全球"的"全球快速打击系统"计划，即通过陆基洲际弹道导弹、潜射弹道导弹、高超音速巡航导弹（如 X-51A）、空天飞行器（如 X-37B）等运载工具，建立可在 1 小时内打击全球任何目标的常规作战系统。为了维护领先优势，美国不遗余力地大力发展高超音速武器，技术水平处于世界前列；反导、反卫星武器系统及航天飞机等空间平台现已基本具备实战能力，预计到 2020 年前后形成攻防一体的全面战略力量优势。俄罗斯制定"太空军事复兴计划"，建有约 5 万人的太空部队，明确把太空作战行动纳入现代战役范畴，也加速研制高超音速试验飞行器，着力建成现代太空作战系统。印、法等国也积极发展太空高超音速武器。

网络作战力量。随着网电威胁日益严重，网电空间对抗技术日益成为大国关注的焦点。美国是网络作战部队的发源地，建有统领全军的网络司令部和陆、海、空、海军陆战队等军种网络司令部，专门组建了网络电磁空间作战部队，网电装备成为威慑和实战兼备的新的"撒手锏"。网络电磁空间攻击技术发展迅速，已成功应用于实战。美研发出包括"震网""火焰""舒特"在内的2000多种病毒武器系统，其中"舒特""震网"等病毒在叙利亚、伊朗等国的应用引起巨大影响。目前还在大力发展"国家网络靶场""网络空间安全数据中心"等网络战项目，力求保持在该领域的绝对优势。俄建立了特种信息部队，国防部情报、通信、电抗等部门和各军兵种都在积极培养网络攻防作战人员，并准备在航天部队基础上组建网络作战部队。韩国专门组建了网络司令部，选拔网络精英组成网络作战团队。

光能作战力量。定向能武器是通过毫米波、高功率微波、激光或电磁脉冲产生作战效果。特别是激光武器，准确性高，反应快，成本非常低，用于对抗精确武器和多种自主系统，具有特殊的功效，引起了广泛关注。近年来，世界主要国家激光武器的发展取得了重大突破。美军已在空基、陆基、海基激光器的试验中取得成功，能够使用激光束摧毁来袭的导弹、炮弹和无人机。美"激光复仇者系统""激光区域防御系统""激光区域防御反弹药系统"都正在加紧实验中。可以预计，以激光武器为代表的定向能武器逐渐运用于实战，将从根本上改变目前弹药的杀伤机理，必将引起作战方式的重大变革。

三、历史镜鉴 他山之石

发展新型作战力量关乎国家安全战略全局，影响和决定军队未来，在国际军事竞争和现代战争中具有举足轻重的作用。这就需要决策者开阔的战略视野，以及对世界军事发展大势的深刻认识与准确把握，尤其要从历史中领悟到发展的智慧，从他国的实践中找寻到发展的营养。

坚定国家意志。新型作战力量的兴起是破旧立新的过程，必定会带来整个军事体系的震荡和重组。涉及动人员、换装备、改体制、变机制，"牵一发而动全身"，必定面临重重阻力。因此，必须把新型作战力量建设上升到国家战略层面，汇集全国和全军力量在重点领域攻坚克难，聚焦突破。风帆火炮时期英国海军新型作战力量的发展，第二次世界大战前夕德国机械化战斗力的快速形成，背后都有强大的国家政权意志的支撑，虽遇阻力但坚决消除。二战前，苏军机械化作战力量的成长更是一个典型的教训。

理论主动设计。军事发展史上，只有那些站在时代的制高点上，抓住机遇，率先在理论上突破的军队，才能形成和发展新型作战力量，率先完成军事变革。理论创新是新型作战力量的先导和重要标志。马汉的"海权论"奠定了美军机械化战争时代海军战斗力生成的基础，富勒预言了坦克将引发战争艺术的革命性变革，杜黑的《制空权》标志着将形成空军战斗力。而近几十年来，军事理论发展的步伐越来越快，军事理论的先导周期大大缩短，前瞻预测成为军事理论创新的强大生命力。新型作战力量已由过去的基于技术的"实践推动"转向更加注重基于理论的"主动设计"的新轨道。特别是美军，1994年8月，陆军部颁发了作战手册，提出了"全维信息战"等理论。1992年9月至1994年2月，海军部提出了信息战理论。1995年10月，空军部颁发了《信息战基础》，提出了信息对抗等概念。1996年，国防部颁发了《2010年联合构想》。进入21世纪，美军推出了非对称作战、非接触作战、非线式作战、全频谱作战、网络中心战等新概念、新理论，为军队加快新型作战力量的发展注入了新的生机和活力。因此，必须真正着眼信息化战争，瞄准新型作战力量发展方向，增强思维的开放性、前瞻性，大力推进军事理论的创新。

追寻科技颠覆性突破。实践证明，科学技术对推动战斗力发展有着极为重要的作用。新技术新方法的运用常可引发某个军事领域的新突破，这种突破往往又会带来新的军事优势。技术越是颠覆性突破，则新型作战力量的军事优势越是飞跃式发展。美国国防部高级研究计划局就专门负责美军高新技术的研究、开发和应用，因特网、GPS、空天飞机等均是这个局投资的项目，这些项目通过超前的科技极大推动了新型作战力量的发展。信息技术特有的共享性、渗透性，也使大多数的科技不再是少数发达国家军队的专利。这为后发国家大力开展自主创新，实现颠覆性技术突破，创立新型作战力量创造

反舰导弹方队接受检阅

了有利条件。

　　注重顶层战略设计统筹。新型作战力量发展过程对整个军事系统而言具有革命性、系统性、彻底性等特征，涉及武器系统、作战理论、体制编制和人员素质等各个方面，其中任何一个环节出现偏差，对整体作战力量的建设都会产生很大的冲击和影响。因此，美军注重在战略管理层进行战略规划和发展路线图设计，对新型作战力量各要素的发展路径进行统筹。以工程化思路，制订诸如《空间领域综合技术路线图》《无人作战系统发展路线图》和《网络电磁空间行动战略》等路线图，加强顶层设计和宏观管理，提高发展效率。

着力打造领军人才。纵观每个军事革命时期，都会有这样一批人，他们善于洞察和把握军事领域新的发展趋势，善于进行理性思维和科学总结，具有突破传统思维定势和观念制约的勇气和能力，能够提出与未来发展相符合的理念，主动、大胆实践，创造性地开展新型作战力量建设工作。如热兵器向机械化转变的时代有富勒、戴高乐、图哈切夫斯基、朱可夫等；机械化向信息化转变的时代有美军的约翰逊、欧文斯、沃登、博伊德等人。他们是当之无愧的时代领军人才。当代中国军事正迫切呼唤涌现更多类似的优秀领军人才。

大力推进创新实践。新型作战力量形成强大战斗力需要反复实践。美军历来重视通过演习、训练、模拟甚至实战提高、检验作战理论和新型武器装备的作战效能，实现从理论到实践再到理论的循环发展模式。美军高度注重近似实战的模拟训练，使官兵能够提前适应战争需要，熟练掌握战法运用，灵活应对各种突发情况，发现作战方案以及兵力选择部署方面存在的问题隐患，及时进行完善改进。伊拉克战争之前，美军耗费巨资建造战场模型，进行无数次的近似实战的模拟演练，使官兵提前熟悉了战场，最终取得了较理想的作战效果。美军成立了一大批联合作战实验中心和军种作战实验室，建立了以先进信息技术手段和系统工程方法为基础的网络化仿真环境。美军所有的作战计划都必须经过模拟仿真系统验证，几乎所有作战行动都是基于虚拟实践的新产物。这不仅是一种技术手段，更是一场实践的革命。我军也要努力搭好用好这个舞台，在虚拟的战争火炉中千锤百炼，形成"研战融合""先胜而后战"的看家法宝。

建成与我国大国地位相称、与我军使命任务相适应的军事力量，着力解决制约国防和军队建设发展的突出矛盾和问题，迫切需要发展具有中国特色的新型作战力量。这是踏浪军事革命大潮、有效形成国家战略威慑力的战略选择。

新型作战力量是打赢未来战争的制高点，谁占领这个制高点谁就能赢得未来。

各国网军争雄第五维空间

朱启超

朱启超

国防科技大学国家安全与军事战略研究中心主任，研究员，管理学博士，国防科技大学国际关系学硕士研究生导师。曾赴英国伦敦国王学院战争研究系开展访问研究。主要研究方向为科学技术与国家安全、网络安全战略与政策等。

自上世纪60年代阿帕网（互联网的前身）诞生以来，网络信息技术的发展与应用使得一个新的人造空间——网络空间——随之出现。网络空间是指通过运用电子设备和电磁频谱构建的相互依赖网络，凭借信息交流技术产生的全球信息领域。网络空间被认为是陆、海、空、天等自然空间之外的第五维空间，是人类科技文明进步的产物，将深刻影响人类的生存方式、发展走向和战争形态。网络空间为人类信息传递、交流与分享带来了极大的便利，同时也为黑客攻击、网络犯罪等安全威胁的滋生提供了温床，使其日益成为国家利益拓展的新边疆、国家战略博弈和军事竞争的新领域。近年来，世界许多国家尤其是军事强国都建立了网络部队，比如，美军成立了网络司令部及各军种专业化网络作战部队，英军建立了网络作战指挥中心，俄军建立了网络部队，日军建立了网络防卫队，印度军队招募黑客组建网络部队，韩军也建立了网络战略司令部。

一、网军的出现是信息时代的重要标志

人类历史上，陆军出现得最早，代表的是族群或国家之间对于土地和陆权的争夺。海军和空军的出现，则代表了国家之间对于制海权和制空权的竞争。进入 20 世纪下半叶以来，人类活动的领域进一步向太空和网络空间伸展，军事大国和强国开始将制天权和制信息权的争夺视为军事竞争新的制高点。尤其网军的出现，是信息时代到来的重要标志。

1. 国家利益在网络空间空前拓展。网络信息技术是构成网络空间的物质基础，网络空间的形成与发展，为网络信息技术产业的创新发展提供了强劲的需求牵引，世界范围内互联网经济呈现出蓬勃发展的势头。比如，微软公司、谷歌公司、亚马逊公司、脸谱公司、阿里巴巴公司等 IT 企业巨头迅速崛起，每个公司的市值均在千亿美元以上，称得上富可敌国。美国麦肯锡全球研究院 2013 年 5 月发布了《颠覆性技术：有望改变人类生活、商务和全球经济的前沿技术》研究报告，预测移动互联网、云计算、物联网等 12 项技术将在 2025 年前对全球经济产生颠覆性影响，并将创造出 14 万亿至 33 万亿美元的经济效益。各国经济发展、科技创新以及社会价值观塑造将对网络空间产生越来越强的依赖，国家利益正以前所未有的速度在网络空间扩展。

2. 网络安全是国家安全的重要屏障。恩格斯指出："人类以什么方式生产，就会以什么方式作战。"习近平主席也强调指出："没有网络安全，就没有国家安全。"计算机体系结构本身的缺陷和网络空间的开放性，使得网络病毒和系统漏洞难以根除，为黑客攻击、网络犯罪、网络恐怖主义开了方便之门，使得网络安全威胁日益成为全球性挑战。2001 年爆发的红色代码蠕虫在全球造成的损失达 100 多亿美元。根据美国智库战略与国际研究中心（CSIS）2013 年发布的研究报告，美国每年因网络犯罪导致经济损失近 1600 亿美元，约占美国国内生产总值（GDP）的 1%。2013 年 11 月 5 日中国国务院新闻办公室主任蔡名照在第四届全球网络空间合作峰会上指出，80% 以上的中国网民受到过网络侵害，每年经济损失达数百亿美元。2007 年黑客对爱沙尼亚政府部分网站和关键基础设施的拒绝服务攻击使整个国家陷入瘫痪，说明利用网络系统发动攻击门槛低、投入小但效益大，甚至不费一枪一弹，具有极强的威慑性、实战性和可控性。2015 年 11 月 17 日，英国财政大臣奥斯本宣布将把国家网络防御的开支增加一倍，未来 5 年将投入 19 亿英镑以防御"伊斯兰国"组织可能在法国巴黎恐怖袭击后对英国发动网络攻击。奥斯本称，如果黑客控制了英国的电力供应系统、航空交通控制系统或者医院信息系统，不仅将造成严重的经济损失，还将可能危及公众生命安全。

3. 网络战争是没有硝烟的崭新战争。网络战是人类自有战争行为以来的最新行动样式，它一般不以直接杀伤对手的生命为目标，而是通过系统入侵、计算机病毒攻击、拒绝服务攻击、物理实体攻击、网络欺骗等模式瘫痪对手的核心网络系统，毁坏或接管其电网、水利控制系统、交通管制系统等国家关键基础设施，实施网络心理战、网络舆论战影响敌方的军心士气，最终达成"不战而屈人之兵"的目的。虽然网络战根据其规模可以分为战略网络战、战役网络战、战术网络战，但由于网络战本身能够轻易跨越军用和民用之间的界限、平时和战时之间的分野，往往小的战术行动可能带来战略上的影响。比如，针对敌方金融银行系统某关键信息节点的一次单个黑客行为的隐蔽攻击，就可能导致敌方股市的剧烈动荡；股市的动荡则可能导致敌方政府的垮台。美国国家情报局前局长迈克·麦康奈尔曾不无担忧地指出："仅纽约两大银行每天的资金流量就达到7万亿美元，如果怀有恶意的人或与我们持有不同见解的人攻击银行的交易网络，破坏数据链，将对美国乃至全球经济造成灾难性影响。"即使单纯军事领域的网络战行动，也越来越能够对战争全局产生重要影响。美军已将网络战行动作为其"空海一体战"作战构想、"全球一体化联合作战"构想的核心要素，将先进网络武器作为可颠覆对手、改变战争游戏规则的"撒手锏"。

要想更好地维护国家利益在网络空间的急剧拓展，应对网络威胁给国家安全带来的严峻挑战，打赢信息化条件下的局部战争，网军力量建设是不可或缺的。因此，网军的出现，承载着信息时代赋予的重要使命。

二、外军网络空间力量建设的主要内容

从各国网军力量建设的重点来看，主要聚焦以下几个方面：

1. 制定顶层战略与相关作战条令。战略与条令建设是网军建设的"灵魂"，为网军建设的发展定位、职责任务及作战应用提供指导。以美军为例，美国国防高级研究计划局早在 1996 年前后就委托兰德公司组织专家开展网络空间安全想定的兵棋推演，研究网络军事力量建设的规模；2003 年，美国小布什政府将网络空间安全上升到国家安全战略层面，颁布了《确保网络安全国家战略》，强调美国的经济和国家安全完全依赖于信息技术和信息基础设施，而基础设施的核心是因特网；奥巴马政府更是将网络电磁空间安全视为第一国策，相继颁布《网络空间安全战略》《国家网络空间行动军事战略》和《网络空间作战能力构想》等一系列战略文件，2015 年又新修订了《网络空间安全战略》，将网络安全战略作为核、太空、网络"三位一体"国家安全战略的重要柱石。美军 2011 年以来也加紧制定并完善网络空间相关作战条令，比如美国陆军颁布了《网络空间作战概念能力规划 2016—2028》，美国空军颁布了《网络空间作战条令》。俄军对"网络－信息战"的理论研究起步较早，已经形成一套自己的"网络－信息战"理论。俄军将"网络－信息战"称为"第六代战争"，认为在未来战争中，要夺取并掌握制信息权和制电磁权，就必须打赢"网络－信息战"。2012 年 3 月，俄罗斯国防部发布《俄联邦武装力量信息空间行动战略》，作为俄罗斯首份网络空间战略，明确了俄罗斯网络空间军事行动准则。日本防卫省 2012 年也发布了

《构建稳定可靠的网络空间》报告，为2014年组建"网络防卫队"提供指导框架。

2. 建立网络力量指挥机构。网络力量指挥机构是网军的"司令部"和指挥中枢，是负责筹划、配置和运用网络军事力量的大本营。2005年，美军在其战略司令部下组建了专门负责网络作战的"网络战联合功能构成司令部"，将网络作战与空中作战、核打击、太空作战视为同等重要。2009年6月23日，美国时任国防部长盖茨宣布在战略司令部下正式创建网络司令部，并委派基斯·亚历山大上将担任网络司令部司令。新的网络司令部从体制上确保各军种网络作战力量的统管与任务协调，以提升美军网络行动的整体效率。网络司令部成立后，与美国土安全部负责网络安全的指挥机构联席办公，共同应对国家网络安全威胁。日本防卫省网络防卫队，作为日本内阁防卫大臣的直属部队，由统合幕僚长负责指挥。目前，该部队全天候监控防卫省与自卫队的网络系统运行，并应对来自外部的网络攻击。

3. 按需发展各军种各领域网络任务部队。各国网军力量规模不一，与其网络安全战略定位相适应，均处于探索发展的阶段。美军网军规模全球最大，且保持稳步扩张的势头。2013年年初国防部批准大幅扩编其网络司令部编制规模，在2015年前从目前的900人增加到4900人。2014年3月30日，美国国防部长再次表示，到2016年美国网络司令部将扩编至6200人，将组建133支网络任务部队。这些网络任务部队的构成将包括80%的军职人员和20%的文职人员，在职能上分为三个类别：一是国家关键基础设施保护部队，主要任务是保护事关国家安全和经济繁荣的各类网络基础设施，如国家电力系统、金融证券系统、供水系统等；二是网络作战部队，为美军海外指挥官遂行军事行动提供网络力量支援；三是国防信息网络防护部队，致力于美军指挥机构和作战部队的信息系统安全防护。此外，美军陆军、海军、空军和海军陆战队还编配有自己的网络指挥机构及任务部队，各军种的网络部队的规模有数万人之多。作为美国的盟友，日本自卫队网络防卫队的初始规模约为 90 名来自各军种的自卫队员。

4. 重视网络行动演习训练。网络空间军事行动除了情报获取外，平时不能随意开展针对别国的网络攻击行动，因此演习训练就成为提高外军网络作战能力的最重要活动。美国国防部高级研究计划局构建了国家网络靶场，为网络安全和作战训练提供逼真的技术环境。2001 年以来，美军经常参与国土安全部组织的"网络风暴"演习，主导并参与北约国家部队组织的"锁盾"系列网络安全演习，几乎平均每两年举行一次代号为"施里弗"的太空作战演习。其中，"施里弗"太空作战演习看似与网络行动无关，其实自 2005 年以来美军举行的 4 次演习中，特别检验了太空作战行动与网络空间作战行动的融合，对跨域作战概念进行了验证。日本防卫省和自卫队近年来也重视通过开展网络安全演习，着重加强自身信息系统和网络的防护能力，完善威胁情报搜集和分析的必要机制，完善军事信息系统的恢复功能，以尽量保证自卫队在遭受网络攻击后仍不会丧失遂行任务的能力，强化军事人员的保密意识。

5. 加紧研发先进的网络攻防技术。近年来，一些发达国家研发的"震网""毒蛆""火焰""高斯"和"迷你火焰"等病毒武器代表了很高的技术水平，与一般的计算机病毒相比，结构复杂、注入手段多样化、潜伏能力强并具有精确攻击能力。其中，"火焰"病毒的复杂程度是"震网"病毒的20倍，"震网"病毒被发现前已在伊朗核设施所使用的西门子系统设备中潜伏长达1年，"毒蛆"和"火焰"病毒在目标系统中至少潜伏了5年。这些病毒能够以国家关键基础设施为精确攻击目标，根据指令在特定时间对特定目标展开攻击。"震网"病毒主要攻击核设施和工业控制系统，"毒蛆"病毒主要攻击水利设施和工业控制系统，"火焰"病毒主要攻击石油信息系统，"高斯"病毒主要攻击金融信息系统，"迷你火焰"病毒则被称为"高度精确的外科手术式攻击工具"，攻击目标可以锁定到单台计算机。美国国防部高级研究计划局2015财年重点研发的先进技术项目包括：一是"网络计算情报"项目，加强对非结构化信息的处理能力，从全面、深度和时效性方面提高网络空间态势感知能力；二是"保护网络实物系统"项目，以应对物联网时代网络安全领域通过软件攻击摧毁物理实体系统的新挑战；三是"主动响应网络系统"项目，研发可让计算机主机、系统和网络在遭受外界攻击时快速响应的新技术，对网络进行实时优化、动态配置，提升主动防护能力，以扭转网络空间易攻难防的被动局面；四是"透明计算"项目，开发数据流跟踪、攻击事件还原和攻击行为动态认证等先进技术，提升遭受网络攻击后的溯源能力。

6. 控制供应链和移动终端安全风险。微处理器是网络空间处理信息的关键部件，一旦植入恶意电路，将导致器件性能下降、功能失效，信息将被窃取且易受监听控制。以美军为例，目前，美军已掌握恶意电路植入技术，并验证了人为工艺缺陷可使军用卫星的使用寿命从 15 年下降至 6 个月。美国军用集成电路 90% 以上依赖海外制造，美国国防科学委员会、联邦调查局、国土安全部等多个机构均表示，集成电路可能在设计和生产环节遭恶意窜改，危害美国网络空间安全。美国《国防部网络空间行动战略》特别强调供应链安全，并将其信息技术产品中可能被植入恶意电路视为重大威胁。另外，随着移动智能终端的快速普及，美国军方十分关注移动智能终端在军事领域的潜在价值。2013 年 6 月，黑莓、苹果、三星公司的移动智能终端先后通过美国国防部的认证审批，可以通过移动网络站点接入国防部网络。目前，在美国国防部移动试点项目中，共有 60 多万台智能手机、平板电脑等移动智能终端处于运行状态，可以访问包括非敏感信息、非密敏感信息、秘密信息、绝密信息在内的各类军事信息。但移动智能终端的普及，也使其成为传统网络安全威胁（如电脑病毒、垃圾邮件、蠕虫和特洛伊木马等）和新型先进网络攻击的目标。2013 年 5 月，美国国防部总检察长对美陆军移动设备战略执行情况检查时，发现有 1.4 万台智能手机和平板电脑处于失控状态，随时都有可能遭受外部网络攻击。为此，美军大力改革军用网络电子产品供应链管理和移动智能终端安全管控举措，通过加强政府战略指导、建立安全指导准则、规范安全认证流程、定制军用移动智能终端等举措，使军用电子产品供应链和军用移动智能终端安全管控有了可靠保证。

7. 加紧网络人才培养。网络人才是遂行网络军事行动的关键。网络人才与普通人才的培养模式不同，外军重视采取超常措施培养、选拔和招募人才，尤其重视从社会人才中招募天才黑客加入军方网络部队。在这方面，美军人才培养的做法较为成熟多样。一是拓宽网络人才选拔范围。2011年，美军制订了《网络安全教育战略计划》，将军队网络人才界定为信息技术安全系统设计人员，网络技术支持、管理和保障人员，识别、分析和处理网络威胁事件人员，网络情报搜集人员等7个类型。依据这一标准，美军将遴选网络人才对象扩展至具有法学、心理学、教育学、情报学、政治学等学科背景的求职者。二是完善人才培养体系。2009年之前，美军主要依托国防部信息安全保障奖学金计划，将全国50所军地高校纳入"高水平信息安全教育中心"培训项目，资助信息安全专业的本科生与研究生，并在其毕业后安排至国防部门工作。从2012年4月起，美国防部联合国家安全局和国土安全部成立"卓越学术研究中心"，将全国145所高校甚至一些中小学也纳入资助培养计划，大幅提升网络后备人才培养规模。三是营造竞争与对抗氛围。近年来，美军联合地方部门举办了众多网络攻防竞赛与对抗演习，通过实战化竞争来甄选、培养、锻炼未来的网络安全精英。这些网络对抗主要有国防部直接组织的网络公开赛、军工企业出资赞助的高校网络联赛以及美军直接组织的网络演习。通过举办不同层面的对抗演习，美军既锻炼了现有网络人才队伍，又可在全球范围内发掘网络精英作为人才储备，还检验了自身网络安全的实战效能，可谓"一举三得"。由于无力与私营企业在人才市场上争夺网络人才，法国国防部2013年以来通过设立网络安全课程自己培养网络安全专家来保护法国军队的网络安全。法军首批课程将培训15～25名学生，他们要在圣西尔军校开始为期一年的"2015网络危机管理专业硕士学位"的学习。

三、外军网络力量建设改革的主要特点与趋势

总体来看，由于网络空间仍在迅猛发展之中，各国网军力量建设尚处于探索发展阶段，总体上具有一些共性。未来，各国将对网军建设继续给予高度重视和政策倾斜。

1. 注重战略与作战概念创新。科技革命推动军事理论创新，通过新的作战概念牵引网络空间力量建设是外军较为普遍的做法。美军进入21世纪以来，先后提出"网络中心战""空海一体战""网络-电磁频谱作战""一体化全球联合作战""第三个抵消战略"等新概念，有力促进了网络军事力量建设发展。近年来，随着云计算技术的快速发展与军事拓展应用，美军又提出了"作战云"的概念。根据美军设想，未来10年左右时间"作战云"将实现一个包括各种战斗机、情报支援飞机、卫星、舰艇和直升机在内的军事云计算平台网络，每个作战平台都是"作战云"的一个节点，既可向云中上传信息，也可从云中下载信息，即使在作战的时候也是如此。这将为整个作

战体系带来更加便捷的信息优势和决策优势。俄军重视网络空间作战理论研究，提出要找出对手网络的脆弱漏洞主动出击，以最小的成本、最可靠的手段实现作战目的。印军也提出要打造应对优势力量的"非对称作战"能力，重点发展网络战、太空战和远程打击力量。

2. 强调发展颠覆性技术手段。外军重视对于未来具有颠覆性的网络信息技术的发展预测，提前进行布局，努力使网络力量建设建立在先进的技术优势之上。信息技术未来将不断催生新的战略前沿技术甚至是颠覆性前沿技术。英、美国家军队注重利用开源情报信息持续开展科学技术发展全谱系的"技术纵向-横向扫描"和"技术预警"，比如美国空军自1946年开始每隔10年发布一份技术地平线系列报告，其中就包括了网络攻防技术发展展望的内容；2012年又发布了《网络2025——空军网络科技展望》报告，既是网络力量建设的需求评估，也是对于网络攻防技术和能力发展趋势的预警。此外，英、美国家军队还重视利用云计算、数据自动化处理、数据挖掘等技术，建立分布式大数据基础环境，实现非结构化情报大数据的一体化管理，为网络空间战略情报研判、网络预警情报筛选甄别、战场网络情报跟踪监控等业务提供智能化关联分析与趋势预测。2012年7月，美国国防部颁布云计算战略，希望通过云计算来打造最具创新性、最高效和最安全的军事信息服务平台，支持在任意地点、任意时间、经过认证的任意设备上遂行国防任务，并于2017年以前完成所有国防信息系统向云计算环境下的转型。美军正在进行的"联合信息环境"建设，将建立一个庞大的基于云计算服务的大数据基础设施，以整合优化包括网络安全、战场情报系统、后勤信息系统在内的海量数据处理能力。澳大利亚国防部门也积极采用云计算、大数据等技术来提高军事信息系统的安全性能和网络作战行动的效果评估。

3. 重视跨域协同与网络威慑能力建设。由于网络安全威胁往往模糊了军事和民用领域的界限，网络军事力量与国家其他部门力量的协调协作就变得尤为重要。从美军网络力量的指挥体制与任务部队的设立来看，在重视各军种之间协同演习演练的同时，更加重视与国土安全部、中央情报局、国家安全局、联邦调查局之间的协作，形成了应对重大网络安全事件的会商机制和平时常态化的联席办公机制。此外，美军还重视与盟国军队开展网络安全演习演练，完善网络安全集体防御机制。在注重网络攻防能力建设的同时，也大力完善网络威慑理论与政策，从及时快速做出网络攻击反制举动、提升主动防御技术实力、增强国家关键基础设施受到网络攻击后的可恢复性、提高网络攻击溯源能力等方面构建可信的网络威慑能力。

4. 持续推进网络人才选拔培养。网络空间赖以建立的信息技术，与机械化战争时代的军事技术不同。机械化战争时代的军事技术应用领域十分明确，而信息技术的"中立性色彩"浓厚，军民通用，"军"与"民"的界限模糊。这使得信息技术创新跨越了军民界限，信息技术培育孵化与采办必须直面广阔的民间市场，不断调整越来越丰富的各领域安全需求。信息技术创新发展的这一特点，为网络安全技术储备和人才培养提供了广阔的空间。另一方面，信息技术的快速更新又使得机械化战争时代一种产品从需求论证、设计、制造到演示试验、列装、淘汰等串行工作模式受到了挑战，信息技术产品的需求动态变化、产品创意无限、使用寿命可长可短（比如密码攻击手段"见光死"，不可重复使用）、应用效果往往因人而异等等，对于网络人才培养和储备提出了新的要求。为应对网络安全挑战，外军通过游戏挑战赛、"白帽黑帽大会"、演练演习等措施发现人才、选拔人才、招募人才的做法就是适应了信息技术的这一特点。

5. 加强网络战法理基础研究。外军在重视顶层网络安全战略制定和网络作战条令建设的同时，也重视研究网络空间军事行动与国际法的适用性。为配合网络扩军，美国海军战争学院迈克尔·施密特教授组织北约智库专家于 2013 年 3 月撰写了《塔林手册：适用于网络战的国际法》，公布于北约网站。该手册的主要观点有：承认网络空间存在国家主权和管辖权；超过一定规模和影响的网络攻击属于"武装攻击"；个人或组织的网络攻击行为等同于国家行为；针对网络攻击可以使用传统武力进行回击报复；军事盟友间的集体自卫行动在网络空间依然适用；网络攻击禁止针对医院、儿童福利院等重要的民用目标或设施；"中立法"适用于网络空间。预计 2016 年下半年北约将推出《塔林手册 2.0》，这表明美国及北约组织试图主导网络空间国际行为准则的制定，为在网络空间发动战争奠定法理基础。

6. 推进军民融合，及时改革网络武器采办政策。自上世纪 70 年代以来网络信息技术蓬勃发展，是受多重因素共同驱动的结果。

从技术革新的角度看，信息技术在材料、器件、系统等具体指标上按照技术演化的逻辑不断实现新的跨越，比如大规模集成电路的线宽由微米级不断朝纳米级发展，超级计算机则继续朝超高速度、超大规模运算的方向迈进。从技术创新与市场效益的关系看，商业利益的强势牵引和信息技术产品强调大众化体验的鲜明特点，使得信息技术领域的创新应用速度已由机械化时代军事需求为第一驱动转变为市场效益为第一驱动，最好的技术往往不再优先应用于军事领域。为了应对网络信息技术变革速度对网络武器采办带来的挑战，美国国会在《2011年国防授权法》中要求国防部制定专门的网络武器采办程序。2012年2月，美国现任国防部长阿什顿·卡特在担任负责采办、技术与后勤的国防部副部长期间的一次演讲中强调，"网络武器采办过程非常特殊，必须采用不同于常规武器的采办程序"。随后，美国防部向国会提交了网络武器采办报告，提出了适应网络武器研发特点的两套采办程序，既要满足快速性采办要求，也要兼顾复杂武器系统的审慎采办要求。

联合作战时代军种如何发展

梁 芳

梁 芳

国防大学战略教研部教授，战略学博士，博士生导师，海军大校军衔。从事海军战略、军事战略、海洋权益与国家安全等领域的教学与研究。出版学术专著《海上战略通道论》《海战史与未来海战研究》等，承担国家、军队等重大科研课题 30 余项。

当代世界新军事变革是信息时代的产物，是人类社会处在历史转折时期的重大社会现象。新军事变革不仅带来了军事力量和战略手段的深刻变化，而且极大地拓展了人们的战略思维和视野。在新军事变革的推动下，联合作战成为未来作战的主要样式，作为联合作战的主体，军种的发展成为制约或提升联合作战的重要环节。如何发挥好联合作战体制下军种的作用，如何处理好联合任务部队与军种之间的关系，是当今世界各国军队始终在探索的问题。

一、军种战略理论的发展趋向

（一）走出传统思维，创建新型军事理论体系

当今新军事变革的新发展和新变化，使军种理论在信息化条件下不断走向创新与开

拓，走向深化与发展。传统的军种战略理论已无法满足今天新技术革命军种建设的新规律和新特点，军种战略理论必须进行新的变革与创新。军事强国在理论创新方面大胆拓展，不断出新。如近些年来美军在军事思维和作战理论上都发生了重大转变，一些重大理论成为美军理论建构和战略设计的逻辑起点。"战略瘫痪论""五环目标论""先发制人论"等一系列相互交融的新理论，共同体现了信息化条件下军种发展的新内涵、新趋势。如美国的作战思想和理论在实施三军联合作战聚焦中，进行了重大调整，空军实施"全球到达"，海军实施"以海制陆"，陆军实施"全维作战"，这些新的军种作战理论，使传统的军力对比发生质的变化，转变了各军种自成体系发展的观念，使诸军种作战力量实现无缝对接，做到互联、互通、互操作，并缩小军种之间的差别，形成信息化条件下的联合作战能力，具有兵力集中、统一指挥控制的绝对优势。当信息网络把多维空间链接成一个系统的战场，当远程精确制导武器和远程兵力兵器实施超越空间的作战，军种的战略运用空间、方式和手段已发生根本的转变。例如，美国海军充分利用舰载航空兵和巡航导弹的"向岸性"作战能力，把海上力量的打击威力从海上扩张到对方陆地防御纵深，使现代海军基地的战略触角跨越传统的空间，开始延伸到陆地和国土的上空。再如，现代远程战略空军的出现，完全改变了传统空军初建时期的战略使命和功能，由于飞机航程的不断增大、空中加油技术的广泛运用和导弹超视距精确打击能力的提高，现代远程战略空军已经具备全球作战的能力，成为继空战后具备对陆、对海多维作战的战略突击力量。这种新型的战略功能，不仅走出了传统的历史局限，而且提高了现代军种的战略地位和作用，必将推进军种战略理论的创新与突破。

（二）信息化战争已成为军种战略理论变革的核心

军种在信息化战争中的具体表现，就是成为"三非"作战的主体，力求实现战争"零伤亡"和"先发制人"两大设想。海湾战争以来，世界新军事变革和战争信息化进程的加速发展，一方面使人类进行战争的能力急剧增强，另一方面又赋予人类空前的控制战局的物质技术条件。信息技术的迅猛发展，极大地强化了军事力量的战略功能。它导致了新的军种战略理论、新的军种作战手段和样式不断出现，远程作战能力大大增强，打击精度空前提高，杀伤威力成倍增长。同时，它又具有很强的战略指导性、作战适应性和可控性，可以根据需要灵活选择打击目标的种类、范围和实施打击的方式，即便大量使用也无须承担"核风险"。因此，军种已成为"三非"作战的主体，也成为信息化战争实现"零伤亡"和"先发制人"两大设想的主体。如美军在几场局部战争中，以非对称作战和海空兵力的强大优势，采取远程精确打击和"三非"作战方式，实行"单方意志"的高技术作战，基本上实现了这两大设想。

信息化战争理论的确立，是军种主动适应时代要求的重大理论突破，成为世界各国军种建设转型的牵引。近几场局部战争已经证明，在信息时代，信息已成为战场对抗的焦点和战争制胜的核心要素，"斩首行动""震慑行动""精确作战""聚焦行动"等新的作战概念的出现，使信息化武器和信息化优势在战争中同样具备战略威慑作用，并在由威慑向实战转换方面具备核武器无法相比的优越性。

（三）"设计战争"已成为创造军种战略理论和作战优势的关键措施

战争形态的转型与军事理论概念、思维方式的演变密切相关。从近几场局部战争中可以看出，美军对每场战争都进行了精心设计，因战而异。

一是在武器装备方面，美军根据不同的战争特点，研制试验出不同的武器。如在海湾战争中首次使用了"战斧"式巡航导弹；科索沃战争中使用了"石墨"炸弹、脉冲炸弹和定向能武器；阿富汗战争中使用了无人作战飞机、联合直接攻击弹药；伊拉克战争中用100多颗卫星打了一场航天优势战。二是在作战理论方面，美军根据信息化战争发展的需要，发布了一些反映信息战思想的作战条令，如美军《2010年联合构想》和《联合信息作战条令》。美军为不同的战争量身定做，做到每战不同、每战出新。如美军2002年9月就颁布了《联合城市作战纲要》，部队从严训练，使美军在伊拉克战争中取得了用5万人夺取巴格达500万人口城市的胜利。2015年1月，美军又提出"全球公域介入与机动联合"概念，即美军在全球公域自由进入，包括继续谋求和保持在他国12海里领海外的所谓海洋"公域"拥有绝对的控制权和军事优势。俄、英、法及一些发展中国家也投入了大量的人力物力，创立信息战理论。俄罗斯提出了"信息战役""信息行动""信息突出"等新理论。日本推出了"21

世纪海上作战构想"等。三是在体制编制方面，美海军出台了《2020年海军作战构想》，提出了三个作战概念——海上打击、海上盾牌、海上基地，三种作战力量——航母攻击群、远征攻击群、远征攻击部队，以适应未来海军的作战需求。

（四）军种发展催生联合作战

在第二次世界大战之前，联合作战还处于初级阶段，当时陆军和海军在登陆或抗登陆作战过程中的相互配合作战，陆军为主，海军为辅。正是海军的发展，特别是舰艇大炮射程的增大和火力的增加，催生了陆、海军联合作战。到第二次世界大战时，空军出现了，它以绝对的高度和速度，完全改变了战争的形态，陆海空联合作战走向了战场。最典型的是1944年的诺曼底登陆战役，参与作战的有美、英、法、加的36个师288万人，13700架飞机，9000艘舰艇，这是人类战争史上规模最大的联合作战。战后，美军经过多场战争，对联合作战思想有了全新的发展与创新。联合作战的产生和发展主要取决于三个要素：（1）军事技术革命的进步是联合作战产生和发展的物质基础。联合作战是随着科学技术的进步、武器装备的更新、作战力量结构的变革而产生和发展的。（2）各军种的形成及其独立地位的确立是联合作战产生和发展的基本前提。没有军种也就没有联合，高技术首先都装备在海军、空军等军种，这些军种的高技术含量提高，在总体作战力量中的比重增大、地位作用突出，军种有能力独立组织自己的军种作战，才能为联合作战创造联合的基础。（3）各军种优势互补形成整体合力是联合作战产生和发展的主要动力。在信息化条件下作战，任何一个军种，其本身都有一定的局限性，光凭单一军种无法独立取得高技术战争胜利，必须依靠多种作战力量，形成联合作战的整体合力，才能打赢战争。同时，联合作战不能削弱军种力量，军种强则联合强，只有军种力量更强大、军种特点更鲜明、军种优势更突出，联合作战才能取得更大胜利。

二、军种发展与国家利益紧密相连，不断向新的战略领域拓展

21世纪的国家利益概念更为广大，范围更为延伸，内容更为丰富，对利益的争夺也更为激烈。过去，由于受科技的约束，人类的视野只能停留在陆上、海洋和空中，从古代的海战到20世纪中叶的海洋战略，从100年前的空战到冷战时期的机械化空战，海、空军事力量的主要作战对象是敌方的舰船和飞机，军种对军种的对等较量成为军种战略的基本原则。然而，随着科学技术的发展，人类探索的空间不再仅仅停留在过去已知的传统领域里，而是向更高更远的空间挺进，在无边无际的广袤世界里，寻求更多更深远、更具战略意义的利益。

（一）海洋、太空等领域已成为大国争夺的焦点

新兴的海洋科学及技术的突破，提高了经略海洋的战略地位和它振兴经济的意义，也促进了海洋观、海权思想和海洋政策的发展变化。当今，对海洋的认识已不仅仅是其军事意义，更重要的是其丰富的经济利益。海洋中丰富的石油、天然气和各种矿物资源，对人类的生存与可持续发展具有重要的战略意义，成为各国关注的重

点。除了海洋领域之外，随着太空资源的不断开发和利用，国家的发展利益扩展到了太空。太空所蕴藏的巨大政治、经济和科技价值日益突显又使太空成为美俄等航天大国的"竞技场"。同陆战场和海战场相比，空战场不受国界、领海、领空的限制，也不受地形条件和大气环境的制约，太空武器可以在轨道机动能力容许的情况下任意行动，作战行动自由度大大增加，战场范围空前广阔。同时，地面、空中、海上的军事行动也都将有赖于天基系统的支援保障。因此，在太空拥有制天权是至关重要的，它是保护国家陆地、海洋、空中和太空所有利益必不可少的重要基础，并将成为保护国家利益拓展的另一个重要空间。

战略空间的拓展必然导致军事理论的变革。纵观历史上众多的军事著作，从富勒的《装甲战》到马汉的《海权对历史的影响》，从杜黑的《制空权》到格雷厄姆的《高边疆》，无不反映出开拓和利用新的领域，将对未来起着决定性的作用。外层空间作为新的战略空间，不专属于任何国家，每一个国家都有自由进入的权利。优先进入者不仅能够大大拓展本国的战略空间，而且将利用其所具有的空间优势，取得在国际政治、经济、科技、军事以及外交斗争中的主动权。太空既是信息化战场上的"制高点"，又是国家安全的"高边疆"。

（二）国家利益拓展价值的变化决定着军种力量的发展方向

为抢占21世纪的战略制高点，军事强国目前对其太空军事战略进行了一系列调整，率先开始发展独立于陆、海、空军之外，能

一架美军 X-47B 无人机飞过行驶在美国弗吉尼亚海岸附近的"乔治·H.W. 布什"号航母

在浩瀚宇宙空间作战的"天军"。其主要任务包括太空作战，支援空中、地面、海上作战和开发宇宙空间等，使这一新军种成为国家武装力量中的新成员。外层太空已成为继陆、海、空三维战场之后，名副其实的"第四维战场"。美国通过卫星传输图像、数据、通信，来获取战场的绝对主动权，这已成为自 1991 年海湾战争以来，美国作战形式的重要标志。如伊拉克战争中，美军在 600 公里—800 公里的外层空间，有多达 100 多颗各类卫星；在 2 万米左右高空，有"全球鹰"无人机；在 1 万米左右的高空，有预警机；在 6000 米的高处，有"捕食者"无人机；在几百米的低空，有无人飞行器。形成了战略、战役、战术不同层次的立体信息伞，对伊全境及各个战场进行全时空、全方位监控。凭借这一信息网，美军指挥官认知战场的能力和指挥作战的效率大幅提高，随时都能了解"我在哪里，敌人在哪里；我在做什么，对手在做什么"。指挥官可了解主战场90%以上的重大事件。而在1991年海湾战争中，指挥官却只能了解到10万平方公里战区内约15%的重大事件。在未来战争中，外层空间将成为获取和传输信息的制高点，作战所需信息可以从外空获取。这预示着高技术战争将从传统的海陆空一体化转为海陆空天电一体，军用卫星系统将成为攻防武器的组成部分。

随着信息战的兴起和新杀伤性武器的不断出现，太空的利用将摆脱提供保障和服务的从属地位，以"太空战"和"天军"的崭新面貌，成为信息化战争的"制高点"。根据这一发展趋势，一些在"太空"军事领域取得优势地位的国家，已经在重视研究和扩展传统的军种战略理论，把"制空权"理论向"制天权"理论扩展。这一方面最典型的例子是美国空军，它一直致力于把传统的航空力量转变为航空航天力量，近年又在制定跨世纪的空军发展战略中，明确提出进一步实现由"航空航天力量"向"航天航空力量"转变。同时，美军还在计划开发太空武器，提出了"太空控制"和"太空优势"的战略概念。另外，俄罗斯在组建新的军种——空天部队的同时，也明确将太空作战行动纳入现代战略范畴。这些都预示着空间战略理论将成为未来战略理论发展的一个重要方向，军种发展与国家利益拓展紧密相连，不断向新的领域扩展。

三、军种发展彰显出既联合又独立的两个轨迹

一体化联合作战将成为信息化条件下局部战争的基本作战形式，靠某一军种独打天下的局面，将难以完成国家军事战略所赋予的任务，未来军种的建设与作战使用，不能囿于地理属性和军种对等思维模式，而是要向联合作战聚焦，军种作战必须采取新的作战样式，追求新的能量组织和释放形式，这就使得联合作战成为战斗力新的增长点。主要取决于以下四个需要：

一是诸军种联合是适应战争形态的需要。现代战争的一个重要趋势，是传统的海战、空战、陆战的界限趋于模糊，军种作战功能进一步兼容与拓展。打破军种界限的一体化联合部队将是信息化战争中遂行作战任务的主要组织形式。在一体化联合部队中，强调成体系作战能力，将空中、陆地、水面和水下的各种信息感知平台集成到海上作战体系中，成为战斗力的重要组成部分。此外，随着作战阶段的转换，每个军种都可能成为主角，又都可能充当配角，因此，各军种必须服从战略需要，把自己作为更广泛的战争手段的一个组成部分来发挥作用。

二是提高整体作战能力的需要。过去联合作战是任务区分和行动协调，是要素之间的配合；现在联合是作战方式和作战手段的联合，是系统效能的集成。信息化条件下作战，已不再是单一军种之间的较量，而是诸军种整体作战能力与敌整体作战能力的较量。目前，由于信息网络技术的发展，可以将分布在陆、海、空、天、电领域中的诸军种作战力量联结起来形成一个高度融合的作战体系，使一

体化联合作战成为必然选择。这种作战不再依赖于作战力量的数量规模，而主要取决于信息主导下的作战体系的质量和作战效能的发挥。军种之间形成密切联系的整体，可以弥补彼此短处，实现最佳作战效益。如美军在经过几场局部战争后，更加重视太空作战的准备和太空威慑的作用，通过掌握制天权来获取巨大的战略利益和作战效益，为各军种提供及时、快捷、准确的信息，并把这种优势转化为空中、海洋和陆地上的优势，以此获得制信息权、制空权和制海权，这对获得战争的主动权至关重要，大大提高了各军种武器装备的作战效能。

三是构建一体化指挥控制体系的需要。克劳塞维茨指出，在战争中，"增加任何传达命令的新层次，都会从两方面削弱命令的效力，一方面是多经历一个层次，命令的准确性会受到损失，另一方面是传达命令的时间拖长，会使命令的效力受到削弱"。机械化战争，集中兵力往往以某一军种为主，通过层层加强，甚至是超常规加强实现的。在未来信息化战场上，信息网络技术可以将遍布在陆、海、空、天、电各领域中的诸军种作战力量联结起来，形成一个有机的整体，使一体化联合作战成为可能。这种作战不再依赖于作战力量的数量规模，而是通过情报信息、指挥控制、联合打击、综合保障等作战系统，将分散配置的诸军种作战力量有机地结合起来，从而实现整体作战效能的融合。

四是作战平台功能一体化的需要。随着作战平台的信息化程度不断提高，信息化技术不断更新，武器装备的更新更是越来越快。

世界各国在发展作战平台上，不再追求平台型号品种的多样性，而是追求"一代平台，多代负载"的一专多能，力求集发现、跟踪、识别、打击等多种能力于一体，以最大限度地提高平台的联合作战效能。如美军最新研制的"信息火力演示舰"，它的战斗能力相当于5艘传统的"斯普鲁恩斯"级导弹驱逐舰，可用6枚导弹同时攻击150公里外的海上目标，实施精确打击，完成区域防空、水面战和战区导弹防御任务，大大提高了武器装备的通用性。同样，美三军联合研制的F-35被视为"三军通用"的作战飞机，其A型号与其他型号的通用性高达80%，B型为70%，C型为35%，这样就大大减小了作战保障、联勤保障和装备技术保障的难度，使作战平台趋于一体化，更有利于联合作战。

当然，在注重诸军种联合性的同时，还应适时地突出各军种的相对独立性。军种自从其诞生之日起，从来都是担负着各自不同的任务，并发挥着各自不同的作用。任何军种的发展都不可能完全涵盖或取代其他军种，这是由各军种不同的特点和规律所决定的。特别是在信息化条件下，军种具有可直接达成战略目的的强大战略效能，这是军种的特有属性所决定的。

首先，各军种的使命任务大多在远离国土的海域和空域。即使在信息化发展的今天，我们仍能感受到各军种在战争中发挥的不可相互取代的重要作用。特别是在联合作战中，不同阶段、不同空间、不同时期、不同任务，仍需要不同军种发挥各自不同的作用。像海军、空军随着国家利益的拓展，承担了维护国家海外利益的使命任务，其作战空间大多在远离国土的海域和空域。在近几场局部战争中，第一时间到达战发区的大多是美军的航母，美国海军航母千里奔赴，将部队、装备等运送到战发地，并对这一地区实施战略威慑，这是其他军种不易达到的战略效果。再如在联合作战中，对美军事行动能起到主体力量作用的是将信息获取、传输和应用合为一体的航空航天力量。同时，航空航天力量也是空中封锁、断敌通道、实施空中火力打击的主体力量，能够达到独立使用空天力量，并获取制天权和制信息权的目的。

其次，各军种的作战方式大多相对独立。尽管未来作战是陆、海、空、天、电各战场空间连成一体的战役，但要根据各军种担负的任务、作战对手、战场环境等不同特点，发挥各军种独特的作用。军种的最大特点就是，常常使用一艘舰、一架飞机或一枚核弹就能独立完成作战任务，达成战略目的。如战略导弹核力量，其作战样式具有相对独立性，它完全可以单独执行作战任务。20 世纪 80 年代以来，独立空中打击战例也日趋增多。如 1986 年 4 月，美军空袭利比亚行动；1996 年 9 月，美空军出动 B-52 轰炸机袭击伊拉克的防空设施行动，等等，这些空中打击行动都达成了一定的战略目的。海军的独立活动则更加突出，不仅体现在战时，而且也体现在平时。在构成国家武装力量的各军种中，海军是最具有广泛机动能力和灵活反应能力的军种，能够随时派遣到没有永久基地的遥远地区作战，一艘携带核弹的核潜艇，其综合作战效能是十分显著的。

第三，各军种的武器装备建设技术复杂、周期长、投入大。由于各军种使命任务不同，各军种的武器装备建设必然有其特殊性、独立性和规律性。现在"三非"为主要作战方式，这是效能对势能，系统对集群的作战，并逐渐向小型、灵活、高效的作战编成和武器装备方向发展。军种装备建设技术复杂、建设周期长、投入大，尤其是对海、空军来说，如生产一架战机要上亿美元，一艘核动力航母要上百亿美元，这就导致了一旦对海、空军装备的决策失误，要想调头转向将十分困难，特别是对发展中国家来说，将会给国家造成重大损失。

四、军种发展对信息化变革具有强大的感知力

正是由于信息技术的广泛应用，信息化战争已经逐步占据了军事舞台，对武器装备的发展产生了前所未有的影响，而军种发展又对高新技术的发展具有强大的感知力和推动力。

一是先进的高新技术大都率先在各军种中体现。如激光武器、隐形武器、单兵攻防武器、波炸弹、纳米武器、信息武器、无人化武器等，将逐步称雄于战场。这些武器装备的产生无一不是高新技术发展的结果，而各军种又都是使用这些武器的主角，军种发展对信息化革命具有强大的感知力早已显现出来。如"网络中心战"是由美国海军最先提出，把"计算机空间"看成是"作战空间"的关键领域，把信息战作为战斗行动的支柱和力量倍增器。世界主要海洋国家，在海洋经济和海洋军事需求的牵引下，都在大力发展高科技武器装备，各自制定了21世纪的发展战略和规划。例如，美国海

军的 CVNX "福特"级核动力航母、隐身性能强的 DDG(1000) 导弹驱逐舰、新型 SSBN(X) 战略导弹核潜艇、濒海战斗舰等，俄罗斯的"北风之神"级战略导弹核潜艇，英国海军的三体舰、五体舰试验方案，瑞典海军的"维斯比"级隐身战舰和德国海军 212 级、214 级 AIP 潜艇，等等。这些装备都得益于高新技术在各军种的运用。在今后一个时期，各类武器装备效能的提高将主要依靠电子信息技术对目标的精确识别和精确制导，而不是战斗威力的增大。计算表明，爆炸威力提高一倍，杀伤力提高 40%；而目标的精确识别和制导导致的命中率提高一倍，杀伤力则提高 400%。

二是信息技术装备大幅跃升使军种成为战争的主角。随着信息技术的迅猛发展与运用，军种在历次局部战争中的使用愈加重要与频繁。20 世纪 80 年代以来，局部战争发生了两次转变。一次是 80 年代以"外科手术"式为特征的局部战争，另一次是以 90 年代以后"非对称作战"式为特征的四场局部战争。技术的推动使军种成为快速灵活和远程精确打击的主战力量，战争的需求又使军种成为现代局部战争的主要作战手段。从近几场局部战争来看，主要有以下几个特点：第一，对军种的战略使用率高。美国海军在战后近 150 次军事行动中，海军基地使用率最高，达到 80% 以上，海军陆战队达 79%，航母达 69%。在越战后近 70 次军事危机中，共使用过 110 多次航母战斗群参加作战。上世纪 70 年代的 30 多次局部战争，以海空军为主的仅为 2 次，使用率仅为 7%；80 年代的 33 次局部战争，以空军为主的 9 次，使用率提高为 27%；90 年代后的局部战争，以海空军为主的居多。第二，军种的作用更加显著。军种在保障国家安全和军事斗争中的作用更加显著。海湾战争中，海军首先实施8个月的海空封锁，空、海军实施38天的战略战术封锁，地面部队成功实施100小时的地面围歼作战。科索沃战争中，北约组织又运用独立空中力量达成了战略目的，在战争历史上首次实现了"空军制胜"，军种在战争中的地位和作用更加突出。第三，军种是新作战样式的代表。20世纪80年代以来，用于实战的新理论新战法达30多项，平均每年1.5项。从"外科手术"到"精确打击"，从"封锁制裁"到"斩首惩罚"，从"全面压制"到"五环理论"，从"网络中心战"到"全谱优势"，从"有效遏制"到"先发制人"，在这些新型作战理论和战法中，军种都成为战争的主角。

三是军种强大的技术差优势，正逐渐改变着传统的战争规则。20世纪90年代之后，高新技术更加广泛地运用于军事领域，各种作战平台的机动性能不断增强，以 C^4ISR 为中心的高效能的网络化指挥方式，使得在全球范围内统一指挥各种作战力量、协调一致地进行作战成为可能。在远离作战地区，既可以保证己方的安全又容易达成作战的突然性。精确制导武器的大量使用使打击更加精确，因而可以将战场的实际交战行动控制在有限的范围之内，战争越来越明显地表现为"外科手术式"打击的模式。特别是在作战目的等方面，已由过去的"打败敌人"转变为现在的"绝对控制"。所有这些，无不体现了信息化条件下军种快速发展的技术优势正在逐渐改变着传统的战争规则。而这种优势正是由力量的不对称延伸到战争的不对称。如在伊拉克战争中，美军共动用了 1600 架现代战机，130 艘新型军舰，3000 辆坦克和装甲车，进行了 1.3 万架次的轰炸，投掷了 1000 枚巡航导弹、2.2 万枚航空炸弹（80% 为精确制导炸弹），再配以强大的 C^4ISR 优势，导致美伊战争根本不是同一等量级。正是这种巨大的力量反差，使美军在伊拉克战争中的"斩首行动""先发制人"等战略得以顺利实施，以最小的代价达到了最大的战略目的。由此可见，过去的全面战争可以有通过持久作战积小胜为大胜的力量转换，可以有战略防御、战略相持和战略反攻的拉锯过程，而信息化条件下的局部战争，正是有了强大的技术差优势，才使战争能够速战速决。

总之，面对未来信息化战争，军种的建设和发展显得尤为重要，军种强联合作战就强，联合作战强军队就强，军队强国家就强。只有加强军种建设，才能打好联合作战的基础。同时，只有联合作战，才能更加体现出军种的独特作用和丰富内涵。

"互联网＋战争"催生第七代战争

戴旭

戴 旭

国防大学战略研究所副所长，大校军衔。著有《C形包围》《盛世狼烟》等书，近期发表的文章有《南海战略万言书》《锻造中华民族的精神品格》《走在战争前面》《对中国政治安全和国防安全的最大威胁——美国文化战略及其"第五纵队"》等。

网络把世界连在一起，开辟第六维空间——心理空间，无形之心被无形之网推举、放大为战争制胜的新高地，"攻心为上"古树发新枝，老原则成为新遵循。在"网""心"交织的变形空间中，大国战略博弈的主要样式已转向"信息思想战"；而与此同时，各种极端势力趁乱而起。颜色革命和恐怖主义，是当今世界各国普遍面临的安全威胁。这是军事暴力和战争形态在网络时代变异的结果。各国在进行战略博弈的同时，面对人类公敌又不得不合作。于是，传统的国家暴力组织与非国家暴力组织，第一次在世界范围内全面开战。传统军事概念正在被颠覆，原有信息化的军事内涵被突破。金属武器被植入芯片后正全面"心"智化，而非金属的信仰已在大国或非国家政治力量博弈中，成为战略性武器。

混合着意识形态冲突、常规军事力量的"械斗"和各种网络攻击构成的混合战争，弥漫当代军事现实。急速变化着的战争形态，已全面冲击和超越自海湾战争以来相对固化的"信息化"概念。关于战争和反战争的知识系统亟须升级、更新。军事革命不是一声发令枪，而是一个历史阶段中的一场跨栏长跑。谁在固有的观念前停留，谁就将在那里摔倒。

引言："战争开始了"！第三次世界大战什么样？

2015 年 11 月 13 日，星期五。在这个基督徒普遍认为不吉利的日子，8 名恐怖分子以原始的突击步枪和手榴弹，血洗法国首都，造成近 500 人伤亡，举世震惊。3 年前的这一天，法国总统奥朗德曾公开宣布叙利亚反对派联盟是叙利亚人民"唯一合法代表"，成为第一个承认叙利亚反对派联盟的西方国家。现在，法国听到袭击者喊出"为了叙利亚"的口号。而奥朗德在袭击发生后发表声明说，这是"战争行为"；法国总理瓦尔斯说"我们现在处于战争中"，法国将使用不同寻常的手段消灭敌人，"我们将赢得这场战争"。法国媒体充斥着"战争开始了""赢得战争""如何赢得这场战争"一类话语。一贯惹是生非的《查理周刊》推出漫画说："世界各地朋友们，感谢你们为巴黎祈祷。但我们不需要宗教！我们的信念是音乐、亲吻、生活、香槟和快乐！巴黎是一种生活方式。今晚的遇难者是在另外的地方活着、痛饮着、欢歌着。他们不知道有人已经向他们宣战了。"

几乎在一瞬间，"战争"一词就从体育场、酒吧和霓虹灯下弥漫到整个法兰西。此情此景，只有两次世界大战堪与伦比。但直接挑起这场战争的敌人还不到一个"班"。传统军事概念中的一场战术行动，引发一个国家战略反击的狂飙。

整整15年前，美国也遭受了类似的袭击。时任美国总统小布什说，"自珍珠港事件后，这是我们遭遇的最为惨痛的一次突然袭击。这也是自1812年第二次独立战争后，第一次有敌人袭击我们的首都"，并作为"战时总司令""做出了第一个决策"。随后，美国开动战争机器，在全球范围内展开反击，并一直进行到今天。无论从政府决策还是社会动员和军队投入来看，美国的战争决心和力度都不亚于第二次世界大战，而战争持续时间则已经远远超过"二战"。

眼下，当今世界最先进、最强大的国家——美国、老欧洲国家、俄罗斯，都在和"伊斯兰国"作战。近代史上，这些老列强联手出击，几乎总是所向披靡。但是，这一次它们动用了除核武器以外几乎所有的先进武器，甚至动用了古老国家体系中的其他力量，来对付一个崛起仅一年多的"伊斯兰国"，但是战争规模、范围不是越打越小，而是正好相反。

多少年来，多少人宁可无数次虚构"第三次世界大战"，也不愿承认眼下早已蔓延到世界的实实在在的战争是"世界大战"。他们在守株待兔、刻舟求剑地等待着和"一战""二战"类似的大国间的血火搏杀式的场面出现。

　　我要告诉他们的是，那种场景永远也不会出现了。当下发生着的就是第三次世界大战，只是中东远不是这场战争的全部。

　　这场战争，从本质上说，是对美国冷战后无节制战争政策的反噬。当年小布什一不小心说出伊拉克战争就是"十字军东征"，而今天的 IS 也在用同样的语言称呼西方。双方不约而同地勾起千年前的历史，犹如在一个平静的湖面投下巨石，必将同时激起中东和西方更多人心底的涟漪。但是，沿着冷战思路，驾驭着传统战车横冲直撞的美国，满心想的是控制中东这个世界战略的制高点，以实现称霸全球的帝国梦，根本没有想到这里遍布宝藏也充满蛇蝎毒虫。2014 年 12 月，《纽约时报》发表美国中东特别行动司令迈克尔·K·纳加塔少将的私下评论，他承认自己弄不清"伊斯兰国"的诉求："我们没有打败这种思想……我们甚至不了解这种思想。"他说，在过去的一年里，奥巴马总统的说法不断变化，一会儿称"伊斯兰国"为"非穆斯林组织"，一会儿则称其为基地组织"预备梯队"，这些说法反映出对这个组织认识上存在的混乱，容易造成严重的战略误判。

　　美国已经掉入比越南战争更阴深、更凶险的陷阱之中。这是因为今天已进入网络时代。当年，它撤出战场就可以摆脱灾难；现在，它端坐家中也无安全感可言。自二战后就在引领危险的战争新潮流的美国，终于把世界带到了一个连它自己也不认识的战争时代面前——而它身后的那些追随者还在模仿美国的军事脚印！

　　"IS 成了恐怖飓风，在全球吸引了成千上万的极端分子。他们正在摧毁国家、社会和文化组织，变成了自纳粹以来最危险的仇恨中心。"美国雅虎网站说，"IS兴起，利比亚、也门血腥地内战，'基地'组织在中东不断爆发的战争中复活，这些都是失败的'阿拉伯之春'的组成部分，这也是奥巴马对外战略纪录中最黑暗的部分。"

而"阿拉伯之春"的所谓革命，在美国是被视为网络时代成功的新战争样式而全力实施的！

从军事角度看，这难道不是美国在信息化军事革命基本完成后，按照常规战争思路在新技术时代遭遇的新难题吗？形象一点说，它造了一辆性能优异的山地越野车，但是，在山的那一边，它开进了未知的沼泽地。

美国《新闻周刊》称，目前西方仍很难知道IS内部是什么情况，"作为报复发动空袭，只能是铲除IS的一种方式。但是空袭不能铲除他们的意识形态，你可以在军事上压制他们，你可以切断他们的补给线，但是你却压制不住他们正在传播的关键信息"。

距巴黎恐怖袭击仅仅过了6天的11月19日，一名中国人质被IS斩首的消息就传遍了世界。中国国家主席和总理相继发表声明，强烈谴责。这是前所未有的。

第二天，安理会呼吁所有具备能力的成员国都应该加入打击"伊斯兰国"组织的战斗。安理会的决议说"'伊斯兰国'组织使国际和平面临前所未有的全球性威胁"。

即使是对于纳粹和日本法西斯，国联也没有发布过这样"全球性威胁"的声明，而自联合国成立以来，也从来没有对哪一个国家或组织使用过这样让全世界如临大敌的表述。

这不就是号召世界投入战争的宣言书吗？那么，全世界将要投入的是一场什么样的战争？

正在我写下上面文字的时候，手机上又跳出这样一条消息：国际黑客组织戴"V字仇杀队面具"出镜，宣布对 IS 发起史上最大的网络战争……该组织表示将利用自身的知识来"团结全人类"，并宣称"来自世界各地的匿名者将会追捕你们。你们应该知道我们会找到你们，并且不会放过你们的。我们将会对你们发起有史以来最大的行动"，"请期待大规模网络攻击。战争开始了。请做好准备"。匿名发言人说，"法国人民比你们更强大，从暴行中走出来的法国人会更强大。"

与此同时，唯一一艘法国核动力航空母舰正在驶往中东途中，而法国战机猛烈袭击了"伊斯兰国"。

正在发生的和接下来将要发生的，会是一场什么样的战争？

迄今为止，还没有一种战争理论能够描述这场战争。而不能解释和指导现实的理论，是蹩脚的理论。

这是世界军界落后于现实的思维造成的。太多的人还生活在过去。而在一个技术和理念都快速转型、变换着的时代，这虽然是正常的，但对于军事从业者却是十分危险的。

其实，新时代的到来并非无迹可寻，新时代的轮廓也并非混沌不清。

1982 年世界军事领域最耀眼的一幕，是南太平洋上一枚空射导弹击中现代化军舰的那个瞬间。英阿马岛之战因此被称为"明天的战争"。

相比之下，这一年苏联西伯利亚天然气管线发生的一次特大爆炸就鲜为人知了。知情人士透露，这是美国中情局通过一系列巧妙的运作，将电脑软件预置程序进而人为引爆的"杰作"，目的是摧毁苏联经济命脉。

这一年，中国军队举行以陆空机械化力量为主的华北大演习。

在世界政治格局和技术面貌即将发生天翻地覆巨变的前夜，中、苏、美、欧各有所忙——许多年后，人们会从这个年代发现各自进入新时代的起跑点。

还是在这一年，于"国家间政治"之外，美国作家威廉·吉布森在一部科幻小说中，发布了一篇《新时代人类宣言》："工业世界的政府，你们这些肉体和钢铁的巨人，令人厌倦。我来自赛博空间，思维的新家园。以未来的名义，我要求属于过去的你们，不要干涉我们的自由。我们不欢迎你们，我们聚集的地方，你们不享有主权。"这是军事意义的信息化概念所无法容纳的想象力。

"赛博空间"（Cyberspace）一词是威廉·吉布森将"控制论"（cybernetics）和"空间"（space）两个词组合而成，义即网络虚拟世界。在政治家和文体明星占主角的世界上，没有多少人在意这只科幻蝴蝶想象力翅膀的轻轻扇动。然而，接下来发生的旷古震动印证了这位预言家的伟大——9年后，现实世界的一角垮塌：1991年苏联和一些东欧国家解体了，工业化时代最庞大的军事力量集团被埋进历史的废墟。同年，划时代的海湾战争震动天下，"信息化"和"新军事革命"名词风靡中国。这可以视作"旧世界"落花流水的先声吗？

之后，世界大国围绕网络安全的争议不绝于耳。这是不是"赛博空间"时代的"山雨欲来风满楼"？

2006年12月，在一场"网络风暴"演习之后，美国参联会发布《赛博空间行动国家军事战略》；2008年3月，美国空军发布《美空军赛博空间战略司令部战略构想》，明确提出利用、控制和建立"赛博空间"，并以"全球远征赛博空间作战要实现美国空军的全球警戒、全球到达和全球力量构想……具备在蓝色、红色和灰色赛博系统之间以及全球赛博空间公域之间实施一体化防御和进攻作战从而主宰赛博空间的能力"。

今天，"赛博空间"被看作支撑美国军事优势的基本领域。当一些国家的军事学者还沉浸在已成历史的1991年海湾战争"信息化军事革命"的窠臼里流连忘返时，美国军界已经顺着科幻作家的网络思维穿越现在潜入未来。"赛博空间战"一词炙手可热。

进入"互联网＋"时代，世界以光速前行，国际政治、经济和军事的旧"页面"被连续刷新，一切都在快速升级、更新之中。变革、转型成为新常态。"赛博空间战"原有的物理性定义，也被变异中的"现实战争"大范围突破。

一、谁将威胁中国？

人类社会发展和军事革命进步，是由技术及其带动下的经济和政治因素决定的。对于刚刚纪念了蒸汽机时代甲午战争和内燃机时代抗日战争的中国人而言，如何在惨烈的民族牺牲和痛失时代机遇的深刻反省之后，正确认识、应对和赢得正在发生着的计算机时代的战争，是一个紧迫的现实课题：一个不能正确认识时代技术和工业特点、不能准确把握时代政治和军事特点的国家，是必然要经受血火洗礼和生死考验的；中国作为在短短半个世纪中两次遭受新技术时代和新军事革命反噬的唯一大国，是不应该第三次被时代浪潮吞灭的。

习近平主席用三个"前所未有地接近"和"三大危险"概括中国当前的时局，指出国家存在改革发展大局被破坏，中国特色社会主义发展进程被打断的危险。

以 20 世纪战争与国防的概念评估，放眼今日世界，已没有谁敢对中国进行核讹诈，也没有谁有能力对中国发动大规模常规战争，更不可能在中国登陆一兵一卒。那么，谁会侵略、谁能侵略中国？显然，新威胁不是老战争模式能够造成的。

这就迫使我们必须找出隐藏于当下却为祸于后世的"战争隐患"。这也是中国新军事变革系统工程的"众矢之的"：未来战争什么样？现代军事发展的最新趋势预示了什么？应该建立什么样的军事力量体系？如何配置国防经费和建设重点？如何拟定新型战争学说？

历史不能割断，也绝不会重复。虽然作为冷兵器时代基因片段的刺刀还没有从现代装备中消失，但肉搏的场景在现代战争中已十分罕见。虽然曾经在上个世纪发挥了重大作用的坦克、飞机、军舰、核武器今天仍是各国军队的主要或重要装备，但苏联庞大常备军和核武器不能保卫政权和国家的事实，中东、中亚一些国家军队无力应对内部溃乱和外敌干预的实例，不能不引起我们的深思。放眼全球，美国在十几年实验并驾轻就熟的基础上，将"网络战"写入最新战争学说并设立网络司令部，成立大批网络部队，中国香港和台湾地区连续陷入社会动荡，"第五纵队"啸聚网络，鼓吹历史虚无主义，唱和外部战略围堵，动摇国民心志根基；IS非国家组织异军突起，娴熟应用网络战，一力独战全世界……种种现象，无不在现实和理论层面对传统军事概念进行着爆破式的充填和扩张，直到其发生新的质变。

近代战争理论创新者杜黑说："胜利向那些能预见战争特性变化的人微笑，而不是向那些等待变化发生后才去适应的人微笑。"斯言不老，战争之树常青。穿越新时代，驾驭新战争，必须有洞察时代、眺望未来的新思维。

二、当代世界：第五个战国时代、第六次军事革命与第七代战争的历史轨迹

继"一带一路"之后，习近平主席又提出"四个全面"重要战略思想。加上中国梦的总目标，到此，当代中国发展的大战略已经

7月21日，西藏军区防空某旅使用新型地空导弹对高速空中目标进行导弹拦截

清晰地呈现出来。国家经济力量西出"阳关"，南下两洋，陆海并进，万里长驱，国家军事力量如何跟进护航？世界帝国主义者以文化、经济、军事立体合围，前堵后抄，我国如何强心、固本，一体运筹？国家战略是军事战略制定的依据，军事战略是国家战略的保障。而国家战略和军事战略成功的关键，都在于对时代特点的基本把握。

世界近代史就是一部放大版的春秋战国记。15世纪地理大发现，导致欧洲列强对美洲、非洲、亚洲进行抢掠，从而开启了人类历史上的第一个世界战国时代，此轮战国时代以英国建立"日不落帝国"

而宣告结束；18世纪欧洲又相继展开地区争霸战，是为第二个世界
战国时代，此次战国时代以拿破仑帝国的兴衰为标志；第三个世界
战国时代为19世纪欧洲列强对亚洲的入侵，最重大的事件是中国被
瓜分；第四个世界战国时代是20世纪的两次世界大战，其标志性事
件是日本、德国两个新兴帝国要求重新划分殖民地，战争结果导致
美苏两个超级大国崛起；当下的世界已进入第五个世界战国时代，
其标志性事件是美国在冷战中战胜苏联，开始建立新的世界帝国。

在历时500余年的五个战国时代中，受火药、蒸汽机、内燃机、
核裂变和计算机等主宰时代的核心技术推动，世界从农业时代进入
工业时代，又在20世纪末进入电子、信息时代，并在21世纪跨入信息、
网络时代。战争是人类生活和生产形式的另一种表现。与人类社会
变革同步，军事领域也波浪式地相继发生了五次革命，分别是热兵
器、蒸汽机半机械化、内燃机机械化、核武器、电子信息化。当今，
世界军事正发生着以网络为主要特征的第六次军事革命。

如果把初始的冷兵器时代战争算作第一代，当下世界的战争形
态正在进入第七代。热兵器时代、蒸汽机半机械化时代是在陆海二
维平面空间进行；内燃机机械化立体战争开辟陆海空三维立体空间；
核武器时代，洲际导弹开辟第四维太空空间；电子信息化时代开辟
第五维电磁空间；当前正在发生着的第六代信息、网络化革命，除
覆盖前五大空间之外，还将开辟思想或心理空间等六维空间，诞生
第七代战争。

三、二战后美国战略思维突变与网络技术革命一起催生"互联网＋战争"

第二次世界大战的结果，是欧洲老列强的集体衰落和日本新兴帝国主义的覆灭。同时，社会主义国家却在世界范围内集体崛起，强力阻止了近代500年以来西方凭借技术和工业基础，所向披靡，殖民全世界的历史进程。

2015年是第二次世界大战结束70周年。70年来世界发生过代理人战争，大国对小国的战争，但从未发生过有核大国间的军事决战。为什么从"一战"到"二战"只有短短的十几年，而"二战"后至今70年仍没有爆发想象中的第三次世界大战？

这是由于机械化工业带来的巨大力量，特别是核武器的发明和使用，已具有毁灭双方和人类的威力，这种现实震慑性使西方长盛不衰的社会达尔文主义和军事帝国主义骤然失效。美国战略学者在二战期间就提出世界正由军事帝国主义，向经济帝国主义和文化帝国主义形态过渡。朝鲜战争中中国以十分落后的装备战胜美国领导下的"联合国军"；越南战争中美国现代化正规军无法战胜游击队，这些事实，更印证了在意识形态尖锐对立和核武器威慑背景下，常规军事力量在大国对决中战略作用的下降。此后，美国转而集中力量实施以"和平演变"为表征的文化战略，以军事手段"明修栈道"，以政治和经济手段"暗度陈仓"。

苏联解体后，时任美国中央情报局局长罗伯特·盖茨飞到莫斯科，骄傲地在红场散步，并宣称："我们知道，无论施加经济压力还是进行军备竞赛，甚至用武力也拿不下来。只能通过内部爆炸来毁灭它。"曾为布热津斯基工作、当过美国驻苏联大使馆副武官及美国国家安全局局长的威廉·奥多姆，以军人和学者的双重身份写道：苏联军队不是被入侵的敌军消灭的，它甚至没有为维护自身生存而孤注一掷。它也未曾向别国发动战争，以团结国内民众支持摇摇欲坠的政权。它手中握有世界上数量最多的核武器，却从没有威胁过要使用它……最终"被抛进历史的垃圾堆"。

苏军的消亡是继法军马其诺防线之后第二个整体性的军事悲剧，其原因虽然都是军事思维的落后，但苏军之死的影响却深刻得多。它把军队与国家、军事与政治、军事与经济的系列矛盾组合，全部以僵死、溃败的形式，展现在军事哲学的显微镜下，让那些一想起军事就只会关注装备的人无言以对。

冷战结束后美国乘胜追击，开始实施对前社会主义地区和其他地区的"民主改造"——征服世界的帝国行动。在此进程中，世界军事变革呈现动态性的连续突变，由此"塑造"了今天世界的政治、经济和军事生态。人类战争在悄然中已经开始新的全面进化。

在美国战略思维调整、全面推行新征服理念期间，西方从机械化到电子化、信息化、网络化持续跃进，实现国家技术和新工业形态转换，同时也带动世界技术、经济和政治、军事领域发生巨变，使得这一时期的世界战争呈现出具有复合特征的"多形态"化：既有传统的军事型战争，也有嬗变中的文化型、经济型战争，还掺杂了原始的非国家组织的恐怖型战争。

在阿富汗霍斯特省，美军士兵和阿富汗士兵在执行任务

　　历史规律又一次显现：当一种核心技术全面取代上一代技术，成为世界主宰的时候，国际格局就将发生巨变，直接表现就是世界范围的战争，如蒸汽机时代欧、美对亚洲的入侵和第一次世界大战，内燃机时代的第二次世界大战。现在，计算机时代到来了。世界格局变化剧烈，国际形势空前激荡，表现在军事上，是一幅世界战争史上罕见的情景：在同一个时空中同时并存多类型战争——这是各参战方所拥有的物质实力和政治主张决定的。这种现实使得现代战争的规划者，无法依照单一的制式化战争思路，组建任务和职能单一的军事体系。

美国以文化战略为主，经济和军事战略为辅，成功肢解了以苏联为首的华约阵营国家，接着以冷战中积蓄的新军事势能，发起海湾战争——掀起以精确制导武器为特征的"信息（其实是传感器）化"军事革命，又以内部瓦解、外部干涉的新模式发起科索沃战争。进入21世纪，美国文化和军事的两只战争手交替挥舞，搅得世界周天寒彻——2001年，美国进行太空战演习。同年，以报复"9·11"事件为由美国发起阿富汗战争，无人机大量应用于战场。卫星制导，远程操控，"发现即摧毁"的时间大幅缩短。而两年之后的伊拉克战争，美国成立全球舆论传播办公室，心理战因素被放大到战略层面。

2006年美国成立太空司令部，同年提出一小时打遍全球计划；2009年，美国成立网络司令部。至此，美国事实上已经有6大军种：空军、陆军、海军、海军陆战队、太空军、网络军。作为新型作战力量的太空军全面提升了传统老军种的空间和思维高度，而网络军则在把国家军事力量和民间技术力量全部整合为一个力量整体的同时，还将战略功能从军事领域溢出到社会领域，从本土覆盖到世界。

显然，只见树木不见森林，只盯着武器装备追赶军事现代化的国家，面对美国这种整体性的脱胎换骨，是很难得其要领的。

未来学家阿尔文·托夫勒在《力量转移——临近21世纪时的知识、财富和暴力》中说："世界已经离开了暴力与金钱控制的时代，而未来世界政治的魔方将控制在拥有信息的强人手里，他们会使用手中掌握的网络控制权、信息发布权，利用英语这种强大的文化语言优势，达到暴力和金钱无法征服的目的。"在人类刚刚进入21世纪时，全球也不过只有 3.6 亿网民，但在今天，这个数字已经突破了 20 亿。网络语言、网络文化、网络经济……世界各国已经在美国之后鱼贯进入网络时代。

"互联网＋战争"于是成为自然而然的事情。

四、世界无政府主义浪潮及"木马军团"和"战争暗物质"的兴风作浪

正如核爆炸发生在临界点被突破一样，美国在完成网络化社会转型之后，其战略思维也瞬间发生了"核裂变"——它发现了网络时代思想无国界的现实引发的世界无政府主义。威廉·吉布森在"赛博空间"说："我们没有民选政府，将来也不会有……我们建立的全球社会空间……不在你们的疆界之内……我们正在创造一个新世界，人人都可以进入这个世界，而不必考虑由种族、经济力、武力、出生地而来的特权或偏见……"想想看，这"新世界"宣言对于激情澎湃渴望革故鼎新的青年人有着怎样的号召力？而青年人正好是网络的主要使用者，是"赛博空间"虚拟世界的主要"居民"。

美国正是看到这一时代巨变即将在现实世界引发的政治地震和海啸，顺势而为，制造了一场又一场"颜色革命"。美国国防部委托兰德公司写过一份美国全球软实力的战略报告，明确提出要在世界各地扩张网络连接，特别是要连接到那些不喜欢美国思想观念的国家，通过网络向世界发起思想进军。

美国向全世界派出大量非政府组织，负责引导这一时代潮流，

以精心包装的"普世价值"思想入侵并"催眠"控制潜在敌国的民众，使其在虚无缥缈的梦幻中如政治僵尸一样起而攻击本国政府，而美国悠闲地站在道德的制高点上和传统的国界之外，煽风点火，遥控一场又一场"傻子革命"（法国情报中心语），偶尔也最小限度地使用已被太空和网络技术高度改造的新式军事力量，实施斩首、点穴。

2009 年 11 月，美国网络安全公司发布报告《近在眼前：走进网络大战的时代》认为，大国正积蓄力量，以利用网络控制战争。备战网络战争的国家，以美国、以色列、俄罗斯和法国最积极。报告称"全球已经进入网络冷战的时代"。话音刚落，2010 年突尼斯发生"茉莉花革命"，军队还没有从茫然无措中回过神来，政权已改换门庭。美国媒体说："它立即创造了历史——突尼斯成为阿拉伯世界首个通过公民暴动推翻其领导人的国家，或者更确切地说是网民，这得益于突尼斯先进的现代通信基础建设、互联网的普及和手机移动网络的数字化。"

美国战略家认为突尼斯事件"是一个网络攻击性行为上升至多形态战争层级的例子"。但在其他地方，一些惯于以传统军事观念看待新事物的人，却将这类社会动乱或其他军队应对非正规军的行动，称为"非战争军事行动"。然而，连续躲过美国两次纯军事斩首行动的卡扎菲，就这样被一场里应外合式的小型乱战终结了性命。毫无疑问，发生在突尼斯的"茉莉花革命"其实也是一场具有划时代意义的军事革命！

从 1991 年"沙漠风暴"到 2010 年"网络风暴"，从军事意义上物理传感器的信息化战争，到政治意义上心理传导性网络化战争，在20年的时间里，"战争"的外观和本质都发生了巨变，再也无法削足适履地被传统军事概念所包括。

2013年底爆发的乌克兰危机和突尼斯事件一样呈现"多形态战争"特点。依靠"木马军团""第五纵队"这类"战争暗物质"，美欧从政治上拿走乌克兰，俄罗斯从地理上拿走克里米亚。冷战期间美欧和苏联全副武装的"铁马军团"尽管全面对峙，但从未发生过短兵相接式的军事对抗。此次危机表明，在肢解苏联和颠覆中东、中亚部分国家政权经验的基础上，美国已经对文化、经济帝国主义主导下使用"战争暗物质"和"军事明力量"的新战略模式充满自信。它不仅敢于直接从俄罗斯腋下拆骨取肉，还敢于深入虎穴，在俄罗斯境内连续制造颜色革命。而俄罗斯虎口夺食般的反击，则标志着经历20年改革，新俄军已经在战略思维和战争学说等顶层设计上，跟上了世界军事的新潮流，从而跻身新列强。

北约防务界认为：俄罗斯2008年攻击格鲁吉亚，2014年吞并克里米亚并向乌克兰渗透，完整地体现了普京在2020年军队现代化计划中提出的新原则："俄罗斯将影响力置于操作计划的核心。"这种战争新形式不能用传统意义上的军事运动来定义。"俄罗斯的现代战争视野建立在战斗主要空间存在于头脑之中，因此新时代战争由信息和心理行动所主导的思路之上。"其目标在于"将重大军事部署缩减到必要的最小限度"。而俄罗斯则将美国发动的颜色革命和军事干涉相结合的"多形态战争"称为"混合战争"。

前苏联国防部长亚佐夫曾经痛心地说"第五纵队打残了苏联"。俄罗斯认识到，拿破仑和希特勒都没有灭亡俄罗斯，但颜色革命式的"战争"却让苏联分崩离析，同时也让俄罗斯面临新的"雪崩"威胁。所以，俄罗斯一边改组核武器系统和国家常备军，一边还组建包括多个军兵种力量的总统专属近卫军，同时，还在民间成立类似于俄罗斯共产主义青年团的"青年近卫军"，以打击"第五纵队"制造颜色革命的图谋，保卫普京领导的统一俄罗斯党。这说明在普京眼里，一般性的俄罗斯常备军并不能应付国家安全面临的多重威胁。

美国组织颜色革命与发动常规战争一样严密，其派往世界各地的那些肩负特殊战略使命的非政府组织，其实就是新型战争中的战略军团，他们一边利用全球化以貌似合法的方式畅通无阻地"深入敌后"，一边以更加便捷的方式，通过网络和手机等客户终端，跨越对方的地理和心理防线，直接摧毁对方的力量基础。传统战争中属于间谍范畴的"第五纵队"，在网络时代的新型战争中，已具有和常备军、核武器同等重要的战略作用，某种程度上甚至有过之而无不及。可惜的是，世界军界大多只盯着美军层出不穷的新式武器及其眼花缭乱的战场花样，从而忽略了另一支"隐形美军"。而正是这支"木马军团"，在核力量和常规军力基本平衡的态势下，事实上扮演着大国博弈中的决定性角色。苏联解体，东欧政治巨变，中东、中亚连续发生颜色革命的一连串事件已经证明，只为国家间大规模"械斗"准备的常备军，几乎没有派上多大的用场。

美国素有使用中情局组织反对派武装的传统，但也经常搬起石头砸自己的脚，塔利班即是明证。种种迹象表明，IS 又有美国扶持的背景。而 IS 以反颜色革命的方式，使用原始的恐怖袭击和最新网络技术相结合，恐吓全世界。而美、欧、俄等用世界最新技术武装起来的最现代化的军队联合对 IS 进行打击，伊拉克、叙利亚和土耳其、约旦等多国也同时发起传统军事攻击，都未取得如美国在之前的局部战争中那样的战绩。

一度被神化的美式信息化军事革命成果，为什么在 IS 这里基本失灵？ IS 为什么会像产生抗药性的病毒一样，对信息化军队具有"抗打击性"？

当下，俄罗斯正在中东试验其军事变革的成果，而美国却在长期劳而无功、已经使用了 20 多年的空袭套路中，思考最新的军事难题。中国作为后来者，会有什么观感和心得？

黑格尔说：雅典娜的猫头鹰总是在黄昏到来的时候才起飞。今天，世界已在一张"网"中。德国提出"工业 4.0"概念，中国发出大众创业、万众创新的时代口号。军事领域的变化已经发生。从以传感器为核心以电磁空间为边界的电子、信息战——笔者称之为"电信战"，到以网络为核心以心理空间开辟为特征的网络、心理战——笔者称之为"网心战"，我们关于战争和反战争的认知体系，亟须升级换代。

五、第七代战争的新特点及对中国传统军事优势的巨大冲击

如果说第六代战争的主要特征是"信息"化的话，第七代战争

的基本特征是"网络"化。网络化是信息化的物质、技术基础，而信息则是网络空间的充填物。即使在冷兵器时代，这种关系也是存在的：在国家行政机构的网络内，信使依靠马匹和驿站传递公文、信件，以后是邮局。电报出现，信息传递自然溢出国界，以后发展到全球通信系统，直到计算机系统组成现代意义的网络，超越地球物理空间拓展出"电磁空间"。而由网络化和信息化联姻衍生出新媒体，民众被强力吸附在电磁空间之内，随即又开辟出心理空间。网络类似河道，信息类似流水；网络扩大为海洋、天空，信息则犹如雨雪、江河入海循环往复。是故，网络与信息应为一体化的概念组合，若撇开网络化单纯突出信息化一词，难免有视野狭窄和硬性割裂之嫌。威廉·吉布森的不凡之处就在于，他将控制和空间两个词组合起来，即将信息和网络融合，并超越技术藩篱，发现一个崭新的世界。这是堪比 15 世纪地理大发现更重要的"空间大发现"。他因此不愧为 20 世纪的预言大师，相比之下，全世界军事理论家的前瞻性都望尘莫及。

从冷兵器到电子信息（传感器）化等前六代战争，都可以归入军事帝国主义的时代范畴——因为这些战争的对阵双方主要是军队，并以军事征服为目的。而第七代战争诞生的时代背景，则是以文化帝国主义为主，经济和军事帝国主义为辅。这就意味着，以"网""心"为关键词的最新一轮的军事革命，从战争理念、战争思维、战争目标以及战争形态等整个战争体系来看，不仅与机械化时代的战争截然不同，即使与以海湾战争和阿富汗战争为代表、以"电""信"

为关键词的军事意义上的信息化战争相比，也有内涵和外延的巨大不同。

物理或地理疆界在消失——网络时代来临前，世界各国被陆地、海洋等地理边界隔离着，军队的任务就是戍边守关。但是，网络实现了全球的"天堑变通途"，地理国界在现代国防范畴中已名存实亡。"跨界打劫"不仅是互联网时代商业领域的新常态，更是军事领域的新常态。蒸汽机开辟海洋，内燃机开辟空天。电子计算机及网络技术对电磁空间和心理空间的开辟，使人类公共物理空间和各国政治、经济、文化、军事等社会空间已事实上紧密结合在一起，世界形成真正的"联合体"。被迫开始的历史性的民族大融合，互相间的文明吸纳虽有共存共生的一面，但同时也伴随惨烈的博弈、绞杀。美俄在乌克兰的综合较量，西方的颜色革命以及 IS 对西方的反攻，都表明战争意识形态化和意识形态战争化趋势明显。"信息"更多时候可以理解为"信仰"之"息"。

残酷的历史和现实表明，在剧烈的时代变化中，那些思维落后、反应迟钝的民族和国家，将像悲惨的印第安人和近代中国一样又一次面临生存危机。

"网心战"主战样式和战略目标是"攻心为上"——虽然这是春秋战国时代就有的理想战争原则，但直到今天才成为有可靠技术保障的战略目标和战争样式。人类战争史的大部分篇章是铁血时代的图画，国家决胜在战场，杀伤的是有生力量，争夺的是有形财富；而当今网络时代，信息思想战登堂入室，战略目标是争夺人心。人心是基，国家是楼，基不稳，楼难固；国家如"皮"，军队是"毛"，皮之不存毛将安附？得人心者得天下，"网心战"因此正在成为大国博弈的主战样式。

传统战争和军队，主要是地理攻防；而以"网""心"为关键词的第七代战争，则是伴随着思想入侵，从边防到心防全空间覆盖。第七代战争的基本套路是外部长期渗透，内部瓦解，里应外合，暗战无声。由于新式"木马军团"作用凸显而传统"铁马军团"战略意义的相对易位，使网心战的外观体现为前期的"非金属战争"与后期的"金属战争"并重。

第七代战争战略功能的发挥，概略地可分两个层次：一是"硬控制"。即利用芯片、组件设备，平时利用网络控制对方的战略设施，搜集对方情报，掌握对方数据（大数据时代）；战时则直接攻击对方国家的战略节点，实施网络瘫痪，短时间内摧毁对方抵抗意志。二是"软杀伤"。由网络硬件拓展出网站等政治功能，通过思想攻势，超越军事层面，直接对对方（国家或民族整体、个体）发起意识形态战略战，达到不战而屈人之兵的效果。利用网络商务，还可以对对方实施经济攻击——2011年兰德公司出台《对华冲突》报告，宣称"相互确保经济摧毁可防中美开战"的报告，即属此类。

平时、战时，一硬一软，前者威慑随时待命，后者攻击不分昼夜。平时与战时界限的消失，是第七代战争最突出的特点。关于网络威慑，美国总统的首位网电空间安全特别顾问、曾担任过4届美国总统安全顾问的克拉克曾经说："如果网电空间战士接管一个网络，他们能获取所有信息，或者发出指令，转移资金、泄漏石油、释放燃气、摧毁起重机、让火车脱轨、使飞机坠毁、让军队进入埋伏区，或者让导弹发射到错误地点。"另一位网络战专家科奈克，描绘美国遭网电攻击的时候场景是这样的："157个大城市在15分钟内陷入大面积停电；有毒气体的云正向威灵顿和休斯顿飘去；多个城市的炼油厂在燃烧；纽约、奥克兰、华盛顿、洛杉矶的地铁相撞；四条主干铁路上的货运列车在重要枢纽和马歇尔地区脱轨；飞机在空中无序地飞行，发生多起撞机事件；向西北输送天然气的管道破裂，泄漏了几百万单位的气体；金融系统冻结，大量的数据丢失；气象、导航、通信卫星脱离轨道；美国军用通信中断。"美国如此，别国如何？

靠着网络这种新技术形态、新社会形态和新军事形态赋予的新权力——信息霸权，美国事实上已经建立起信息帝国，这种空前巨大的软实力，整合并加固了美国在世界政治、经济、军事、外交领域里的硬实力，美国在世界范围内展开一场以信息心理战为核心的"文化大革命"。在利用推特等网络社交工具成功操作中东茉莉花革命之后，美国已经找到了一种不需要大规模动用传统军事力量就可以达到战略目的的最好"战争"方法。美国空军大学1996年完成的《空军2025》研究报告认为，到2025年，大部分战争可能不是攻占领土，甚至不发生在地球表面，而可能发生在外层空间和信息空间。现在，形势已经日趋明朗。

在大国对小国的军事战争中，美国一直摧枯拉朽，但在对非国家政治体如基地组织、塔利班、"伊斯兰国"，则陷入苦战，常规军事优势难以体现。美国以文化战略对社会主义阵营的颠覆和对阿拉伯世界的民主改造总体成功，但也遭遇以其人之道还治其人之身的反制。通过网络，"伊斯兰国"全球性招募80余国的激进穆斯林，美国、英国和法国都有大批青年参加，使美国大张旗鼓的反恐战争归于失败，同时还深陷自越战之后最难以自拔的泥潭。这从另一个角度证明了第七代战争的来临："伊斯兰国"利用网络，不仅对西方展开正面的以价值观对价值观的反击，还通过网络招募世界兵员、募集资金，在相当程度上弥补了双方纯粹的武力差距。

借助网络平台和路径，软硬兼施双管齐下，第七代战争实现了军争（军队间的战争）、国争（国家间战争）和心争（族群价值观及意识形态战争），及军事、政治、经济三个层次、三种境界的无缝衔接和自然融合。

从攻城掠地到攻心掠民，中国的传统战略优势在新时代战争中正成为被对手破解的重点。这是继长城被装备有火器的游牧民族突破之后，中国又一次处于无自然屏障可以依赖的境地，同时也使新中国打破核讹诈以后，再一次处于被网络讹诈的状态。据统计，目前全世界互联网的全部13台根服务器中，10台设置在美国，另外3台设置于英国、瑞典和日本；中国每年进口芯片2000亿美元以上，多年来列进口商品第一位；中国金融、交通、水电及众多其他战略设施的计算机组，进口设备占60%以上。全球最大的搜索引擎、最大的门户网站、最大的视频网站、最大的短信平台和最大的社交空间全部为美国所有，当今全球 80% 以上的网上信息和 95% 以上的服务器信息由美国提供。超过 2 / 3 的全球互联网信息流量来自美国，另有 7% 来自日本。无论网络硬件还是软件，美国相对于中国都处于绝对优势，远比核武器和常规军力的比较优势大得多。由此也不难推导出，未来相当长的时期，域外霸权势力不会对中国发动核战争，使用常规军力全面对抗的可能性也很小；但是，中国将面临一次又一次颜色革命式的"软战争"对其实施内部爆破。在可以预见的时间内，唯一能够入侵、颠覆、分裂中国的战争样式，是以信息思想战为核心的网络化多形态战争，即"网心战"。无论现实可能性还是其破国灭族的毁灭性，这一新型战争的挑战都远远超过历史上的核战争和现代常规战争。

中国正处在新旧时代的转型中，同时也处在一场新旧战争观念认知的转型中。抗美援朝以后，中国已 60 多年再没有打过全国性的现代化战争，这期间，世界军事领域连续发生了几次翻天覆地的变化。新的战略性实践的缺失和历史经验的束缚，导致我们对当前新型战争特点的认识不够深刻，对新事物难免将信将疑。而美国由于连续试验不同形式的战略性战争，其战争思维早已"漫无边际"。

新中国成立以来所经历过的所有硬碰硬的军事战争，最后都赢了。新中国最根本的力量在于"军民团结如一人"，而新时代的中国对手也深知这一点。所以，他们千方百计地破坏新中国力量的源泉，妄图从意识形态、历史文化、民族情感、金融经济等诸多方面，离间、搞乱、分裂中国，将肢解苏联和"火烧"中东的现代战争版本在中国实现"升级"。

结语：应对新战争需要器、体、心全面发展，在信仰回归、血性塑造、新思维引领、新技术掌控中，全面构建中国新型军队

如果说 20 世纪航空、航天通道的开辟只是海洋通道立体延伸的话，完成于 21 世纪初的网络、信息化革命，则是前所未有的全新时代。计算机虚拟技术的出现，使人类精神世界第一次拥有与现实世界一样的重要性，由此带来哲学思维的巨大震荡，并在最深刻的层次上，激荡乃至颠覆了军事领域的固有概念，使连续发生着的军事革命，呈现出与时代裂变相类似的发散式特征。线性在消失。单一认知在变形的时空中将难以立足。应对这种多形态的全维空间的战争，需要器物、体制和精神系统全面先进的军队，更需要国家、族群的技术工业形态、文化意识形态和性格心理形态的基本支撑。具体而言，器物层面要有军、国一体化的物力通用体系，军民一体化的人力通用体系。在热兵器和机械化时代，中国的全民皆兵是一个时代成功的典范；而在网络信息化时代，美国同盟一体化，国、企、军、民一体化的"网络风暴"式的组织结构，则是新时代的范本。

近代历史表明，只注重武器装备和编制体制等器物层面的变革，其历史成果是有限的。晚清中国的失败是最直接的证明。只有持久的信仰，才能源源不断地生发出军队的创造力和战斗力。

从红军到八路军、新四军，到解放军和志愿军，中国共产党领导下的军队，并没有从世界上引进所谓最新的武器系统和编制、体制样式，但战无不胜攻无不克，关键何在？这值得那些一讲军事变革就言必称欧美和新军事名词的人深思。

武器是战争的重要因素。只要力所能及，军队就应该拥有最精良的装备；但人是战争的决定因素，这不仅为我军的历史所证明——我军发展壮大主要是依靠坚定的信仰、先进的思想和灵活机动的战略战术，更为当下的战争实践所证明——从伊拉克到阿富汗，美军在取得军事阶段的优势之后，无不深深陷入游击战的泥潭。人的因素主要是合理的军事编制和选拔人才的政治体制。世界上曾经辉煌一时的军队，从来不是因为其物质方面的变革，而主要取决于这两个"人为"层面的创新。近代德国军队，因为重视军事理论家的思想引领，推举出由沙恩霍斯特和克劳塞维茨等领衔的军改小组，以培养军人荣誉为核心，以实战效能为根本，大刀阔斧锻造新军。重用优秀人才的传统形成制度，使参谋总部的新机制有了军官团的强力支撑，开一代军事新风。美国军队崛起更是缘起于对军事战略家的重视。西奥多·罗斯福非常欣赏马汉的制海权理论，举全国之力开凿巴拿马运河，打通两洋。今日美国军事领先世界，固然有美国技术、工业强大的物质原因，但始终重用并能够选出优秀的军事人才是根本原因。被视为当今信息化战争经典的伊拉克战争，就是按照沃登空军上校的"五环打击"理论进行的。

可以说，衡量一支军队真正先进与否的，并不是它拥有什么样的物质外观和组织形式，而是它拥有怎样的人才和人才成长机制。法国哲学家圣西门说，假如法国突然失去了 50 名优秀的物理学家，50 名优秀的化学家，50 名优秀的数学家、诗人、作家、军事工程师和民用工程师……那么法兰西民族马上就会成为一具没有灵魂的僵尸。

同理，一支军队，如果没有一批在各领域出类拔萃的人才，虽人数众多、装备先进，又于国何益？晚清 70 年屡战屡败，根本原因就在于国家和军队中有用之才少。日本明治初期任外务大臣的副岛种臣说："谓中国海军之可虑，则实不足以知中国也。盖中国之积习，往往有可行之法，而绝无行法之人；有绝妙之言，而绝无践言之事。先是以法人之变，水军一旦灰烬，故自视怀惭，以为中国特海战未如人耳……于是张皇其词，奏设海军衙门，脱胎西法，订立海军官名及一切章程，条分缕析，无微不至，无善不备。如是，而中国海军之事亦即毕矣。彼止贪虚有其名，岂必实证其效哉？又何曾有欲与我日本争衡于东海之志哉？"几句话把清朝的所谓军事变革揭得淋漓尽致。几十年后光绪在《变法上谕》中也反思："深念近数十年积习相仍，因循粉饰，以致成此大衅……我中国之弱，在于习气太深，文法太密。庸俗之吏多，豪杰人士少。文法者庸人借为藏身之固，而胥吏倚为牟利之符。公事以文牍来往，而毫无实际。人才以资格相限制，而日见消磨……"晚清国中、军中无人的情况，早在甲午战争前曾国藩即已向皇帝指出："久安而吏弛……京官之办事通病有二：曰'退缩'，曰'琐屑'；外官之办事通病有二：曰'敷衍'，曰'颟顸'。退缩者，同官互推、不肯任怨，动辄请旨、不肯任咎是也。琐屑者，利析锱铢、不顾大体，察及秋毫、不见舆薪是也。敷衍者，但求目前剜肉补疮、不问明日是也。颟顸者，外面完全而中已溃烂，章奏粉饰而语无归宿是也。有此四者，习俗相沿，但求苟安无过，不求振作有为。将来一有艰巨，国家必有乏才之患。"龚自珍形容晚清"官无廉官，吏无能吏，军无良将，兵无勇士"。正如圣西门所说，整个国家和军队只剩下一具"没有灵魂的僵尸"。

　　回望历史，惊涛拍岸。甲午之败，晚清陆海将领个人品质——没有灵魂和血性，是决定因素！而优良的装备、优势的军队、先进的编制，都不能弥补这一致命的缺陷。暮鼓晨钟，响彻百年。

　　由于我军的特殊性，优秀人才的选拔机制，事实上是我军历史上成功的根本经验。习近平主席对新时代军人的要求"有灵魂、有本事、有血性、有品德"，其实也是对我军干部历史品质的总结。怎么才能把"四有"军人选出来，把徐才厚、郭伯雄、谷俊山这类人隔离开，确保优胜劣汰成为一种长效机制，不仅仅是干部部门的事，也不仅是政治部门的事，而确确实实也应该是军队改革的根本之举。将帅不才，累死三军。明朝朱棣亲创火器营，军制比蒙古军优越得多；而到了明英宗却让太监领兵，还是优越的体制，精锐的军队，以10:1的优势迎敌却全军覆没。美军打败萨达姆后帮助新政府成立新伊拉克军，但是伊拉克正规军按照美式编制、全部美式装备的两个师3万人，遇到800名只拿着轻武器的IS武装人员，竟丢下坦克、装甲车、大炮，落荒而逃。什么联合作战，什么精确制导，全在魂飞魄散中烟消云散。

　　编制改革很重要，但最主要的还是优秀人才的选拔机制。汉武帝若不能破格把"少尉"级军官卫青、霍去病用到大将、元帅的位置上，不能把60多岁的老将李广依然用在先锋的位置上，岂能创一代伟业？

　　战争年代，我军实行三大民主，一切以战场和工作实绩、群众推举、领导发现为评价标准，前赴后继，人才济济。进入和平建设时期，我军装备水平大幅改善，但人才选拔机制却陷入不同程度的僵化。一些干部部门采取简单的以年龄划线，美其名曰"选拔年轻干部"，实质上是一种直尺加裁纸刀式的懒惰思维和对党和国家、军队事业极不负责的态度，不仅不能阻止反而助长庸碌无能、混天度日甚至腐败堕落的人进入中级和高级将领阶层——郭伯雄、徐才厚和谷俊山等败类，不就是循着这类干部选拔机制和成长通道走到今天的吗？而真正的精英人才则可能被拒之门外。军官选拔，犹如为战争机器选零配件，关键是可用，尺寸合适即为材，岂能以"年轻"为标准？"互联网＋"时代既为军队人才的选拔提供了便捷的"机选"手段，又为更大范围发挥民主、倾听民意提供了条件。军队官兵是变革的主体，军队官兵的信赖就是人才评价的基本标准。

　　习近平主席指出，军事上的落后一旦形成，对国家安全的影响将是致命的。我们应该思考的是：到底是哪些因素，导致或者会导致我们"军事上的落后"？面对日益复杂的国际、国内安全形势，面对日新月异的技术变革，我们现有武装力量体系和学说的哪些地方需要完善和割舍？

古今中外的军事变革，都是一个过程，而非一次行动，更不是一声号令就能开始和结束。当下新一轮的中国军事变革，只是拉开了新型中国军队建设的大幕。外观日日新，但本心不能变。习近平主席说，人民有信仰，国家有力量，强调意识形态工作极端重要，网络是意识形态斗争的主阵地。政治工作过不了网络关就是过不了时代关。这是穿越历史与现实、统筹政治与军事全局的高瞻远瞩，是安全战略领域研究者的思想触发点。

战场军打军，心中神打神。这个"神"就是我们的信仰。刘亚洲将军说"一个不信神的民族，必然是一个怕鬼的民族"。心神不定，必致恍惚。一直坚持"政治工作是我军的生命线"的人民军队，不仅有军事上的朱总司令，还有思想上的"鲁总司令"。新型中国军队不管采取什么样的编制体制，都不能没有自己的"神"和"魂"，失魂必落魄。一只羊，纵使有再强的体魄，再粗壮的利角，给它戴上钢盔，挎上冲锋枪，配上再多的羊，它见了狼照样哆嗦。曾一度存在对传统物理空间的战争准备投入资源过大，而对电磁、太空和心理等新空间新型战争的认识和准备不足的问题，亟须引起重视。

近百年来，中国一直在思维落后和技术落后的双重困境中挣扎，直到新中国诞生。抗日战争和抗美援朝，人民军队虽然忍受着技术的落后，但在思想上已经超越对手和时代，所以能够取得辉煌胜利。后来，新中国又在核武器革命中赶上时代步伐，一举解脱百年来被压迫的困境，纵横捭阖，在美苏冷战期间，实现大发展，大崛起；

还成功打破美国的和平演变图谋，为今天留下宝贵的战略思想和理论遗产。在网络化多形态混合战争的新军事时代，中国必须也有能力牵住时代的"牛鼻子"

战争实践倒逼外军联合作战指挥体制改革

王卫星

王卫星

军事科学院外国军事研究部部长，研究员，中国军事科学学会国际军事分会会长，少将军衔。1996年调入军事科学院，先后任研究员、研究室主任、副部长、部长。代表作有《中国军事艺术》《白话中国兵法》《中国古代战略理论精要》。

军事史上有两种将军，一种能有效地掌握并发挥体制所带来的实际高效的能量，而另一种，尽管他统领的军队装备有先进的武器，却败在了自己军队愚蠢繁杂的体制程序之下。

——［美］戈登·莱德曼《改组参谋长联席会议》

联合作战指挥体制改革，是深化国防和军队改革的现实紧迫课题，也是衡量改革成效的重要标志。习近平主席深刻指出，深化国防和军队改革，建立联合作战指挥体制是重中之重。习近平主席的重要指示，为我们推进改革大业指明了主攻方向。研究借鉴外军在这方面的特点、规律，对于科学筹划我军联合作战指挥体制改革，具有特殊的重要意义。

对于我们所说的"联合作战指挥体制"，在美、俄等世界主要国家军队中，目前还没有完全对应的专门术语。与它相近的，美军叫"作战指挥链"，俄军叫"作战指挥体系"，日本自卫队叫"联合运用体制"。新版《中国人民解放军军语》中也没有这个条目。综合一些专家的观点，我们研究认为，联合作战指挥体制，是指军队为指挥联合作战而建立的组织体系及相应制度。它包括指挥机构的设置、职能划分和指挥关系等。联合作战指挥体制改革，实际上就是：以联合作战为根本导向，以提高指挥效能为核心目标，对作战指挥体制进行的改革。

外军联合作战指挥体制改革，大体上是从第二次世界大战结束后开始的，推进过程几经曲折，一直延续到今天。究其时代背景和根本动因，是工业文明快速发展、科学技术日新月异、战争形态深刻演变的必然结果，也是军队组织体系化、作战力量多元化、军事行动全域化的内在要求。归根结底，联合是现代战争制胜的基本规律。机械化时代需要联合，信息化时代更需要联合。战争实践始终是催生和倒逼外军联合作战指挥体制改革的强大动力。美、俄军队是联合作战指挥体制改革当中两种主要类型的代表。

一、美军改革：战争实践倒逼与检验的强力推动

美国虽然只有 200 多年的历史，但目前拥有世界上最强大的军队。特别是二战以来，美军经历了大量战争实践，既积累了丰富的经验，也留下了深刻的教训。美军联合作战指挥体制改革起步最早，主动性最强。经过近 70 年的三轮改革发展，美军联合作战指挥体制已日臻成熟。

第一轮改革是 1947 年到 1949 年，属于初创阶段。美军联合作战，起始于 1781 年的约克敦战役。当时华盛顿率军准备攻打英军占领的濒海城市约克敦。但当时英军力量仍非常强大，于是华盛顿因个人交情主动联系法国军队。华盛顿在当年 5 月 13 日的战地日记中写道："收到罗尚博伯爵（法国远征军指挥官）的来信，通知我，他儿子要到了。还收到巴拉斯伯爵（法国海军准将）的信，告诉我，他被任命为法国驻罗得岛的海军中队指挥官。两人都要求尽快与我见面。"三人会面经过精心筹划，在华盛顿的统一指挥下，法国海军在约克敦港外与英国海军交战，切断英军的海上供应线和海上退路，并从海上配合大陆军的进攻。美国大陆军则从陆上围攻约克敦的英军，取得了战役胜利。约克敦战役目前被大家公认为是世界上最早的联合作战。当时的战役联合主要"靠的是战役期间指挥官个人之间的交情"。交情好，联合得好；交情差，联合得差。

到了二战期间，军事行动的全球化，盟国合作以及军种间协作的需求急剧上升，迫切要求美军的指挥结构做出改变。为此，罗斯福总统提出建立一个类似"参联会"的机构，即美英参谋长联合体，由专人负责来领导战争行动，起初只使用了几名利用业余时间工作的军官，职责仅限于负责参联会与总统间的联络，便于美英间的军事合作与协调。随着战争发展，该机构承担起制定军事战略和指导军事行动的职责。后来，美陆军参谋长乔治·马歇尔将军提议用一个垂直的指挥机构来取代参联会，把各自独立的军种统一到一名参谋长领导之下，这种架构基本上是陆军内部垂直体制的翻版。

战后，美军总结二战期间盟军联合作战指挥经验，检讨长期以来形成的美国军种至上、交相纷争、职责不清等体制弊端，创立了以国防部为主体的领导指挥体制，设立了参联会主席和联合参谋部，在战略层级上解决了作战指挥权不统一的问题，形成了现代联合作战指挥体制的雏形。但军种仍然在指挥链上，在参联会军种主导的局面也没有打破。

朝鲜战争中，这套指挥体系发挥了一定的效能，但军种之间的隔阂仍然比较突出。作战中，美军联合作战指挥关系复杂，各军种司令部对本军种既有行政领导权，又有作战指挥权，一直没有一个明确的隶属关系，造成作战指挥受多线干扰。战区指挥官除了向上对国家指挥当局负责，还要受到参联会中各军种参谋长的影响，联合作战效果不能有效发挥。如当远东战区司令麦克阿瑟决定对鸭绿江桥进行轰炸时，执行轰炸任务的远东司令部空军司令斯特拉特迈耶，却将作战计划报批参联会空军参谋长，空军参谋长不同意轰炸，立刻通过参联会对此行动进行干涉，导致轰炸计划取消。美军后来检讨认为，在这套体制下，各军种"很难发起可以称得上联合作战的地面行动"。这也是美军推动后来改革的原因之一。

第二轮改革是 1953 年到 1958 年，属于成型阶段。这个时期，应艾森豪威尔总统的要求，主要是通过法律——特别是 1958 年《国防部改组法》，"取消了各军种以前作为'执行代理人'所享有的指挥部队的法定权威"。同时，国防部长尼尔·麦克尔罗伊指示"建立两个指挥渠道：针对已部署部队的作战渠道和针对支援任务的行政渠道"。"涉及作战指挥和部队使用时，指挥关系自总统起下至国防部长，再向下到参联会，由其负责传递命令，然后抵达联合司令部和单一军种司令部总司令。涉及军种的训练和装备时，指挥关系自总统起下至国防部长，然后到各军种部长，最后到每个作战司令部内的军种司令部。两条指挥链均汇合于军种组成司令部一级。各军种组成部队司令部负责部署于联合司令部中的本军种的部队。"例如，第6舰队在训练和装备方面走的是海军指挥系列，但当它被部署到地中海时，它就要接受负责地中海的联合司令部——美国欧洲司令部的作战命令。在美国欧洲司令部中的第6舰队和所有其他海军部队构成了美国欧洲司令部中的海军军种组成部队司令部，欧洲司令部中掌管所有海军部队的海军将领被委任为海军军种组成部队司令。军种组成部队司令接受其所在的地区性总司令的作战指令，但有关装备、训练和其他保障方面的事宜却由其自己的军种负责。

这次改革从根本上实现了作战指挥权与建设管理权相对分开的体制性突破，建立了总统和国防部长对作战司令部的直接指挥关系，把军种排除在作战指挥链之外，强化了国防部长和参联会主席的职权，明确了战区联合司令部在军事上的联合指挥权。但军种对作战指挥的干预问题，仍然没有从根本上得到解决。主要表现为：各军种利用他们所掌握的行政资源，在作战指挥上继续操控作战司令部下属的军种组成部队，在决策流程上干预联合参谋部的工作。这种状态一直延续了近 30 年，用美国学者帕利尔的话说，就是改革进入了"冬眠期"。这轮改革不到位，导致了后来一系列战争和军事行动上的指挥不畅，在一定程度上造成了军种拥权自重、联合机制举步维艰的局面。

比如，在越南战争中，美军 1958 年改革建立的军政军令分立的联合作战指挥体制，在战争中运行不畅，联合司令部司令权力不够集中，限制了联合作战指挥能力。越南战争是在太平洋司令部的辖区，理应由太平洋司令部指挥，但实际上战场上没有一名全面运筹战事、拥有指挥全权的战区最高指挥官，作战指挥权由战略空军司令部、驻越军援司令部、太平洋舰队分享，彼此之间各自为政，没有统一协调的计划。同时，空军、海军和驻越军援司令部都有自己单独的作战区域，根本谈不上联合。时任美空军第七军副军长、后担任参联会主席的戴维·琼斯上将说："我们的军队自上而下都缺乏跨军种和联合的经验。军种之争使得越南战场上至少有六场不同的空战：海军在北部的空战，空军在北部的空战，战略空军的空战，空军在南部的空战，越南人的空战，以及陆军直升机的空战。"总统和国防部长常常过度地干预作战，绕过战区指挥官指挥一线作战部队，剥夺了战区指挥官的职责。戴维·琼斯上将认为越南战争"也许是我们战略战术目标不明、职责不清的典型"。

1968 年 1 月 23 日，"普韦布洛"号情报船被朝鲜俘获时，美海军陆战队的航空兵就在附近，"企业"号航母正在相距大约 500

海里的地方进行演习，但驻日美海军舰队司令部与驻日美空军司令部没有直线电话，也无权指挥，不得不请求驻夏威夷的太平洋空军指挥官与太平洋司令部司令官或太平洋舰队司令官进行沟通，协商此事。美军后来总结道："在太平洋司令部之下的层次，缺乏统一的指挥，致使效率低下。而在太平洋司令部之上的层次，虽有足够的权力，但距离太远而难以及时反应。"美东北亚军事体制存在严重缺陷，"在日本和韩国的作战指挥体系处于分离状态。虽然各地区的下级联合司令部，实现了空军和陆军力量的统一指挥，但是海军和海军陆战队通信系统不兼容，甚至在海军内部，第7舰队和当地司令官的指挥体系也是分离的。因为驻日海军、空军和海军陆战队司令官是通过三个分离的体系进行指挥的，所以他们之间没有相互协作"。

1980年伊朗人质事件中，来自多个军种的部队临时组合，按陌生地域配置，在模糊的指挥与控制之下行动；救援部队多头指挥，缺少单一的指挥官，联合指挥措施存在严重缺陷。现场指挥官、空军上校詹姆斯·卡尔说："集结地一片黑暗，漫天黄沙，发动机震耳欲聋，无人知道谁负责。现场有4位指挥官，没法辨认，无线电通信互不兼容，没有统一计划，甚至连指挥位置也不固定。"美国空军上将戴维·琼斯指出："这次行动失败的主要原因是各军种互不与谋，虽然军种之间希望互相合作，但是其中存在极其严重的问题。我的联合参谋部主任来自陆军，对本兵种之外陆军其他兵种知之甚少，对其他军种更是毫不了解。现在的组织均不能完成此次行动。

每个人都尽了最大的努力，但在工作和训练中无法联合，这是我们无法逾越的障碍。"

1983 年黎巴嫩贝鲁特海军陆战队军营遭袭事件中，美国国家指挥当局与驻贝鲁特机场的海军陆战队分遣队之间存在 6 个层次，复杂的指挥链掣肘了总司令对其战区内部队安全的监督管理能力。美国《贝鲁特国际机场恐怖主义法案委员报告》称："军队的指挥链又长又绕：先是从美国欧洲司令部总司令绕到海军军种组成部队司令部（美国海军部队欧洲总司令），然后再绕到第 6 舰队司令，再绕到第 61 两栖特遣部队司令，最后再绕到陆战队两栖部队司令。没有任何高级军官专门负责陆战队的安全。""指挥链中没有一处能系统而主动地为在机场的陆战队员们采取反恐安全措施。"

同年，格林纳达行动中，美国陆军与海军陆战队就作战任务区分难以达成一致，最后不得不在格林纳达岛中间画一条线，陆军与海军陆战队各负责一半。美陆军一名少校为召唤近在眼前的海军舰艇提供火力支援，用自己的电话卡在公用电话上与美国本土陆军总部联系，陆军总部再与海军总部联系，海军总部再与舰队联系。停泊在近岸海域的海军航空母舰拒绝运送伤员的陆军直升机降落，理由是陆航飞行员"没经过海上起降资格认证"。在经过交涉降落后，海军又拒绝为陆军直升机加油，因为"必须说清楚谁掏加油费"……美海军上将约瑟夫·梅特卡夫事后说："如果当时能为所在部队指定一个统一的指挥官，不同军种由于行动任务划分带来的麻烦也许就可迎刃而解。"

拿破仑说过："在战争中，没有什么比统一指挥更重要。"美国议员纳恩认为，越南战争、"普韦布洛"号事件、贝鲁特和格林纳达事件，都是缺乏统一指挥所致。如果不加强战地指挥官的权威，作战仍将问题重重。美国《戈德华特－尼科尔斯法案》的主要起草者和推动者詹姆斯·洛克毫不客气地批评道："二次世界大战后，美军官僚主义盛行，内部关系复杂而混乱，决策过程错综复杂，各军种各自为政，各级责权不明，指挥序列混乱，这些问题导致军队屡让国家失望。"并不无痛惜地说："现代战争是由'联合'作战组成的。所有的军事部门必须实现一体化，联合一体比各自为政好。"而"第二次世界大战过后40年，军种狭隘的本位主义和独立自主性让国防部不能实现开展现代战争所必须的联合"。

第三轮改革是1986年至今，属于完善阶段。改革之初，光论战就经历了近5年，比美国参加二战的时间还要长，可见这场改革的复杂程度。这个时期，主要是确立了当前的联合作战指挥体制，赋予了参联会主席多个关键领域的权力，进一步强化了战区司令的权力和影响力。它彻底结束了军种干预作战指挥的局面，从法律和实际操作两个方面，实现了联合作战指挥体制改革的突破，建立起了"由国家指挥当局（总统和国防部长）……到作战司令部（战区司令部和职能司令部），再到任务部队"的指挥链。

由于这轮改革最为坚决，也最为彻底，基本上扫清了体制上的障碍。曾任国防部长的阿斯平说："这可能是自1775年大陆会议创建大陆军以来，美国军事史上最伟大的一次根本性巨变。"里根总统说，它是美国"国防体制发展史上的一座里程碑"。海湾战争总指挥、中央总部司令施瓦茨科普夫上将很得意地说：战争中，"非常非常清晰的指挥链和对下级指挥官的责任"使"我们在战场上，统一指挥部队和联合作战的能力，无人匹敌"。沙利卡什维利上将说："我们在战场上将部队联合起来进行联合作战的能力没有哪个国家能比得上。"之后，美军对这一体制只是进行了一些微调，主要是不断完善作战司令部体系。

目前，美军联合作战指挥机构，主要由国家和战区两级构成。国家级联合作战指挥机构，由总统、国防部长、参联会和联合参谋部组成，主要负责指挥全球性大规模战争及核大战。参联会主席由军队的高级将领担任，是总统和国防部长的首席军事顾问，但是，没有作战指挥权。战区级联合作战指挥机构，由9大联合作战司令部构成，分为：太平洋、欧洲、北方、南方、中央、非洲6个战区司令部，再加上特种作战、战略、运输3个不受地理责任区限制，可在全球范围内行动的职能司令部。他们分别按照总统和国防部长的命令，负责指挥相关的军兵种部队实施局部战争或战役战术行动。在西太平洋等重要方向，还有常设的联合特遣部队司令部。

美国议员金里奇当年在推动美军改革时说："从历史上看，各国只有在经历了大失败后才会改革军队。"美军联合作战指挥体制改革的特点，主要体现在四个方面：一是逐步建立和推进，在一系列战争中得到了检验，并逐步完善。纵观美军近70年改革，是战争推动改革，改革在战争中得到检验。如针对二战中美军暴露出来的大量问题，推动了战后 1947 年到 1949 年的第一轮改革。针对朝鲜战争中暴露出来的问题，又推动了 1953 年到 1958 年的第二轮改革。针对越战结束后，特别是 80 年代初期，相继发生的一系列军事行动指挥混乱，洋相百出，国内意见沸腾，推动了 1986 年这场非常艰难的第三轮改革。随后，改革效果在 1991 年的海湾战争中得到检验。以后进入不断微调、检验、微调的过程。二是通过强力推动，把分散在各军种的指挥权，转移到联合作战指挥机构，彻底剥夺了军种作战指挥权。在国家指挥当局层面，实现了政治控制与军事效率的平衡。三是作战指挥体制与建设管理体制分立，但不完全分离，呈现出了两头合、中间分的状态。两头合，即在国家指挥当局和军种组成部队层级，实行军政军令合一的体制；中间分，即在作战司令部和军种部这个中间层级，实行军政军令分开的体制。之所以采取这种体制，是因为现代条件下军队结构日益复杂，分工更加精细，作战指挥与建设管理已成为既密切相连，又各具特点的两个领域，要求作战司令部专司作战，军种部专司建设，有利于实现兵权贵一、增强效益的内在要求。另外，受到美国权力制衡传统思想影响，防止权力过度集中。四是注重运用法律手段，推动和保障改革，每次改革都强调制定和修改有关法规。三轮改革分别制定了许多法规、法案、条令条例。其中，影响最大、最具有代表性的是 1947 年的《国家安全法》、1958 年的《国防部改组法》、1986 年的《戈德华特－尼科尔斯法案》等，均发挥了非常重要的作用。

纵观从二战至今，在联合作战指挥体制改革方面，美军主要改了三大块内容：一是成立了机构（国防部、参联会和联合司令部）；二是建立了指挥关系（作战指挥链和行政指挥链）；三是划分了职能（国防部、参联会、联合司令部、军种部）。

二、俄军改革：战争实践与国家转型的双重压力

俄罗斯是一个曾经辉煌而强大的国家，素有尚武传统。1992 年时的俄军指挥体制脱胎于苏军，作战指挥权与建设管理权是高度合一的。除陆军外，其他军种既有建设管理权，又有作战指挥权。联合作战指挥权集中于总参谋部，但没有常设的战区级联合作战指挥机构。俄罗斯军事改革是在上个世纪 90 年代初整个国家全面转轨的大动荡背景下开始的，经历了三轮大的改革。

第一轮是 1992 年到 1999 年，依托军区搞联合。当时的想法是，把军区领率机关变成战区的联合作战指挥机构。由于那个时候，大的体制没有调整，总参谋部也没有放权，军种仍有指挥权，军区还不具备联合作战指挥的能力。只是在堪察加半岛和加里宁格勒方向，分别组建了由海军舰队司令领导的联合战役司令部。两次车臣战争中，俄军既暴露出了指挥关系不顺的问题，也暴露出了陆军和空军联不到一块的问题，教训非常深刻。

如在第一次车臣战争中，俄军总参谋部将命令和指示下达给北高加索军区司令部，北高加索军区司令部转达给第 58 集团军司令部，第 58 集团军司令部再转达给联合军队集群司令部。同时，北高加索军区司令部和第 58 集团军司令部却不进行作战指挥，而只充当中间

普京现场观摩俄军军演

环节，在联合军队集群与总参谋部和国防部之间来回传递信息。

第二次车臣战争期间，上述问题仍未得到解决。高加索军区一位军长甘纳迪·特罗舍夫将军回忆说："制定计划的重担全部由在北高加索军区参谋部基础上组建的联合军队集团参谋部承担。数百名来自总参谋部的将军和军官抵达后只充当顾问，并不承担任何责任。他们空洞的、在当时情况下毫无用处的指令牵制了军区司令部。与此同时，他们却没有履行自己的主要职能——没有提供关于可能之敌和非法武装的数量、战备水平，以及行动的可能性质、非法武装头目的位置等可靠信息。战役计划实际上是盲目制定的。我简直难以想象那群不知为何而来、整日喋喋不休的莫斯科首长的马虎和糊涂。"忙乱和官气十足"显然无助于有计划地和深思熟虑地准备当前的战役，连战役开始日期也变来变去"。

第二轮是2004年到2007年，在普京总统亲自推动下，理顺了国防部长与总参谋长的关系，真正确立了国防部长对总参谋长的领导地位，在这个基础上决定总参谋部下放战略方向的作战指挥权。先是提出组建独立的地区联合司令部，后又尝试通过赋予军区战略方向战役战略司令部的地位，把军区领率机关变成战区联合作战指挥机构，但均未取得成功。后来，在理顺国防部长与总参谋长关系、总参谋部下放地区性作战指挥权的基础上，搞了组建地区司令部的试点。

但在建立战区指挥体系上，又走到了另外一个极端，就是想抛开军区搞联合，在军区之上增设一个地区司令部。试验证明，这种改革不符合联合作战指挥的要求，战区总部体制不但没有实现联合的目的，反而在军区和总参谋部之间"制造"了一个多余的中间指挥机构，降低了指挥效率。再加上由于军种特别是军区不愿意放弃指挥权，而且许多高级将领抵制、反对，最后导致改革失败。

第三轮是2008年到2012年，充分汲取前两轮改革的经验教训，在"新面貌"改革中，坚决取消军种作战指挥权，把海军、空军中央指挥所并入到了总参谋部中央指挥所。同时，依托军区成立联合战略司令部，形成了"由总统和国防部长，到总参谋长，再到联合战略司令部或职能司令部，最后到军兵种部队"的作战指挥链。

这一轮改革，对俄军后来的联合作战指挥体制起到了决定性的作用，战区联合作战指挥体制基本上得到确立。地区性军事行动全部由战区司令部负责，由战区司令部直接指挥各军种战役（舰队是战略战役）司令部实施作战，总参谋部负责总体领导，但不直接干预作战指挥，指挥链大为缩短。

外界普遍认为，俄军这次改革之所以取得明显进展，是由于俄军在格鲁吉亚的战争当中的表现不尽如人意，受到了来自军内外的巨大压力。同时，还有一个原因是俄最高当局的强力主导。为了保证改革的顺利进行，面对重重阻力，俄总统和国防部长谢尔久科夫毫不妥协，强行将军种中央指挥所并入总参谋部，军种总司令退出作战指挥链，才建立了以联合战略司令部为重心的战区联合作战指挥体制。

在改革过程中，空军总司令泽林和海军总司令维索茨基坚决反对取消军种指挥权，即使是在国防部做出决议后，二者仍通过接受采访等方式表达不满。为巩固改革成果、确保军种顺利交权，俄最高领导甚至于 2012 年 5 月 6 日同时解除了两人的总司令职务，有力地震慑了改革的反对者。

目前，俄军已经形成了国家和战区两级的联合作战指挥体系。国家级联合作战指挥机构，是由俄总统和国防部长、总参谋长和总参谋部构成。总统是在国防部长的协助下，依托总参指挥国家层级的联合作战以及核打击力量、空天军、空降兵作战。战区级联合作战指挥机构包括东部、西部、南部和中部 4 个联合战略司令部，主要负责指挥辖区内各军种的联合作战。根据战略形势的变化，2014年底俄又组建了北极联合战略司令部，主要负责北极方向的联合作战。

俄军联合作战指挥体制改革的特点也非常鲜明，主要体现在三个方面：一是始终在国家和军队最高当局的关注和指导下推动改革，通过颁布总统令、国防部长训令等方式，力排众议、破除阻力，保证改革进程。二是既吸纳借鉴美军的经验，又充分考虑国情、军情和自身的特点，保留了自己的军事传统，主要是通过调整、改造总参体制和军区体制来建立联合作战指挥体系。俄罗斯军事科学院院长加列耶夫大将说："从战略角度看，俄罗斯与美国截然不同，俄罗斯不打算在遥远的海外地区作战，所以，照搬适应海外作战的美军体制是盲目的做法。"三是坚持总参放权、军种让权，强化战区的联合作战指挥权。现在，有一种看法，认为俄军改革论证不充分，仓促上马，过于激进，导致改革出现了反复。其实，对这个问题要两面看。这方面的教训确实值得汲取，但俄高层的改革魄力和勇于决断，是值得肯定的。结果比过程更重要。

俄军理顺联合作战指挥关系，特别是剥离军种指挥权，从1992年提出依托军区搞联合的改革构想，历经多次试验和反复，到2012年通过改造总参和军区的方式初步确立起联合作战指挥体制，用了20年的时间；而美军从1947年出台《国家安全法》着手改组国防领导体制起，到1986年出台《国防部改组法》（又称《戈德华特－尼科尔斯法案》）构建起相对完善的联合作战指挥体制，用了近40年的时间。其间，俄军虽然付出了一定的代价，但与成效相比，可以三七开。利弊相较，只要大方向认准了，有决断总比没决断好，早决断总比晚决断好。

纵观俄军的改革，是在一种巨大的外部压力的推动下进行的。回过头来看，俄军最初改革的动因，是在苏联解体、两极体制终结这场大震荡后，整个国家全面转型和北约东扩的大背景下，俄罗斯失去了苏联的超级大国地位，安全环境急剧恶化，军队的使命发生了战略性的变化。正如普京在《千年之交的俄罗斯》中所说："俄罗斯正处于其数百年最困难的一个时期。这是俄罗斯近200—300年来首次真正面临沦为世界二流国家，抑或三流国家的危险。"俄军必须对整体的国防建设进行全新的思考，并对自身进行脱胎换骨的改造。

建设一支什么样的军队？是保留原苏军体制，还是建立近于英美式的西方军队体制？迫使俄军做出选择，对原有的体制进行再造，以尽快适应新的环境，从而掀起了1992到1999年的第一轮改革。之后，2003年的伊拉克战争对俄军冲击很大，俄周边环境急剧恶化，一个西方构筑的"危险的包围圈"正一步步逼近俄罗斯，俄军发现传统的体制明显赶不上现代战争的节奏，更没法打赢现代战争，从而形成了2004年到2007年的第二轮改革。2008年8月俄格冲突，这场战争仗虽然打赢了，但打得很艰难，暴露出了许多问题。战争结束两个月后，即10月，俄最高领导人痛下决心，以"武装力量新面貌"为名进行彻底的改革，并一揽子解决历史遗留的诸多"老大难"问题。可以说，外部挑战和内部转型对俄军改革形成了倒逼效应，这是一场绝境求生的改革。

三、其他国家军队改革：战争实践与使命任务的有机结合

1999 年，北约"防区外干预"新战略出台后，英、法、德在保持原有的北约盟军作战指挥体制的基础上，出于实施海外干预行动的需要，建立了专司海外行动的联合作战指挥机构，形成了由国防参谋长通过该机构，对海外干预部队实施直接指挥的指挥链。这套联合作战指挥体系，也经过了一些军事实践的检验。

英军联合作战指挥体制。英女王名义上是武装力量最高统帅，实际上英国首相掌握军队最高指挥权，并通过国防大臣对全军实施管理和指挥。参谋长委员会负责就军事行动向国防大臣和首相提出建议，国防参谋长任委员会主席，三个军种参谋长为成员。国防参谋长是国防大臣的首席军事顾问和英军最高军事指挥官，根据首相和国防大臣的命令实施军事指挥。2012 年 4 月 2 日，英军成立联合部队司令部，下辖13 个跨军种机构，负责在全球范围内指挥联合作战。

法军联合作战指挥体制。法军已经取消各军种参谋长作战指挥职能，将作战指挥权完全集中在三军联合参谋长手中。三军联合参谋长是政府的军事顾问，协助国防部长履行部队准备、使用和总体组织权。在总统和政府领导下，三军联合参谋长对所有军事行动行使指挥权。2013 年法军在马里的"薮猫行动"中的军事行动，由法国总统奥朗德亲自决策，国防部长委托三军参谋长实施总体领导，陆、海、空、特种作战和国家宪兵派部（分）队参加，三军作战中

心对战场的行动实施直接指挥。此次行动的成功之处在于，在统一指挥之下，参战各军兵种部（分）队实现了紧密的协调与配合，特别是陆空协同突击对迅速达成作战目标发挥了重要作用。法国高等国防研究院院长迪凯纳中将来华访问时，对这一军事行动赞不绝口，他认为这是一次指挥比较成功的联合作战行动。

德军联合作战指挥体制。德国联邦总理为战时军队最高统帅。国防部长为平时军队最高首长，战时将指挥权移交联邦总理。联邦国防军总监察长（简称总监）是国防部长的军事顾问，武装力量指挥参谋部为其办事机构。2006年，德军赋予总监察长对海外行动部队的指挥权，2012年又明确各军种监察长接受总监察长指挥，由总监察长全面负责联邦国防军的战略规划、军事指挥和战备工作。军种监察长和勤务部队监察长，负责所属部队的战备训练和行政管理，参与制定和实施国防总体方案。

日本自卫队联合作战指挥体系。日本自卫队2006年建立了由联合参谋部指挥联合任务部队的联合作战指挥体制。联合参谋部作为最高指挥机构，在防卫大臣的领导下，对联合任务部队实施联合作战指挥，统管全军的联合训练和演习。联合任务部队根据作战任务需要，临时从各军种抽组，指挥官由防卫大臣任命，完成任务后各自归建。指挥链是：从首相和防卫大臣，到联合参谋长，再到联合任务部队。它的一个重要特点就是，日本自卫队作为美军太平洋司令部的组成部分，来构建联盟作战体系、提高联合作战效能，设立了集中型的联合参谋部，以实现与美军太平洋战区指挥机构的全方位对接。在这里，联合参谋长对接的是太平洋司令部的司令，军区、联合舰队和航空总队对接的是太平洋司令部下属的军种组成部队司令部。

值得注意的是，日美经过60年的军事合作和频繁的联合演练，无论是指挥员驾驭联合作战的能力素质，还是指挥机构的运转水平，都可以说是一流的，不可小看。特别是新安保法通过后，日美联军作战将进一步深化，指挥控制一体化程度也会更高。

印军联合作战指挥体制。印军对1999年卡吉尔冲突进行反思检讨之后，开始推动联合作战指挥体制改革。计划设立具有指挥权的国防参谋长，通过国防参谋部指挥各军种联合作战，但国防部和各军种都强烈反对。最后，只设立了没有指挥权、级别较低的联合国防参谋长和联合国防参谋部。总的看，印军的改革目前还是个"半拉子工程"，各军种独立指挥的格局没有实质性改变。但是，在战役战术层面，印军通过临时"搭班子"的方式，以陆军各级司令部为依托，空军派出机构参加，组成联合作战指挥部，组织实施联合演练和联合作战，也具备了一定的联合作战能力。

总之，以美俄为代表的世界主要国家军队联合作战指挥体制改革，经过了长期、曲折的实践探索，其中有经验，有教训，有曲折，有反复。俄罗斯军事科学院院长加列耶夫大将在谈到俄军事改革时说："我丝毫不反对学习美国、德国的有益经验。但是，在学习别国某些经验和放弃自己的经验之前，必须反复权衡利弊。"这句话很有道理！

　　因此，在研究筹划改革当中，无论我们向外军学习什么，都必须充分考虑到国体、政体的不同，军队性质的不同，一定要接中国的地气。我们有我们的国情军情，不可能移植和复制外军的做法。但作为改革的后发者，深入分析他们筹划推进改革的思想、理念、方法路径和利弊得失，研究把握其中带规律性的东西，有利于开阔我们的视野，激活我们的思路。

战争制胜机理与军队变革

李明海

李明海

国防大学科研部某研究室副主任，联合战役学博士，大校军衔。曾任作战部队连长、参谋、股长、副营长、科长，副教授，信息作战研究所副所长。发表论文 70 余篇，出版著作 3 部，获国家和全军优秀成果奖 10 余项。

　　20 世纪 80 年代以来，人类社会的进步和科学技术的发展，使得今天的战争已经呈现出许多与往昔不同的新特征。人类社会由工业时代向信息时代迈进，战争形态与制胜机理发生了颠覆性的变化，如果不把现代战争的制胜机理搞透，那就"只能是看西洋镜，不得要领"。这就要求我们必须紧紧把握现代战争的发展趋势，不断揭示战争形态和制胜机理的变化规律，持续推进国防和军队改革。在这场世界军事变革浪潮中，一个国家、一支军队只有敢于改革、善于创新，才能在激烈的竞争中真正立于不败之地。

一、战争形态深刻变化颠覆传统制胜因素

　　战争形态是人类社会经济形态的产物。因为人们从事战争的工具和手段，是由特定时代的社会经济形态所提供和决定的。

人类以什么方式生产就必然产生什么样的战争形态。美国的未来学家托夫勒说："人们发动战争的方式，正反映了他们的生产方式。"农业时代的手工业生产方式，决定了战争能量的释放形式主要是依靠人的体能，战争所使用的武器主要是冷兵器。工业时代的机器大工业生产方式，决定了热能成为战争能量的释放形式，战争所使用的武器为机械化武器。自20世纪中叶以来，以计算机技术和信息技术为龙头的大数据、云计算等新技术群不断涌现，科学技术的进步必将引起军事领域的技术革命。其中起核心作用的技术是军事信息技术，信息优势已成为战争制胜关键，催生了"发现即摧毁"即所谓"秒杀"的作战方式。"信息优势"转化为"决策优势"进而达成"行动优势"。实现了从兵力、火力、信息向决策和行动的转型。信息优势和体系支撑，实现了中远程武器在防区外对全纵深目标进行精确打击，从而改变战场态势直至赢得战争，战争制胜机理呈现出信息主导、体系支撑、精兵作战、联合制胜的现代战争特点。这就必然引起作战方式、作战理论和军队编制体制的根本性、颠覆性变革。人们越来越强烈地感悟到，战争形态正在发生深刻变化，制胜要素正从机械制胜向信息制胜转变。信息化、智能化战争已经到来。

信息技术的发展是催生战争制胜机理变化的直接动因。战争制胜机理，是指为赢得战争胜利，战争诸因素发挥作用的方式及其相互联系、相互作用的内在机制、规律和原理。战争制胜机理的变化受诸因素综合作用的影响，与战场作战力量聚合与释放方式的变化

美军 F-22 战斗机在驻日本冲绳嘉手纳美军基地着陆

关联，还与战略指导的重要性休戚与共。20 世纪 90 年代以来，海湾战争、科索沃战争、阿富汗战争和伊拉克战争，是具有重要转折意义、承前启后的战争。它们既是工业时代机械化战争的延续，更是孕育信息化战争雏形的"母体"。这几场局部战争几乎都使用了全新的武器和全新的战法，每场战争都给人们以耳目一新的感觉。在这四场战争中，美军废除了"前线"的概念。战争已经成为以斩杀政府首脑为核心、打击经济设施为重点、摧毁敌国人民意志为根本的全新模式的战争，整个世界为之震撼。1991 年海湾战争，美军打的是信息化。海湾战争闪现了信息化战争的影子，世界从此进入新的战争时代。信息攻击、远程精确打击、陆海空天电一体化作战，成为主要作战行动。南联盟之战，美军打的是立体化战场单向透明化的作战方式。伊拉克之战，美军打的则是"全维"作战。战争方式从合同作战到联合作战、从线式作战到非线式作战、从接触作战向非接触作战、从粗放作战向精确作战、从火力打击向信火打击、从武器平台支撑向体系支撑、从传统领域向太空、网络等新型领域快速演变。

信息主导成为夺取战场综合控制权的核心。围绕"制信息权"的较量成为未来战争中交战双方全力争夺的战略制高点，谁拥有了信息优势，谁就赢得了决策优势和战争主动权。据统计，美国在海湾战争中动用了70余颗卫星，科索沃战争和阿富汗战争中也达到50多颗，而伊拉克战争中则动用了90多颗军用卫星和70多颗民用卫星。在伊拉克上空部署的卫星、预警机、侦察机，红海、波斯湾上的侦察舰船，沙特、约旦、土耳其等国家部署的雷达和侦听设施，以及渗透到伊特种部队人员，构成了美英联军完备的信息侦察预警系统，可以24小时不间断地获取战场态势情报，实现战场信息压制。与此同时，美英联军注重对伊军的信息攻击和遮蔽，斩断伊军的"信息链"。面对美军的电子斩"首"，伊军指挥系统耳聋眼瞎、完全瘫痪，40万伊军群龙无首、不堪一击。

新军事革命的猛烈冲击为军队改革奠定理论和实践基础。研究这几场战争，我们不难发现，现代战争正发生着深刻的变化，武器装备远程精确化、智能化、隐身化、无人化趋势明显，太空和网络空间成为各方战略竞争新的制高点。无论是武器装备使用，还是指挥控制手段；无论是战略指导，还是战术应用，都凝聚着浓厚的信息化战争色彩，战争的制胜机理发生了革命性变化。面对这场新军事革命的冲击，世界主要国家军队都在通过加快推进军队改革力度，谋求夺取军事领域战略主动权。美国先发领跑，持续推进联合作战指挥体制改革和军事转型，俄罗斯激进转轨，作为军事组织体制改革的追赶者，在打造精干、高效、机动的新型军队上取得实质性突破。欧洲跟美图强，英国组建直属国防参谋长领导的常设联合司令部，建立三军一体的联勤体制。日本借势还魂，在 2006 年进行联合作战指挥体制改革。纵览世界主要国家军队改革历程，一是体制"转轨"，二是体系"跨代"。各国军事改革力度之大，涉及面之广，前所未有，发人深省。

二、战争时空多维一体重构联合作战指挥体制

随着人类生活足迹的拓展，陆、海、空、天、电磁、网络和认知心理的无形空间等多维构成了全新的战争体系，"多维一体"取代了"三维立体"。

在信息技术的支撑和主导下，战争空间还呈现出全谱化、全球化、一体化的多维融合趋势，"多维空间""点战场"成为战争空间的基本特征。像伊拉克战争、阿富汗战争以及以色列的"铸铅行动"等，虽然"点"战场上的力量是有限的，但多维空间的众多力量则形成了一个"分布式战略布局"。正是这种"多维一体"的力量体系和作战体系,构成了信息优势一方在战争空间、战略布局上的"强"。战争时间的对抗更加激烈。"制时间权"的争夺成为夺取战争主动权的重要因素。在具体的交战中,精确性要求更高、多维空间和多种力量交战时间的同步性增强,战事持续过程缩短,"瞬间交战"成为可能,战争已经进入了"秒杀时代",时间增值、空间拓展、以快吃慢、首战制胜成为重要制胜机理。

在这种情况下,指挥体制作为军队建设的核心要素,决定着部队的反应速度、指挥效率和作战能力的发挥。未来战争,集指挥、控制、通信和情报搜集、处理于一体的自动化指挥系统,将促进扁平形"网状"领导指挥体制的形成。扁平化指挥体制可以简化指挥层次,使集中指挥和分散指挥都能更有效地实施。同时,因为横向网络可沟通的节点多,它还能大大提高指挥系统的生存率。军队的指挥体制已由纵长形"树状"领导指挥体制,向扁平形"网状"领导指挥体制转变。美军在 1947 和 1949 年出台《国家安全法》《国家安全法修正案》,陆军航空队脱离陆军成为空军军种,设立空军部,并相继成立国防部,设立参谋长联席会议主席。1958 年艾森豪威尔总统推动制定的《国防部改组法》、1986 年制定的《戈德华特 - 尼科尔斯法案》,明确作战司令部司令拥有指挥全权,军种完全退出作战指挥链,建立起相对成熟的联合作战指挥体制。俄军 2008 年下决心进行"新面貌"军事改革,重新划分作战指挥权限,放弃实行 60 多年的管理与指挥合一军事体制。日本以建立联合参谋部取代参联会,形成以联合参谋长为核心的联合作战体制，实现联合参谋长在防卫大臣领导下对联合任务部队的一元化指挥。

三、战争方式体系对抗呼唤领导管理指挥体制变革

领导管理体制和作战指挥体制是军队管理和作战的"大脑和中枢神经"，在国防和军队建设中发挥着全局和枢纽作用，处在军队组织体制的主导地位。信息化战争体系对抗的特点，要求领导管理指挥体制必须与之相适应。

现代战争是体系与体系的较量。在人类战争的历史长河中，自古强调整体力量的较量。20 世纪中期，许多武器装备的性能已经达到物理极限，单个平台、单个要素的能力指标达到了前所未有的高度，军队战斗力的提升遇到了"瓶颈"。随着信息技术的迅猛发展及其在军事领域的广泛应用，这一状况发生了根本改变。信息技术把不同空间的作战平台链接成一个整体，C^4ISR 系统的使用，使各军兵种的作战平台、武器系统和指挥控制系统以及后勤保障系统，逐渐形成了一体化的作战体系。战争已不再是各个作战单元、作战要素之间的对抗，而是作战双方建立在各种作战单元、作战要素综合集成基础上的体系和体系的对抗，过去作战要素间边界清晰、联系松散、"各自为战"的情况大大减少，而体系作战的整体效能显著增加，"聚"的内涵已不再是以平台为中心的各自为战，而是功能融合的整体作战，赢得胜利要靠体系的整体性、协调性，打败敌人要靠"破击体系"。一体化联合作战成为基本的作战形式。伊拉克战争中，美军一体化

作战体系与伊拉克的旧体系相比，显示出巨大的整体优势。在关键战役中，伊共和国卫队集结了5000多兵力，至少25辆坦克、70辆装甲车和数量可观的火炮，对美军实施反击。而面对伊军的仅是美第3机步师第69装甲团第3营的1000余人，30辆M1坦克、14辆"布雷德利"战车，人数明显处于劣势，但在"阿帕奇"攻击直升机和固定翼飞机的空中支援下，美军充分发挥联合作战的威力，仅经过3个小时的战斗就全歼了伊军。

一体化联合作战成为未来战争基本作战形式。一体化联合作战不是各种作战力量作战能力的简单相加，而是对所有参战力量最大作战功能之长的有机融合，目的是使作战效能得到最大限度的释放，形成1+1>2的倍增效应。在这样的作战体系中，系统集成和横向一体化成为最关键的要素。武器装备品种再多、规模再大、性能再好，如果不能并入系统，融入科学的体制编制，就很难发挥出最佳战斗力，影响战争胜负。传统的领导管理体制，暴露出层级过多、流程过长、效能低下等弊端。与传统战争相比，现代战争指挥对象多、关系复杂，作战节奏快、周期短，作战行动多样，控制协调困难，对作战指挥、作战组织和管理的要求更高。美国吸纳权力分立与制衡的理念，通过立法形式持续推动国防管理体制转型改革，逐步建立起科学的国防管理体制，并继续调整职能、精简机构、明确职责、理顺关系，压缩总部层级和高级职位。俄罗斯国防管理体制改革，主要是大幅度合并职能交叉和相近部门，取消不必要部门，对各部门职权进行重新分配定位。

四、战争手段精确打击急需超常发展新型作战力量

精确制导武器的出现，使得打击方式从粗放式打击向精确式打击转变，打击方式的变革引起了战争制胜机理重大改变。

精锐力量实施精确作战的特征突出。随着无人、隐形、水下、反导、太空、网络、远程打击、光学、动能、定向能等新质武器陆续问世，新型作战力量成为军事强国竞争的"新宠"。越南战争期间，美军使用的精确制导弹药还只占使用弹药总量的0.2%。 在1991年海湾战争中，精确制导弹药的作用开始得到充分体现。整个战争中，虽然美军使用的精确制导弹药只占消耗弹药总量的8%，但精确制导弹药却摧毁了伊拉克80%的重要目标。伊拉克战争中，美军仅使用了海湾战争1/7的航空弹药就达成了战役目标。精确制导武器在射程上能够达到数百甚至几千公里的情况下，其圆概率误差也仅仅在几米甚至1米以下，这就使在防区外对全纵深目标进行中远程精确打击成为重要的作战方式。

新型作战力量精确释能成为军队未来发展方向。战争作为一种暴力冲突，其实质是能量（包括打击精度、打击毁伤强度、打击速度）的释放，谁能将自己的能量释放到最大，谁就能获取主动、赢得胜利。美英联军在阿富汗、伊拉克战场上之所以能够以绝对的少数战胜绝对的多数，在很大程度上取决于全过程的精确释能——精确情报、精确筹划、精确指挥、精确行动、精确打击、精确评估、精确保障，等等。正是这种精确释能，构成了战争中能量释放方面的"强"。今后一个时期，随着技术的发展，凡是认知科学家能够想到的，纳

2014 年 11 月 15 日，美军参谋长联席会议主席登普西在伊拉克巴格达会见百余名美军人员时讲话

米科学家就能够制造，生物科学家就能够使用，信息科学家就能够监视和控制。智能作战、混合战争、全维战争等各种类型冲突和战争混合出现，新作战样式和战争形态随时刷新。可以说，抓住了新型作战力量建设，抓住了战斗力提高的新增长点，就抓住了军队未来的发展方向。

透过历史的硝烟回首以往，我们可以看到，伴随着人类文明的演进，战争从蒙昧野蛮的血肉之搏、攻城略地的兵戎相见、远涉重洋的殖民掠夺、席卷全球的世界大战，到现代信息技术、联合、精确、智能在局部战争中的激烈角逐，不断推进。这一客观事实告诉我们，战争作为一种特定的复杂的社会现象，不同历史阶段的战争形态与制胜机理，会打造出具有不同历史印记的国防和军队改革蓝图。

大国兴衰与军事变革

马 刚

马 刚

国防大学军事思想与军事历史教研室主任，教授，博士研究生导师，大校军衔。军事思想与军事历史学科带头人，军队创新人才工程拔尖人才。著有《新中国军事外交》《中国人民解放军战略文化》《胜利的启示》等专著。

大国兴衰有何历史规律？ 2500 多年前，中国著名的军事家孙子说，"兵者，国之大事，死生之地，存亡之道，不可不察也"，说的是军队对国家之重要。自 16 世纪以来 500 多年世界大国崛起的历史，对这句名言的诠释，可谓淋漓尽致。历史已经证明，强大的军队是世界大国的立国之所需，强国之利器。

一、英美崛起历史伴随军事改革

世界主要国家崛起的历史表明，当年从平庸中脱颖而出的大国，实际上块头并不巨大无比。所谓"大"，是指实力强大，包括军事力量的强大。这些大国的崛起，无一不是开思想之先河，想别人所未想；强军力以保驾护航，干别人所不能。

比如，从 16 世纪开始崛起的大英帝国，相较于其他崛起的大国，条件先天不足：面积弹丸，人口不多，又地处世界边缘地带，偏于一隅，被排挤于当时世界中心——欧洲的大门之外。但就是这样一个国家，却从欧洲的边缘地带悄然登上世界大国的宝座，称霸世界几百年。它的殖民地遍及亚洲、非洲、美洲、大洋洲，总面积达 930 万平方公里，统治着世界上 3 亿多的人口，造就了一个至今仍让其后人引以为豪的"日不落帝国"。虽然大英帝国崛起的原因是多方面的，但是，其中很重要的因素，是其紧紧抓住世界地理大发现的机会，确立了海洋立国的发展战略，并着力打造了一支与其战略思想相适应的强大的新型军队，特别是强大的海军。

　　国家的战略利益取向、地缘政治以及时代所具有的物质基础条件，决定一个国家要建什么样的军队，也决定能建什么样的军队。在 16 世纪以前，英国长期奉行欧陆扩张政策，其军队建设主要任务是陆战，与当时的法国展开"百年战争"。从 16 世纪之后，英国的国家战略由欧洲大陆转向世界海洋，进而对其原有重陆轻海军队进行改造，建设一支强大的海上力量，也就成为其必然的战略选择，更何况世界第一次工业革命为其军队建设重点的改造提供了坚实的物质基础，创造了有利条件。当时英国的统治者认为，建设强大的海军是英国未来的希望，既可以帮英国防范欧陆国家的跨海入侵，又能够保护海上战略通道，支撑海外殖民扩张。因此，建设强大的海军，建立绝对海上优势，就成为英国几个世纪军事发展重点。在亨利八世时开始创立正规海军，17 世纪开始建设近代职业海军，到了 19 世纪初，英国已经牢牢地把控了世界海上绝对优势，其海军总吨位已经达到 61 万吨，超过其后的法、俄、西三国的总和。

依靠强大的海军，英国清除了崛起道路上诸如西班牙、荷兰和法国等障碍，一跃而起，一鸣惊人。大英帝国也因军队的改造而成为世界海洋大国。19 世纪初，英国乘拿破仑在欧洲大陆征战的时机，在印度洋大举扩张，且大获其利：1806 年占领荷兰人控制的好望角，1814 年从法国人手中夺回毛里求斯，1824 年从荷兰手里抢走了马六甲；这一时期，新加坡也沦为英国的殖民地。其海上霸业一步步推进。有人评价说："英国是维也纳条约以来印度洋上唯一的强国，现在牢牢掌握了印度洋各处的战略要冲；得此海上凭借，它在印度的江山是坐稳了，从此印度洋就比别处更像是英国的一个内湖了。"19 世纪末 20 世纪初，马汉"海权论"中的著名论断——"谁控制了海洋，谁就控制了整个世界"，就是对大英帝国崛起历史的精彩总结和真实写照，也是对英国这次军事革命的充分认可。

像其他领域一样，军事领域的变革不是一成不变的。军队建设如果适应时代的发展要求，能够成就一个大国，相反，大国军队建设因循守旧，不能因时而变，也会断送大国的前程。英国最后由强大走向衰败，正是源于其军队建设忽视军事技术创新导致落在德国之后。二战结束后，1947 年，由于自己军事实力不足，英国主动找到美国，把世界海洋的控制权转交给美国海军。就这样，美国没费一枪一弹，从英国手里接过了海洋控制权，这实际上也意味着西方世界的霸权从英国向美国的一次交接。

世界另一个大国美国的崛起同样得益于其军事改革，把军队建

韩国釜山港，美国海军"乔治·华盛顿"号航空母舰上的战斗机

设的重点由大陆转向海洋。1898 年，美国凭借强大的海上力量，在美西战争中打败了西班牙，控制了加勒比海，并占领了菲律宾。之后又相继吞并了夏威夷、威克岛、关岛等重要战略要地，开启了对外扩张的进程。除此之外，世界其他大国，诸如德国、日本、苏联等国的崛起，也都无一例外地得益于及时有效的军事改革，建立一支能够牢牢把控时代军事制高点的强大的军队。

由此可以看出，世界大国崛起与同步进行的及时有效的军事变革密不可分，与建立一支强大的军队如影随形。其内在的逻辑关系主要表现在：大国的崛起，实现所追求的战略目标，需要及时调整军队建设的重点，打造一支强大的军事力量，来控制那个时代的世界"制权"，来消除障碍，达成目的。19 世纪大国争夺的是世界海洋的控制权；20 世纪初开始，第一次世界大战和第二次世界大战，争夺的是对世界岛——欧亚大陆的控制权；20 世纪 50 年代争夺的是对核优势的控制权；20 世纪 80 年代开始争夺对太空的控制权。因此，对世界大国而言，建设一支强大的军队，是对世界"制权"控制的保证，而对世界"制权"的获得，又是其实现崛起的前提条件。因此，大国的崛起，与军事力量崛起是同生共荣的，是并肩而行的。没有有效的军事变革，没有军事力量的崛起，就不会有大国的崛起。

二、军事大国注重研究未来战争

今天世界大国在干什么？在信息时代，在和平与发展成为时代主题的时代，虽然世界大战爆发的可能性进一步降低，甚至基本可以排除，但是战争阴影并没有远离人们而去，尤其是花样翻新的各种局部战争，准局部战争，正严重影响和威胁人们和平宁静的生活。为了应对和打赢未来的局部战争，世界主要军事大国都热衷于具有前瞻性的军事变革，推动军队建设转型，打造一支适应未来战争的新型军队。

世界大国对下一场战争的研究方兴未艾。尤其是美国，冷战结束以后拥有世界上最强大的军队，但其对未来战争的研究却最为超前，并且理念上勇于超越自我，敢于否定上一场战争的经验，鼓励用上一场战争的教训来研究推出打赢下一场战争的理论。甚至在打赢海湾战争以后，美军并没有沉湎于世界上第一场信息化条件下局部战争的几乎是"零伤亡"的胜利之中，反而告诫全军，"海湾战争的经验不可复制"，因为那是在一个特殊的时间，一个特殊的地点，与一个特殊的对手，打赢的一场特殊的战争。地球上不会打两场相同的战争，就像地球上没有两片相同的树叶一样。要避免被这场战争的胜利冲昏头脑。美军前陆军参谋长沙利文说，"对过去战争经验进行总结是必要的，因为军事传统本身就是一笔遗产，可以从中汲取营养，但如果把传统的东西作为一个框框将自己禁锢起来，就势必导致军事思维能力的枯竭和创造力的窒息"。

美军对战争的研究进入了塑造战争，即与对手打赢美国式的战争新阶段。美国认为，未来战争将是第四代战争，是混合战争，"是微软与大刀共存，隐形技术与人体炸弹较量的战争"，是"空海一战"。美国前国防部部长盖茨曾经说过，"我们的转型不仅要改变美国，而且还要改变世界的冲突方式，对美国选择的对手，要在美国选择的时间和地点，打赢美国式的战争"。美国前总统小布什也说，美国"维持和平最好的方法，就是根据我们自己的条件来重新定义战争，将美国对和平的影响不仅要投送到全世界，而且要代代相传，延伸到遥远的未来"。

俄罗斯对未来战争的研究也不落后。关于未来到底打什么样的战争，俄原军事学院副院长斯里普琴科早有结论，认为未来战争将是第六代战争，这是一场全新的战争，起决定作用的不再是数量庞大的陆军，也不是导弹、核武器，而是高精度武器、新物理原理武器和电子信息武器。2013 年俄罗斯军方又提出"第七代战争"即网络心理战的观点，认为这种新的战争已经打响，西亚北非颜色革命，就是这种战争形态雏形，利比亚战争就是典型的实战。

三、各国紧锣密鼓推动军事转型

此外，世界主要国家对新形态战争而潜心推进的军事转型更是紧锣密鼓。2001 年美国国防部顶着军方的阻力强力推进军队转型计划。当时美军认为，"美军已是世界上最强大的军队，没必要转型，更何况美军一直在打仗，也没有时间转型"。为此，美国国防部提出要在"转型中作战，作战中转型"的明确要求，指出美军的转型是一场深刻的军事变革，一个大规模创新再造过程，是在不另起炉灶的情况下，不是简单的修补，而是通过对军事机器的"解体大修"，达成整体军事能力的跃升。转型不是渐变，而是突变，甚至可能具有破坏性；转型不是小打小闹，而是全要素的跨越式发展。说白了，美军的转型就是在着力打造一支跟对手打赢一场美国式战争的新型军队。2009 年美国推出"空海一体"理论。如今，美军已经把能力建设目标瞄准网络空间领域，已经把扩大网络空间优势作为巩固"全球领导地位"的重要支柱，声称要像当年拥有核优势那样拥有对网络空间的控制，并已经建成世界上成军最早、规模最大、能力最强的网络战部队。因为"当今时代是电脑骑士纵横驰骋的时代，夺取作战空间控制权的不是炮弹和子弹，而是比特和字节"。美国预言家托夫勒预言说，谁控制了网络空间，谁就能打赢战争的胜利，谁就将控制整个世界。

近年来，俄罗斯的军事转型已经进入柳暗花明状态。在苏联解体后的 20 多年里，俄罗斯的军事改革一直在屡试屡挫、屡挫屡试中艰难摸索。2008 年时任国防部长的谢尔久科夫开启俄罗斯"武装力量新面貌"改革计划，仅用 4 年便取得初步成效。谢尔久科夫对俄军的军队领导指挥体制和军队组织结构进行了"不争论""革命性"的变革，走出了过去拿"发展"当"改革"的误区。其改革的成效突出体现在俄罗斯出兵克里米亚与此前俄格冲突效果的鲜明反差上。俄罗斯外交与国防政策委员会高度评价这次改革，认为"谢尔久科

俄军在俄罗斯首都莫斯科红场举行阅兵仪式，纪念 1941 年红场大阅兵

夫的改革把处于毁灭边缘的俄罗斯军队拉了回来，并使其重新焕发生机。就改革的意义而言，谢尔久科夫的改革，可与历史上彼得一世的军事改革、米留金的军事改革和伏龙芝的军事改革相提并论"。在谈及此次军事改革成功的原因时，谢尔久科夫说："大规模动员型军队就像无底洞，投入再多也不会产生出适应信息时代战争要求的战斗力，以传统的模式准备未来战争，努力越大、危险性就越大。"

除美俄不断在深化研究战争和建设新型军队准备战争外，值得关注的是我国周边有些国家，也都在不同程度地尝试军事变革。一切表明，在冷战已经走进历史20多年的今天，严峻的现实并没有像冷战刚刚结束时人们所想象和所期许的那样，军事手段在解决国家安全中的地位作用相对下降，相反，却在不断上升。主要表现在，冷战后，世界大国使用军事手段解决安全问题的门槛在降低，使用军事手段应对危机的频率在提高，军事威慑已经成为国际斗争和国际热点的新常态。冷战结束后，美国已经打了四场大规模局部战争，俄罗斯四次对外用兵，双方使用军事手段的频率已经远远超出了冷战时期。而且几乎没有哪场国际热点的背后没有军事威慑的影子。

历史是昨天的现实，今天将成为明天的历史。昔日大国崛起的历程渐渐远去，今朝大国竞争博弈正迎面而来。过去的历史已经成为现实的思考，今天我国改革强军虽然路途迢迢，但是我们的执着与坚守，将把明天的历史写就得更好……

军民融合：现代国防安全之盾

姜鲁鸣

姜鲁鸣

国防大学教授，经济学博士，博士生导师，军队战略规划咨询委员会委员，少将军衔。获军队杰出专业技术人才奖、军队院校育才金奖，以及国防大学"杰出教授""全国优秀教师"称号，出版著作30余部。

当近几场信息化战争的硝烟渐渐飘逝之后，人们开始冷静思考：当今世界各主要国家为何对军民融合趋之若鹜？当代中国国防安全又面临哪些实质问题？何以应对？这些问题隐含着今日战争与昨日战争的根本区别，也促使人们不断探寻当代中国国防安全背后的深层问题。

一、军民融合筑牢国防安全

现代国防安全，本质上是靠国家整体实力支撑起来的大国防体系安全。当代中国国防尤其如此。目前我国安全主要面临三个重大变量：复杂的安全生态、艰巨的复兴伟业、剧烈的军事变革。与这种历史背景相对应，中国所要维护的国防安全，集中表现为现实国防安全、基础国防安全和动态国防安全三者的统一。由此决定了维护我国国防安全必须走军民深度融合之路。

（一）应对现实国防安全威胁的重大方略

我国国防安全总体态势为：国家领土主权安全与国家战略利益拓展相互交织；国防安全与国内安全稳定相互交织；传统领域安全与新兴领域安全相互交织；军事安全与其他安全相互交织；现实安全与潜在安全相互交织。

这五个相互交织，说明国防安全的内涵和外延发生了深刻变化，内在要求我军使命任务有"四个拓展"：从维护生存利益向维护发展利益拓展；从打赢战争向多样化军事任务拓展；从维护领土、领海、领空安全向维护海洋、太空、网络电磁空间等新型安全领域拓展；从守疆卫土向维护国家海外利益拓展。与此相应，要求我们具有相应的战略能力。

由于种种原因，面对复杂多元的国家安全需求，我军现有能力仍存在明显短板，"两个差距很大"和"两个能力不够"的矛盾十分突出。从根本上解决这些矛盾问题，一个重要途径就是推动军民融合深度发展。

从根本上说，信息化战争时期的国防安全根源于以国家整体实力支撑的体系对抗优势。与历史上任何一种战争形态截然不同，寻求军民融合是信息化战争的"天性"。据统计，一战时期，武器装备研制涉及的工业行业技术门类数以十计；二战时期，扩展到数以百计；到海湾战争时期，则是数以千计。近些年来，美、英、法、德、日等主要发达国家军事专用技术比重越来越低，目前已不到15%，军民通用技术已超过 80%，军队信息化建设 80% 以上的技术均来自民用信息系统。时至今日，现代军事体系能力生成主要集中于军事信息系统、信息化武器装备系统、信息化支撑环境三大系统，所需要的资源几乎覆盖了整个国家的战略资源，使人类创造财富的活动与捍卫自身安全的活动水乳交融，赋予现代战争小打大备、小攻大防、小行动大保障等特征。可以说，基于信息系统的体系作战能力，其根基已经深深植入经济社会的沃土之中。由此，信息化条件下的体系对抗，已不仅仅是敌对的军事体系的直接对抗和较量，更加鲜明地表现为以国家整体实力为基础的大体系对抗。这就要求军民融合。只有实现军民深度融合，才能有效解决我军现代化建设面临的主要矛盾，加快转变战斗力生成模式，进而加快中国特色军事力量体系的生成。

（二）实现可持续性国防安全的基础工程

可持续的国防安全就是长期的国防安全。其含义有二：一是国防和军队建设背后始终有一个强大的综合国力；二是两大建设之间能够良性互动，产生"效益合力"。

"国不富不可以养兵，兵不强不可以摧敌。"古今中外民族兴替沉浮的历史证明，安全是发展的前提，发展是安全的物质基础。在资源有限，而经济和国防都愈加重要的情况下，"黄油"和"大炮"如何兼得？1500 年以来，几乎每次大国的崛起都为之付出过惨重代价。当前，世界主要国家在综合国力竞争中，大力推进军民融合或军民一体化，以实现军事能力整体跃升和国家经济实力增强的双赢，进而实现可持续国防安全。主要做法：通过不断完善制度推进军民一体化；用军民两用技术推进国防信息化建设；用体系作战需求牵引国防工业发展；用军事外包保障军队后勤；依托地方大学培养军官；基础设施建设贯彻军事要求。这些方面的举措，有力提升了军队战斗力。美军在海湾战争之前 200 多年的 10 次大规模军事行动中，承包商等人员数量只有作战人员的 1/6～1/3。到伊拉克和阿富汗战争时期，其承包商等人员比重迅速增长，总人数已远远超过作战人员。

我国正处于中华民族复兴的关键时期。在实现民族复兴的漫长进程中，我们将始终面临着一系列特殊的制约因素。这些制约因素可以从不同角度观察：作为正在崛起的国家，要应对来自以美国为首的西方国家对中国战略发展空间的打压、遏制和排挤；作为一个周边安全环境不稳定的国家，面临着世界上最为复杂的大国地缘政治生态环境；作为当代最有影响的社会主义国家，要始终面对来自西方世界的"西化""分化""妖魔化"等种种挑战；作为不结盟国家，没有他国或军事联盟的军力联合或保护，需要独立发展防卫力量；作为一个自然灾害频发的国家和经济社会转型的国家，抢险救灾、应对突发事件的任务格外繁重；作为一个拥有 50 多个民族的国家，要始终面对民族分裂势力的严峻挑战；作为一个由传统经济向现代经济转变的后发国家，在经历一个经济粗放发展和量的急剧扩张之后，需要实现经济结构转型升级；作为一个科学技术水平相对落后的国家，始终面临提高自主创新能力、增强信息时代的国家核心竞争力的压力；等等。

应对这些安全和发展难题，必须坚持富国强军统一，必须走军民融合深度发展之路。一方面，只有实现军民深度融合才能加快转变战斗力生成模式，有效破解强军难题。另一方面，也只有实现军民深度融合，才能最大限度地发挥国防和军队建设在刺激增长、促进转型、增加就业、孵化高新技术等方面的重要作用。我国船舶制造业为什么会超过韩国、日本而位居世界第一？主要原因在于军用船舶业几十年的持续拉动。反过来，不断强大的船舶工业，又会反哺国防和军队建设。一旦国家建立了这种大的良性循环系统，就能有效化解"大炮"与"黄油"的矛盾，进而做大做强国防和军队建

解放军某电磁频谱管理中心仿真室技术人员在空军某部开展用频装备频谱参数核查和电磁环境采集

设的经济基础。

这对统筹国家发展与安全全局极为重要。党的十八大提出国防和军队建设要有一个大发展，但国防投入增长的空间已经十分有限。也就是说，在今后相当长一个时期里，我国经济社会建设任务十分繁重，国防和军队建设任务同样十分繁重，这两个"十分繁重"决定了推进军民融合深度发展是我们唯一的选择。如果不能实现军民深度融合，国家就要用军民两大资源系统分别进行两大建设，结果肯定是成本高、效果差、体系对抗能力建立不起来，富国强军自然就实现不了，民族复兴进程就要艰难、漫长得多。

（三）实现动态国防安全的根本保障

在军事大变革中各国军事改革的相对速度、深度和广度各不相同，最容易产生动态国防安全问题。从人类已经发生的几次大的军事变革看，军队转型都是先从技术和武器装备的器物层面开始，发展到体制、编制等组织层面，最后再引发思维方式、作战和发展理念等文化层面。而且，一次大的军事革命往往是持续性的，要经过几次技术—体制—理念的次级革命才能完成。目前发达国家的新军事革命，正处于第二个次级革命之中，美军称之为"二次转型"。"二次转型"的显著特点，是改革与融合密切联动，共同打造新型战争机器。启动二次转型的，是"颠覆性技术"。

当前，一系列"颠覆性技术"闪耀登场，格外引人注目。大数据、云计算、物联网引发新的网络电磁空间革命；3D打印使军队利用可用材料就地"打印"特定装备和部件，将根本改变国防工业模式；纳米技术将推动材料科学、医学和战争领域的显著进展；合成生物学和基因组学的进展将部分改变人体机能，可能影响对抗双方军事力量和潜力对比；无人机、机器人等自主和半自主系统将给情报、监视、侦察、体系对抗及反恐作战带来革命性变化；定向能武器特别是激光武器等，极有可能影响未来战争形态演变的走向。

这些颠覆性技术主要是通过军民融合推动的。目前，主要国家的推动手段为：调整体制，积极应对各种潜在的"技术突袭"；对核心前沿技术创新项目进行前瞻布局、密集投资；构建向全社会开放的军产学研协同创新体系；充分发挥小型民用技术企业的创新作用。一向为人们所熟知的因特网、隐身技术、全球鹰、X37B、X45等重大技术或平台，主要是通过充分发掘民智民力和军民协同创新实现的。

可以说，目前各主要国家围绕抢占新军事革命的制高点正在展开殊死的竞争。竞争的实质是对未来20～30年国防安全主导权的争夺，背后是现代国防安全的理念与理念的交锋、体制与体制的竞赛，比拼的是制度，看谁的制度更具适应性，更具变革能力，更能通过融合凝聚国家意志和全社会力量支撑和孵化颠覆性技术创新。在这种激烈竞争中，不融合则败，慢融合浅融合也会败。如果不能在军民深度融合上取得重大突破，就不可能根本改变我国跟踪模仿型发展模式的困境，国防安全就将失去最核心的支撑能力，我们就会在这场争夺未来国防安全主导权的竞争中败下阵来。

可见，要全方位维护我国国防安全，建设巩固国防和强大军队，必须运用技术最先进、成本最经济、来源最稳定和最具可持续性的物质力量，这就只能而且必须将国防和军队建设深深融入国家经济社会大体系，走军民融合深度发展之路。

二、军民融合面临发展屏障

推动军民融合深度发展，本质上是打破军民界限，在整个国家利益平台上整合利益关系的过程。当前，我国军民融合发展正面临突破屏障的关键时期。

从发展阶段上看，我国军民融合刚进入由初步融合向深度融合的过渡阶段。经过多年发展，我国军民融合已上升为国家战略，统筹经济建设和国防建设已纳入国家经济社会发展规划，军地协调等体制机制建设有了局部性突破，武器装备科研生产、人才培养、军队保障、国防动员、基础设施等重点融合领域建设全面提速，新兴融合领域建设强力启动。

但是，各主要领域军民融合还远未实现深度融合。据有关研究，我国装备研制的军民融合度还比较低，而据美国防部 2000 年报告，美国已基本实现了军工科研生产与国家工业基础的一体化。从依托国民教育培养军事人才情况看，近些年依托国民教育培养的比率一直稳定在 25% ～ 30%，而美、英、德、法、俄等军队的这一比率一般在 70% 以上。从军队保障社会化情况看，近年来进展缓慢，基本上停留在五六年前的水平，而美军在近几场现代战争中 80% 以上的后勤技术保障人员都来自承包商和预备役力量，基本实现了保障社会化。

这说明，我国军民融合的层次还比较低，融合的范围还比较窄，融合的程度还比较浅，与"能打仗、打胜仗"强军目标相比，与全方位维护国防安全的要求相比，与世界主要国家的军民深度融合相比，还存在相当的差距。客观地说，迄今为止重要的融合进展，主要发生在一些利益格局相对简单、矛盾纠葛比较少的领域和环节。推动军民深度融合发展，还面临着思想认识、体制机制、政策法规等一系列矛盾问题，军民融合尚处在攻坚克难的深水区。

历史地看，在新中国成立后很长一段时期，我国一直实行党政军一体、平战一体的国防建设模式，较好满足了计划经济条件下的国防建设需要。改革开放以来，党和国家工作重心转向经济发展，在经历了多次政府机构改革之后，政府职能聚焦于经济建设，对国防建设的领导和管理职能出现了分化弱化。

最突出的问题是相关领导管理体制不够完善。与发达国家军民一体化经历了一个长期的自然发育过程不同，我国的军民融合总体上带有一定的赶超性质，这就决定了我国的军民融合特别需要国家主导，特别需要一个权威机构来协调管理、强力推动。而目前这恰恰是我们的"短板"。这些年来我国军民融合之所以不尽如人意，之所以"纳而不入""融而不合"，重要根源之一是领导管理体制不完善。虽然目前我们在几个融合重点领域建立了一些跨军地、跨部门的协调机构，但这些机构充其量只是起一个牵头、协调、沟通作用，基本上没有决策权和监督管理权，难以对军地之间、政府各职能部门之间的不同政策进行高效整合。由于缺乏国家层面抓总的权威机构，在实际工作中往往是同一件事多个部门都在管又都说了不算，结果是各部门都从自身利益最大化出发，与其他部门进行讨价还价式的利益博弈，最终达成一种效率效益不高但却能为各方接受的平衡方案。很多军民融合的重大项目建设就在这种扯皮、推诿和平衡中被消解于无形。

与此相应，军民融合机制不够健全。一些政府部门并不知道军方究竟需要什么，而军方对于地方有哪些重点建设项目、有哪些可用资源和先进技术往往也不清楚。这反映了军民融合需求对接机制的缺失。在资源共享机制上，存在着底数不清、渠道不畅、技术标准不协调、补偿机制不健全等问题，使军民之间自成体系、重复建设的问题迟迟得不到解决，造成了社会资源的巨大浪费。在监督评估机制上，还存在评估主体不明确、指标体系不完备、程序不规范等问题，导致了"融与不融一个样、融好融坏一个样"。不着力解决这些机制问题，我国军民融合就难以实现由"入"转"合"的问题，军民融合只能在低层次上徘徊。

相关政策法规和标准规范建设相对滞后的问题也比较突出。目前的政策法规，大多是由职能部门根据实际工作需求各自制定的，缺乏统一规划和设计。在武器装备科研生产方面，虽然已经出台了鼓励非公有制经济参与军工生产的基本政策，但在税收、信贷、信息等方面，还没有形成相应的政策规定，民营高新技术企业进入军工领域的门槛比较高，在一定程度上挫伤了民营企业从事武器装备科研生产的积极性。在军队人才培养依托国民教育、军队保障社会化等方面，相关政策法规建设也比较薄弱。同时，相关的标准监管体系也不够协调。在军民融合进程中，标准问题不单是一个技术问题，而且是一个战略问题。只有军用标准与民用标准相匹配、相协调，才能有效推进武器装备科研生产体系的军民融合。目前，我国很多民用高新技术企业在电子信息、新材料、新能源等领域的技术水平已超过了军工单位，很多军用标准也已经失去了先进性，修订完善军用标准任务十分繁重。

形成上述问题的主要根源，在于利益结构固化。过去我们在传统经济和机械化战争实践中所形成的互不往来的军地两大建设系统，在军民融合时代仍表现出强大的运行惯性，这既表现在思想情感、体制机制、工作套路上，更反映在相应的利益关系上，对军民融合深度发展构成了种种无形阻力。

总体上看，发达国家已处在军民深度融合期，而我国军民融合发展还处在打破军民分割、由初步融合向深度融合的过渡阶段。这将意味着：如果现在一旦发生战争，我们只能以国家部分实力支撑的国防，来对抗以国家整体实力为支撑的西方大国军事体系，就会在国防和军队建设上继续拉大与世界新军事变革先行国家的差距，还会严重损害国家核心竞争力和可持续发展力。一句话，没有军民深度融合，我们将在现实国防安全、基础国防安全和动态国防安全上失去战略主导权，后果不堪设想。

三、军民融合呼唤制度变革

　　我国军民融合发展的总目标已经明确，即加快形成全要素、多领域、高效益的军民深度融合发展格局。其中，"全要素"强调的是融合的资源形式，要求实现信息、技术、人才、资本、设施、服务等各类生产因素和创新要素在两大体系之间的共享共用和渗透兼容。"多领域"强调的是融合的范围领域，要求中国特色现代军事力量体系建设的诸领域，与经济社会发展的诸领域实现深度融合。"高效益"强调的是融合效果，要求军地资源互通互补，实现经济建设和国防建设共用一个兼容的经济技术基础，最终实现经济建设的国防效益最大化和国防建设的经济效益最大化。

　　实现这一目标任务艰巨，但首先需要澄清一个认识。对国防和军队而言，深度融合是什么？是借用民力解决军队问题吗？不是！它最本质的东西，是消除军内军外一切妨碍体系作战能力生成的条条块块和融合障碍，实现两个"贯通"：首先在军队内部基本消除各竖烟囱的格局，真正形成统一规划、统一融合需求、统一资源配置，实现"军内贯通"；在这个基础上，再消除军地之间相互隔离的格局，实现"军地贯通"。这样才能根本解决"军队多头提需求、军地分散搞对接"问题，才能加快形成体系作战能力，否则，投得再多、融的资源再多，都是没有效益的，甚至是负效益的。

　　看来，军民融合深度发展的价值指向，不仅是解决军地两张皮，更重要的是解决地方多张皮、军队多张皮的问题。显然，完成这一任务是很艰难的。

　　出路何在？党和国家已经提出十分明确和正确的大政方针，即着眼于贯彻军民融合发展战略，推进跨军地重大改革任务，推动经济建设和国防建设融合发展。同时，进一步明确要努力形成统一领导、军地协调、顺畅高效的组织管理体系，国家主导、需求牵引、市场运作相统一的工作运行体系，系统完备、衔接配套、有效激励的政策制度体系。毫无疑问，要使这个"三位一体"的制度体系具有真实的生命力，特别需要深入研究这些制度背后的深层元素。其中，国家主导、市场运作、文化支撑这三者最为紧要。

第一，国家主导。奥尔森在《国家的兴衰》一书中指出，任何一个国家，只要有足够长时间的政治稳定，就会出现特殊利益集团，最终慢慢导致这个国家的经济、社会、行政、法律等方面的体制、政策、组织，变成最符合特殊利益集团需求的安排，使得该国发展的新动力越来越被抑制，各个部门越来越僵化，最终，导致国家的衰落。这个思想无疑是深刻的。推动军民融合，最重要的就是用党和国家的意志贯彻力破解利益屏障，在国家治理现代化的基础上实现经济和国防两大建设的融合发展。如果国家不能有效破解军民分离二元结构，未来一旦遭遇战事，我们国家能力很可能就是"一麻袋土豆"，很难快速聚合资源形成有效战争能力，恐怕只能陷入"有资源无力量、有实力无能力"的境地。

在国家主导前景上，我们应当充满信心。从根本上说，虽同为利益集团，中国不同于西方。我们正在形成跨军地、跨领域、跨部门、跨地区的强势统筹体制机制，前景光明。

第二，市场运作。市场机制在促成相关融合制度发挥效力方面具有奇效。国防人人有责，但贯彻了我又不让你吃亏，甚至还能赢利，这就是市场经济条件下推进融合的基本法则。美军在伊拉克战争和阿富汗战争中为保障军队，征募了很多地方专业人员，薪金是国内同类人员薪酬的 2.5 倍，体现了市场经济条件下推进军民融合的基本要求。这说明，市场经济条件下推进融合，必须实现参与各方的利益共赢。道理很简单：融合代表全局利益，但它有成本。如果一个企业、一个地区在融合中只让他付出而没有补偿和回报，这样的融合是不可能持久的。我国军民融合涉及很多主体，如中央政府、地方政府、军队、军工企业、民用企业、中介组织、社团甚至自然人，他们的利益诉求各不相同。过去我们在调节这些主体的利益关系时，往往行政手段用得多，经济手段尤其是市场经济的手段用得还比较少。在这方面，最突出的问题是：在军民融合相关政策设计上，我们并没有把有利于全局利益的融合发展，真正转化为各部门、各地区、各单位的利益驱动。如果不解决好这个问题，军民融合发展所增加的那部分成本就会因为无人承担而陷入扯皮。所以，要把体现国家利益的军民融合转化为各局部利益体都能接受和乐于推进的工作格局，就必须找到全局利益与各局部利益的相对均衡点，并从这个相对均衡点出发制定政策，采用包括市场方法在内的综合手段调节各主体关系。做不到这一点，就会出现各种抵抗国家意志的潜规则，就会"上有政策，下有对策"，长此以往就会导致军民融合战略的流产。

第三，文化支撑。要实现军民融合，首先要具备融合的观念和社会心理。只有具备了深度融合的思想观念和相应的社会心理，军民融合才能为社会接受和认同，才能内化于心、外化于行。在我国，包括军民融合在内的很多制度建设，都有一种值得思考的现象。一些在当今世界很有效的制度，一旦我们实行起来就不那么灵了，往往会发生"制度变异"或"制度失灵"。这种现象在军民融合过程中也时有发生。

事实证明，如果一个国家的人民缺乏一种能赋予这些制度以真实生命力的广泛的现代心理基础，如果执行和运用这些现代制度的人，自身还没有从心理、思想、态度和行为方式上经历一个向现代化的转变，失败和畸形发展的悲剧是不可避免的。归根到底，文化与制度是一对关联性很强的范畴。没有相应文化支撑的制度只会是一个没有灵魂的制度空壳。

今天，我国军民融合的思想文化建设还有相当大的缺口。一方面，国防部门存在融合观念薄弱的问题。有的把军队作战能力的生成看作是国防和军队自身范围内的循环，不能适应信息化条件下战斗力生成模式转变的需要，从国家经济和社会发展的深刻变化中开辟战斗力生成的新途径；有的还没有完全跳出自我建设、自我管理、自我保障的误区。另一方面，近些年来，整个社会的国防和融合意识虽然有所强化，但距离军民融合深度发展的要求依然存在较大差距，突出表现为"两个淡薄"和"两个缺失"，即融合观念淡薄和国防意识淡薄，而这"两个淡薄"对应着现代战略文化的缺失和整个民族忧患意识的缺失。从根本上说，我国还缺乏一种将国家发展

无人机方队接受检阅

与安全视为一体的战略文化和社会心理，国家整体利益与多元化主体利益之间也存在摩擦和冲突。如何在市场经济和全球化背景下有效培育现代国防意识和军民融合发展理念，是摆在我们面前的一大课题。要使军民融合制度具有强大生命力，必须培养法制文化理念、军民融合理念和现代国防意识。

总之，只有深入实施军民融合发展战略，坚持经济建设和国防建设融合发展，才能源源不断地获取维护现代国防安全的强大物质力量、精神力量、制度力量，才能在国家由大向强的进程中提供最强有力的安全保障。

联合文化——联合作战的"软实力"

田义伟

田义伟

军事科学院外国军事研究部助理研究员，上校军衔，曾在野战部队、省军区部队、大军区级政治机关任职，2次荣立二等功，6次荣立三等功，先后在媒体刊发理论文章30余篇。

纵观世界各国军队改革，无论改革方案论证得如何科学，组织实施如何严密，新建的指挥体制总要经历从搭建到适应、从适应到磨合、从磨合到完善、从完善到有序运转的螺旋式上升过程，新的领导管理模式都要经历由分散到集中、从粗放到系统的逐步转换升级，新的作战力量组合也要逐步打破思想观念障碍、消除军兵种隔阂，跨过"形联"到"意合"的每一道槛，最终形成形神一体的"合众为一"。各国军队解决这些改革中问题的思路措施各异，但紧紧依靠文化的引领推动均是从始至终的重要选择。外军普遍注重在保持军种文化特色的同时，积极发挥文化软实力对于联合作战能力生成的引领和支撑作用，塑造联合作战的主流精神，树立牢固的联合制胜作战理念和价值观念，最大限度打破思想观念障碍，消除军兵种文化隔阂，形成强烈的联合意识、深厚的联合情感和高度的联合自觉，推动不同兵种、单位、部门、领域的官兵融为一体。

一、理论创新聚焦联合作战文化认同

近年来世界各国的军队改革，大都涉及军队体制、结构、体系和政策深层调整，改革目标的宏大性、领域的广泛性、变化的深刻性，都对各自军队、军人原有思想和行为方式、情感归属和利益关系产生了重大冲击。没有思想共识，没有上下同心，没有行动一致，没有力量凝聚，就不会顺利实现改革目标。而这一切，都离不开深厚而自觉的文化认同来支撑。世界各国军队普遍注意建设文化认同，以促进军队人员形成与国家民族或集体的前途命运血肉相连、生死相依的归宿感，实现对主流价值观念的深沉信仰与坚守，对重大集体利益的坚决维护，对重大决策部署的自觉参与和坚决执行。

1993 年，是美军第三轮联合作战指挥体制改革启动的第 7 年。这一年，美军创立了《联合部队季刊》，时任参联会主席鲍威尔在发刊词中写道：《联合部队季刊》的目的是传递联合部队信息，交流联合思想，讨论联合作战的真知灼见，传递联合部队的文化。此外，各军兵种在各自创办的刊物上通过专栏形式刊载文章，讨论美军联合部队和联合文化的建设问题。不同观念的碰撞推动了美军军种文化的融合和联合文化的发展。就拿"联合"的含义来说，《戈德华特－尼科尔斯法案》强调对部队的结构改革；前参联会主席鲍威尔把"联合"视作各军种间的团队协作；前参议院军事委员会主席纳恩则是为了减少部队承担的过多作用。美国国防大学第七任校长保罗·塞尔姜在《军种认同与联合文化》中指出，"联合文化"是对军种文化进行调和，"可以减少联合行动中的摩擦"，灵活平衡、良性竞争的军种文化是"联合文化"的真谛。但也有学者对联合文化建设发表了不同看法，譬如，詹姆斯·莱因哈德认为，"过分强调联合文化存在限制思考或导致群体思维的危险"。大卫·福托也质疑："过多地提倡联合文化是否会压制甚至消灭军种文化，是否会因形成从众思维而降低各军种部队的作战效能？"不难看出，美军是在通过理论创新推动各军种对联合作战观念的认同。俄、英、法、德等军事强国也采取多种方式建设"联合文化"，通过强化深层文化认同解决新组建单位之间面和心不和、形合意不合等现实问题，减少军种之间的各种摩擦，加速联合作战能力的融合与形成，实现形和神、标与本、表及里的深层转型。

"文化决定人的行为、人的态度、人的价值观和人的信仰。"因而，要想实现力量和行动上的联合或一体化，通过文化层面上的努力，首先培育出联合的观念和思维，从而改变军队人员的态度和行为，是至关重要的。因此，世界许多国家军队都强调，各军种、各部队要把联合训练放在优先的位置，着重培养指挥员跨军种、兵种、部门的协同意识和能力，强调从基础的单兵训练开始，就向士兵灌输"本能的联合思维"，使指挥员和士兵充分认识到自己是联合部队的一员，是整体作战力量的一分子，自觉地从联合的角度思考问题，采取行动。以美军的联合作战为例，在经历了消除军种冲突，弥合军种缝隙两个阶段后，现正处于多军种能力无缝隙融合阶段，向着内聚式联合发展。美军试图把一切作战力量，无论是有形无形，都联合在一起，构成融合的整体。这种努力，可以说就是一种文化价值取向或行为模式。美军2013年颁布的第1号联合出版物指出："联合部队是以价值观为基础的组织机构，指挥官的品格、职业精神以及价值观对实施联合作战至关重要。"关于联合部队的价值观，该出版物明确界定为"职责、荣誉、勇气、正直和无私奉献"，并强调，联合部队价值观是美军军人的"名片"，美军武装部队所有成员都应将它们"内化于心、外化于行"。具体来说，"职责"位居价值观之首，它将所有美军军人维系在一起，传递着军人作为宪法捍卫者和国家公务员的道德责任和义务。"荣誉"是从伦理道义上界定军人完成职责的行为准则。在伦理道德上率先垂范；永不说谎、偷盗或欺骗；坚决执行诚实准则；尊重他人尊严；彼此尊重照顾，等等。"勇气"包括身体勇气和道义勇气。身体勇气显示出勇士的特征，可以直面痛苦、艰难和死亡；道义勇气指的是面对普遍反对或阻止时能够采取正确的行动，包括挺身而出坚持正义。"正直"是指诚实并坚持道义原则的素养，它是一个人品格的基础，也是建立人际信任的基石。"无私奉献"体现了一个人将国家、军队使命以及他人摆在个人利益之前的素养；军人服役的目的不是追求名望、地位和金钱，他们为了大众的利益而牺牲自我。美军联合部队要求其所有成员遵守联合价值观，因为"联合价值观体现了对联合作战的态度，能够在协同中扩大个人行动的效果"。

俄军高度重视联合作战理论研究对联合作战的牵引，认为构建联合作战理论，不是某一部门或某一军种的任务，而是各军兵种共同的责任与权力，没有各军兵种平等的共同参与就不会形成真正的联合作战理论。2010 年底，俄军集中力量编撰、颁布了新一代条令、大纲、教程、标准汇编等，规范和统一了联合训练的各项制度。俄军注重吸收各部门、各类人员参与联合研究，国防部、总参谋部、各军兵种总部广泛参与，退役将领、知名军事专家、学者等也都积极参加讨论，确保了联合研究的广度和深度。虽然出现了意见不一、激烈争论等情况，甚至有的高级军官因强烈反对而被解职，但是，依据研究成果而进行的建设和改革得以强势推进。

二、思想塑造紧盯联合作战需求

信息化条件下的现代战争已经进入"秒杀时代"，战争制胜背景更加复杂，政治与军事、国际与国内、传统安全与非传统安全、一个战略方向与其他战略方向等密切传导联动，唯有具备联合视野、联合意识和联合思维才能运筹把握；战场制胜力量深刻变化，由"物质＋能量"向"信息＋网络"、"武器＋技术"向"体系＋智能"、"数量＋集群"向"精兵＋联合"转换，亟须构建联合知识、理论和价值系统与之相匹配；人的制胜作用更加凸显，信息系统的互通共享使指战员的能动作用空前放大，也要求更加强化联合意志品质，更加具备联合指挥谋略，更加提升联合战法技能。上述这些是现代战争的制胜机理，也是世界各国军队在改革中着力塑造思想品格的文化建设原则。

美军聚焦部队道德素养的联合品格塑造。美军第 1 号联合出版物指出，联合部队的品格指的是构成联合部队个体成员素质的一组特征和特性，是价值观在道德和伦理上的体现。联合条令强调，在处理与美国人民的关系，以及在处理联合部队成员之间的相互关系时，品格发挥着中心作用。"品格可以通过终身学习而获得，内含于职业军事教育之中。"品格要素包括：（1）诚实。军人之间要彼此信赖、心口如一、言行一致，这是在联合行动中建立信任的基石。（2）能力。履职尽责能力是维系军民关系的核心，可以使领导者与部属之间产生凝聚力。（3）勇气。即使在以先进技术为特征的现代战争中，个人战斗精神和勇气仍然是联合作战的力量源泉。（4）坚持原则、不怕非议、勇担风险。（5）协作意识。这是美军建立联合高效作战部队的坚实基础。美国陆军《领导力条令》也指出，"品格，即个人道德和伦理素质。它给予领导者在任何情况和后果下实施适当行为的动力"。因此，美军联合部队建设十分强调"坚强品格"的塑造，认为它不仅是美军联合部队的"能力保障"，也是对美军指挥官的"素质要求"。美军还注重强化成员间合作关系的团队精神。美军联合条令指出，"美国武装部队是一个团队，威慑敌人、赢得国家战争是团队的共同目标"。条令强调，要建立团队意识，实现团队合作，团队成员必须致力于三方面努力：一是信任和自信。"信任和自信"对于共同努力取得实效非常关键，"团队成员相互之间的信任以及自信是建立高效团队的基础"。二是授权。成功的团队协作需要合理授权，也就是赋予他人相应的责任。这是建立信任、维持信任的必要手段，也是成功团队的典型特征。三是合作。现代联合作战的显著特点就是重视团队内部成员间的相互合作，没有合作就无法达到"合众为一"的效果，也无法取得预期的联合作战效能。在联合部队团队建设中，美军要求官兵遵循的原则也在不断丰富和完善。2000 年第 1 号出版物《美国武装部队的联合作战》规定了团队建设的四条原则：（1）彼此尊重。团队成员必须尊重每个合作伙伴的文化、宗教、生活习俗、历史传统及价值观念。（2）融洽关系。和谐的人际关系有助于团队成员的相互配合以及团队的统一行动。（3）相互了解。"知己知彼"不仅适用于敌我之间，也适用于团队成员之间。（4）保持耐心。团队成员之间建立尊重、融洽关系以及增进了解需要时间，在完成共同任务中寻找最佳方法也需要时间，因此保持耐心至关重要。从 2013 年起，第 1 号出版物又增加了第五条，即"协作配合"。团队成员必须提升联合作战的协同能力，提高作战行动中的信息分享能力。

联合作战与传统作战样式的一个重要差异，就是思维方式的不同。传统的思维方式强调"纵向一体"，而联合作战思维方式强调的则是"全位一体"，主张发挥各军兵种优长，协调运用各种作战力量，强化群体意识，实施体系作战。美军认为在形成联合作战能力过程中，联合作战思维方式将成为自觉的思维方式，这种自觉的思维方式不是凭空产生的，而是在联合作战知识结构和战斗力生成模式转变实践的基础上形成的。俄军认为联合作战思维品质作为一种深入的联合作战文化思维方式，对于形成联合作战能力，对于深化国防和军队改革起着潜移默化的作用。美、俄两军都把提升官兵特别是指挥员思维品质作为形成联合作战能力的前提来看待，下功夫抓好官兵特别是联合作战指挥人才的思维品质培育。俄军在改革中注重帮助官兵变传统的军种内"纵向"考虑问题的思维方式为跨越军种界限的"全方位"联合作战思维方式，强化群体意识，注重体系作战，使联合、整体的思维方式成为指挥员的自觉选择。

三、知识体系围绕联合作战架构

联合作战知识体系，揭示联合作战规律，为联合作战能力建设提供智力支撑。没有联合的知识体系，便难以孕育联合作战能力。联合作战知识体系是从文化层面促进联合作战能力形成的基础，是对联合作战及其相关事物及过程的属性、本质、规律的认知和经验的集合。一般而言，联合作战知识体系主要包括：联合作战历史经验、联合作战力量建设、联合作战训练演习、联合作战指挥体制、联合作战武器装备、联合作战信息系统、联合作战指挥协同、联合作战后勤保障等，它们是联合作战文化传承、发挥作用的具体层面。构建联合作战知识体系，应注重构建信息系统纽带所必需的科技知识体系，系统建立基本的信息理论、信息技术和信息装备知识，以及电磁频谱、指挥控制、军事通信、计算机应用和信息获取、处理、决策、运筹、对抗等知识体系。注重构建适应体系作战要求的联合作战理论体系，系统建立一体化联合作战、联合指挥、联合训练和联合保障知识等知识体系。注重构建形成作战合力所必需的综合知识体系，系统建立战略学、运筹学、谋略学及其相关知识体系。

美军十分重视基于学习和共享的联合作战知识体系建立。美军联合出版物指出，所谓"联合知识共享"，就是要创造一种能够鼓励知识共享和信息共享的机构文化，以实现对知识和信息的共同理解。要实现知识共享，必须支持团队的学习活动，构建支持性的学习环境。联合条令认为，信息与知识存在差异：前者具有结构性或非结构性特征，可以被采集、处理和储存，譬如报告或数据库；后者则通过认知过程，存在于个体的大脑之中。知识共享的典型形式是以一种活动发生于某一学习环境之中。因此，部队学习环境的营造尤其重要，美军《领导力条令》认为，对学习型机构来说，良好学习环境的实现途径包括：基于团队实际，抛弃不合时宜的方法和程序，采用人才培养服务联合作战实践的新的方法和程序，更加高效有力地完成任务；领导者发挥直接影响力，营造一种学习氛围，鼓励官兵学习；支持官兵的培训和教育机会。美国陆军条令界定了陆军指挥官需要掌握的四个方面知识：战术知识、技术知识、联合作战知识、文化和地缘政治知识。其中联合作战知识包括熟悉联军的行动步骤以及他们在国防中的作用。

加强联合技能方面的知识体系建设是美军文化建设的另一个特点。美军联合条令指出，技能是军人职业的核心，是军人履行职责的依托。联合技能既包括技术能力，即按标准完成相关任务的能力，也包括依据联合条令执行任务的能力。领导联合作战行动的人必须协调不同部队作为联合部队顺畅运转。条令强调指出，"成功的联合行动取决于每一个军种提供训练有素的、有能力的自信的部队和领导者，能够在联合部队指挥官的领导下果断作战"。在如今纷繁复杂的作战环境中，要实现美国的战略目标，联合部队必须具备批判性思维力和创造性思考力。美军各兵种部队在教育和培训他们的军官队伍学习各自兵种专业知识以及联合事务的同时，也在不断努力打造"全能军官"。譬如，美国陆军要求其指挥官不仅能够在传统的指挥系统中发挥影响力，而且能够超越传统范围，掌握现代战争所需要的复合型能力。指挥官必须具备良好的概念性能力、突出的抗压能力和恰当的外交影响能力，不仅是带兵人，而且是理论家、政治家和外交家。

四、军事教育服务联合作战人才培养

全面培育联合作战指挥人才、联合作战信息化训练管理人才、联合作战信息技术专业人才，推进高素质联合作战人才队伍建设，是世界各国军队改革中在文化层面促进联合作战能力形成的基本途径。俄军把培养联合作战人才作为军事文化的优先发展方向。认为军队院校是军事人才培养的基地，是孕育联合文化的摇篮，对联合文化的发展起到引领示范作用。俄军为拓展学员的知识结构，增进军种之间的相互了解，消除"门户之见"，对军事教育体制进行了重大改革，强化构建初、中、高级联合教育体制，在全程提升联合作战指挥能力的同时，全程积淀联合文化的底蕴。2008 年底，俄军

开始对军事教育体系进行全面整合，正如俄总统普京所指出："军事教育正在经历重大改革。我们正在组建 10 个大型科研教学中心，所有这些机构都建在一套严格的垂直体系中，并根据服役情况为军官们提供不断提升自身职业水平的机会。在这方面，我们既依靠自身的传统，也借鉴了世界上的实践经验。"俄国防部教育司透露，为连续不间断地提高各级军官的联合作战素养，今后将充分发挥在职短期培训的作用，及时更新军官队伍的知识结构，确保军官成为掌握现代技术的高水平专业人员。俄军还在高、中级军事学院开设了信息化联合作战讲座，重新修订了教学大纲，使院校教学内容更加贴近现代战争实际。俄总参军事学院组织联合作战研讨，提高学员信息化联合作战指挥能力，打造精通联合文化的复合型指挥员。俄军加强联合指挥人才培养的经验告诉我们，必须把基于信息系统的一体化联合作战教育训练纳入指挥员的培训之中，使指挥人员在初、中级指挥岗位上都能按计划接受有关"一体化联合作战"的教育与训练，使其在进入高级指挥岗位之前就掌握相关的知识、技能，具备一定的联合素养。高超的联合作战指挥艺术，积淀着联合文化的深厚底蕴，刻画着联合文化的深刻印迹。它贯穿于联合作战人才成长的全过程，渗透到联合作战人才成长的各个方面，影响着联合作战人才的思维方式、价值观念、心智模式和行为习惯，是联合作战人才锻造的催化剂和倍增器，从根本上决定着联合作战人才培养的质量和水平。这一点，对培养联合作战人才尤为重要。

美军在联合作战指挥人才的培养中，更加注重发挥文化的引领作用。美军不仅在人才选拔、晋升中十分强调"联合"经历，而且积极推进联合训练与联合职业军事教育转型。美军《军种文化对联合军官分配的影响》一书研究了军种文化对联合专业军官分配的影响，并针对性地提出了改革建议。《联合职业军事教育初级阶段案例：在美海军中建设联合文化》一书更有针对性地指出，必须在初级军官接受委任之前就开始联合教育，同时加强军官职业生涯管理，规划军官职业发展路线，改变军种狭隘的人才观和自利的职业观，而改变的核心则在于首先要推动"联合文化"的建设。

以联合教育培养联合指挥人才，是美军军事教育的另一个特点。美军联合条令指出，联合教育是联合部队建设的关键一环，是职业军事教育的重要方面，它聚焦于联合知识的传授和联合态度的培育。联合教育分为三种：联合职业军事教育、士兵联合职业军事教育以及其他联合教育。联合职业军事教育指的是"在设定的环境中，为了促进对联合事务理论和实践的理解，对武装部队军官进行的严格而系统的教学和考核"；士兵联合职业军事教育通过两种形式进行，一是教授不同等级士兵所应该了解的联合作战知识，二是承担联合职责的士兵的具体教育准备；其他联合教育指的是某一特定联合作战领域中的联合作战知识。联合教育遵循两个原则：（1）联合教育基于联合条令，反映联合部队持续发展的要求，其课程讲授联合概念以及联合部队实战中的经验教训；（2）联合教育紧密结合个人的联合训练，使学习者获取胜任更高职位所需要的知识和技能。美国陆军军官学校前任校长霍华德·格雷夫斯在《联合军官的问世》中指出，1986 年的《戈德华特－尼科尔斯法案》设立了"联合专业军官"，并对这类军官的地位、作用、职能，以及选拔、培养和使用做出了明确规定，推动了美军职业军事教育的发展。美国国防部 2006 年颁布的《联合军官管理和职业军事教育的战略计划》则将联合军官管理和联合职业军事教育提升到了战略计划的高度。

美国为何能引领全球军事变革

林治远

林治远

军事科学院外国军事研究部美大军事研究室主任，研究员，硕士生导师，大校军衔。曾任《外国军事学术》杂志总编，主持完成《美国军力报告》等课题研究，主持或参与完成课题50余项，译著10余部。获军事科学优秀成果奖25项，荣立三等功2次。

二战后，美军进行了七次大改革。第一次改革：依据二战的经验教训，改组国家的国防与军事体制；第二次改革：1950年代中后期，军队为适应核战争的需要，对军事理论与部队结构进行了较大幅度的调整；第三次改革：1960年代初肯尼迪上台、麦克纳马拉担任国防部长时期，根据现代企业的管理经验，对国防管理体制进行了全面改革；第四次改革：1970年代中期至1980年代，以反思越战为契机，进行全面改革；第五次改革：冷战和海湾战争结束后，对组织编制、作战理论、人员素质、训练和武器装备等方面进行改革；第六次改革：21世纪小布什上台、拉姆斯菲尔德担任国防部长时期，大张旗鼓实施军事转型；第七次改革：当前推行的新一轮国防改革。

美军变革的总目标，是实现"全谱优势"，

即通过研发新装备、创设新理论、试验新战法、组建新部队，建设可有效应付各种威胁、攻防兼备的全能军队；这支联合作战部队具备在各种军事行动中控制任何局势并击败任何敌人的能力；平时使对手不敢轻举妄动，战时能决战决胜，在一切冲突中无可匹敌。

从历史发展脉络上看，美军改革特别是作战指挥体制改革，前后历经数十年的时间才最终得以完成，是在众多因素制约下斗争、折中、妥协的产物，但是改革的总方向基本上没有动摇。从路径选择上看，美军并未指望通过一场"毕其功于一役"式的改革，实现全面性的历史突破，而是将逐步打破旧的体制、促成阶段性突破作为改革筹划和组织实施的关键，从而保证了改革的稳定性、有效性和持续性效果。

一、勇于消除军队的积弊和差距，进行全面、系统、深刻的军事改革

军事改革的一个重要前提，是要有很强的危机意识，勇于消除军队的积弊和差距。危机意识，就是不断找出军队自身存在的问题和差距，并下决心通过改革解决问题，弥补差距。

上世纪70年代，美军笼罩在越战失败的阴影下，苏联军力已赶上甚至在某些领域超过美国，迫使美军不得不进行改革。美军认识到在越战期间和越战后存在严重问题和弊端。这些积弊表现为：军队威信下降，得不到政府、社会和民众的支持；军事战略与作战理论针对的是同苏联的全面战争，不适应越南战争之类的有限战争；

战区指挥体制存在问题，在越战中缺乏统一指挥；军种矛盾突出，形不成联合作战合力；兵源数量减少，质量下降，完不成征兵任务；军队内部纪律松弛，管理松懈，事故频发，官兵关系紧张，士气低落。

在美军高级将领大力推动下，从 20 世纪 70 年代初到 80 年代末，美军进行了一场全面、系统、深刻的军事改革，涉及军事理论、体制编制、兵役制度、教育训练、武器装备发展等各个领域。经过大刀阔斧的改革，美军面貌焕然一新，打赢了 1991 年的海湾战争。正是那支 60 年代在越南战场被打得丢盔弃甲、一败涂地的军队，却在中东大沙漠上纵横驰骋，耀武扬威，以微小代价取得了二战以来最辉煌的胜利。

越战后的拨乱反正，是由战败推动的改革，这种改革在很大程度上是被逼无奈，不得不通过改革寻找出路。失败可能成为推动军事改革的动力，而胜利却可能成为妨碍改革的阻力。军队打赢一场战争后，很容易犯"胜利病"，误以为下次战争将是上次战争的翻版，从而按照打上一场战争的模式打下一场战争；误以为在上次战争中发挥关键作用的军种将继续主导未来战争，从而缺乏联合作战意识；误以为依靠在上次战争中大显神威的武器装备，能够取代人的作用并避免人员伤亡，从而忽视教育训练和人员素质；误以为军队的现有实力足够强大，从而可以一切维持现状不变。

美军在赢得海湾战争胜利后，没有让胜利冲昏头脑，没有躺在海湾战争的功劳簿上，而是立即开始了一场轰轰烈烈的"新军事革命"。这场变革的一个重要特点是主动性、前瞻性强，高层变革意识强烈，较快统一思想认识，动力强劲。

冷战结束后，美军认为它面临难得的"战略机遇期"。在此期间，美国将维持"一超独霸"的战略格局，国际上没有与美国抗衡的力量，不会出现与美国"平起平坐"的竞争对手。美国将利用其优势地位，大力推进军事变革，建立"非对称"军事优势，拉大与其他国家的军事技术"时代差"，谋求绝对军事安全。

这场"新军事革命"体现了美国人"居安思危"的思想。这里的"安"，指相对和平的国际环境；"危"不只是对美国本土、对美国国家安全的威胁那么简单，而是对美国领导地位的威胁。从大战略上说，居安思危就是不坐享"和平红利"，而是关注未来，塑造未来，保持美国的影响力，维护唯一超级大国地位，始终在世界上发挥领导作用。用美国前总统小布什的话说，就是"将美国对和平的影响不只投送到全世界，而且要代代相传，延伸到遥远的未来"。

可见，称霸世界，建立"美国治下的和平"，实现美利坚帝国的梦想，是美国军事变革的原动力和终极目标。由此我们不难理解，美国在反恐的同时，特别关注中、俄等大国的发展道路和方向，尤其警惕和防范中国的崛起，美国把这些有潜力与其竞争的大国称作"处于战略十字路口的国家"，把影响这些国家的选择作为其国防战略的重点内容之一。

当然，美国国内不乏对变革持怀疑态度的人。怀疑变革的人提出的一个最大问题是：美军已经是世界上最强大的军队了，为什么还要变革？美国高层对这一问题的回答就是：保持美国的竞争优势，

"以实力求和平"，"维持和平最好的方法就是根据我们自己的条件来重新定义战争"。

据此，美军领导人企图改变世界冲突的方式，梦想针对美国选择的对手，在美国选择的时间和地点，打赢"美国的战争"，在所有军事行动中都能达成战略、战役和战术目标。

如何才能做到这一点呢？变革就是为此创造条件的过程，强还要更强，要在技术上至少领先对手一代以上。

问题是，对手不会袖手旁观，更不会坐以待毙，而会千方百计赶超，寻求局部领域的突破。这正是美国特别担心的地方，所以美国要劝阻未来的潜在对手不要跟美国搞军事竞争，搞也没有用。变革企图给潜在对手创造一种安全困境：不竞争会被甩在后面，落后就会挨打；要竞争花钱太多，代价太大。对美国来说，对手最好放弃竞争计划。萨达姆不放弃，被打掉了。卡扎菲放弃核计划，也被打掉了。伊朗与各方达成了核协议，朝鲜放弃还是不放弃，这是一个问题——美国是务必要它放弃的。

战略环境的变化使军事变革成为必要，而高新技术尤其是信息技术的迅猛发展，也为军事变革提供了可能。在信息时代，"力量越来越由机动性和快速，而不是由密集的队形或规模来决定的。影响用信息来衡量，安全通过隐形技术来获得，力量由远距离精确制导武器来投送"。

进入 21 世纪后，特别是"9·11"事件后，美国一边"反恐"，一边大力推进军事转型。美国防部和各军种纷纷推出军事转型计划，要求美军抓住机会，尽快完成从工业时代军队向信息时代军队的转变。美国军事转型的实质，就是要利用信息时代军事技术提供的巨大潜力和机会，围绕联合作战和军队信息化建设，率先实现由机械化军队向信息化军队的转变。

当前，美国在认真总结伊拉克战争和阿富汗战争经验教训的基础上，根据战略环境的新变化，加快国防改革，实施第三个"抵消战略"，准备打赢信息化条件下高、低端结合的"混合战争"。

二、创新军事理论，引导改革朝着正确的方向和目标发展

军事改革必须以明确的国家安全战略和军事战略作指导，确保改革沿着正确的方向前进。作为改革的指导思想，国家安全战略和军事战略要明确当前和今后一段时间内的国家目标、国家利益、战略环境、安全威胁、军队任务、军队建设目标、战争特点等一系列重大问题。如果战略指导思想不明确，或不符合客观实际，将使军事改革无所适从，甚至使改革走入歧途。

20世纪50年代，美国过分强调核武器在战争中的作用，奉行"大规模报复战略"，主张用核武器代替常规部队。在这一战略思想指导下，美陆军进行了以打核大战为目标的改革，耗费巨资研制了一系列战术核武器，并建立了"五群制原子师"。直至1960年代初，美国才认识到，核武器并不能应对越南战争之类的有限战争，美陆军为适应核战争而进行的编制改革并不适应常规战争的需要。

进入21世纪以来，美国的国家安全战略、国防战略和军事战

略提出，美国面临非常规、灾难性、破坏性和非传统安全威胁，其军事战略目标是保护美国、防止冲突以及战胜敌人，军队建设重点是建设灵活、模块化、易于部署的联合部队，军队建设目标是将美军打造为拥有"全谱优势"的军队。这为美国军事转型明确了前进方向。

美国的军事改革实践表明，每次成功的改革都伴随军事理论特别是作战理论的繁荣。特别是近年来，美军改革注重发挥作战理论的牵引作用，通过作战理论明确未来作战需求，按照未来作战需求调整改革军队规模结构、体制编制、教育训练和武器装备发展。

美军认为，一方面作战理论要根据军事技术和武器装备的发展不断更新；另一方面，更要以作战理论为依据，调整武器装备、体制编制、教育训练等。在一定程度上，美军的各项改革都是围绕军事理论特别是作战理论的变革进行的。

第二次世界大战以来，美陆军作战理论经历了 6 次重大转变，成为牵引美军历次改革的动力。例如，上世纪 80 年代初，美陆军提出"空地一体"作战理论，并以该理论为指导，研制了大量先进的武器装备，调整了部队编制，加强了军事教育训练。

近年来，美军提出了"空海一体战"理论。根据美军领导人的宣示，"空海一体战"旨在着眼长远，通过加强海军、陆战队、空军以及陆军的合作，保持和改进美国的远征力量投送能力，确保进入作战地区和网络，应对任何低端、高端或混合威胁。它代表了以信息技术为支撑，通过加强军种之间的整合和互通，提高结构力，创造"1＋1＞2"的效果,以此来带动美军战斗力整体跃升的一种新理念。

在军队建设方面,美军提出"基于能力"等思想,为其军事改革提供了基本思路和方法。这种方法是:首先根据对安全威胁和作战对象的判断,明确未来作战的任务和特点,解决"打什么仗"的问题;然后根据对未来作战任务和特点的判断,明确作战理论,解决"仗怎么打"的问题;最后根据作战理论,确定军队应具备什么样的作战能力,解决"用什么打仗"的问题。

三、注重顶层设计,有计划、有步骤地推进军事改革

在军事改革过程中,美军十分重视顶层设计的统筹指导作用。顶层设计主要是对军事改革的重要目标、重点领域、主要内容、职责分工和途径方法等战略性问题的统筹规划。

把先进的军事理论落到实处,特别是把国家安全战略和军事战略与规划、计划以至预算紧密结合起来,从而增强统一性和计划性。美军在二战后进行了一系列军事改革,其国防和军队建设走的是一条从分散到统一的道路。特别是20世纪60年代初开始的改革,最根本的措施就是加强对国防和军队建设的统一规划和战略设计。为此,首先对未来20年左右的世界战略形势和美国的国防进行预测,在调整、精简机构的同时,采取系统分析、费用效果比较分析和规划、计划、预算综合编制法,基本上实现了对整个国防建设的宏观控制。1990年代以来,美国总是先制定《国家安全战略》,提出国家安全

战略的远期设想；然后依据《国家安全战略》，制定《国家军事战略》，提出支撑国家安全战略目标的指导原则；依据《国家军事战略》，制定《战略规划指南》，提出国防政策、目标以及战略方针；依据《战略规划指南》，制定《联合规划文件》，阐述各个领域里的军事需求，以及各项计划的顺序排队；依据《联合规划文件》，制定《联合计划指南》，确定近期优先发展的能力，为计划阶段的工作提供指导。这5个文本，顺序而生，环环相扣，反映出顶层设计的思路和逻辑关系。

制定军队长远改革的指导性文件，上下衔接，滚动发展。美军的战略规划文件分为三种类型：第一类是"构想"类，如美参联会制定的《2010年联合构想》和《2020年联合构想》；第二类是"四年防务审查"类，即美国防部的《四年防务审查报告》；第三类是"军事转型"类，如《国防部转型计划指南》和《军事转型战略途径》，该类文件是"构想"类文件的延伸、细化和进一步说明。这些国防与军队长远发展规划有三个共同特点：其一是时间跨度长，一般都在10年以上，甚至20到30年。其二是"滚动制定"，每隔几年就制定一次，把规划不断推向未来，如《四年防务审查报告》于1997、2001、2006、2010和2014年先后出台五份；《2010年联合构想》是1996年颁发的，4年之后的2000年又出台《2020年联合构想》。其三是全军建设规划与军种建设规划相衔接，根据参联会的"联合构想"，各军种都制定了自己的"构想"；在国防部转型计划的指导下，各军种都制定了自己的"转型路线图"，从而自上而下形成了体系，使美国的国防与军队建设特别是军事转型和信息化建设得以有计划、有步骤地进行。

远近结合，分阶段实施。所谓远近结合，就是注意平衡近期与远期需求：既要重视抓好军队正常建设，使部队保持相对稳定，训练有素，处于高度戒备状态，能随时应对近期发生的军事冲突；又要从长远出发，针对远期可能出现的重大威胁，积极推行军事改革。也就是说，在对军事改革进行总体设计、确定改革目标等要素时，要兼顾军队正常建设和军事改革。美国陆军提出了"从当前部队到未来部队"的转型模式。所谓"当前部队"，就是今天可运用的陆军；所谓"未来部队"，就是陆军不断努力成为的部队，两者是互动的关系。一方面，陆军在发展未来部队的同时，有意识地把未来部队的某些能力注入到当前部队中去，增强当前部队的作战能力；另一方面，利用当前部队的作战经验，大力促进未来部队的能力建设。

找准能力差距，加长"短板"，提升整体作战效能。美军认为其军事能力体系作为"木桶"，有若干"短板"，制约着整体作战效能的提升。军事变革应该是一个扬长避短的过程，在保持美军常规作战能力优势的同时，着重提高应对非对称威胁的能力。美军的弱项主要是远程投送能力，城市作战能力，剥夺敌人庇护所的能力，以及对大规模毁伤武器的防御作战能力。美军必须积极采取措施，加长这些"短板"。比如，在提高防御、防护能力方面，最突出的是要加强导弹防御系统的建设和部署，同时全力开发探测、侦测、防护、拦截、打击和后果处理手段，如联合军种核生化侦测系统、基地安全综合防御系统、核生化与高爆武器的医疗防护系统等。

四、注重论证、试点与修正，科学有效地实施改革

美国在采取较大的军事改革行动之前，一般先成立相应的机构对相关的问题进行反复研究、讨论和论证，充分吸收各方面的意见和建议，使改革方案尽可能完备。美国1986年的《戈德华特－尼科尔斯法案》，从论证到实施，先后用了4年时间，军方及参众两院都参加了方案的论证与制定。

改革方案在实施前需要周密论证，同样在实施的过程中也需要定期或不定期的评估，以便准确了解改革的效果，根据具体情况和形势的发展不断调整完善。对某些重大改革措施，国会还通过立法规定，军队必须定期向其汇报执行情况。例如，自《戈德华特－尼科尔斯法案》通过以来，国防部每年都要向国会提交专题报告，汇报其落实情况。

美军通常会选取少量部队作为改革试点，让其采用新战法、新编制和新装备进行训练，待证明其战斗力确有大幅提升后，再逐渐推广。如，在数字化部队建设方面，美陆军1994年组建了第1个数字化营，1996年组建了第1个数字化旅，2001年才组建完第1个数字化师，即第4机械化步兵师。随后，又将第3步兵师确定为组建模块化旅战斗队的试点单位，取得经验后全面展开。这些试点部队为后续部队的改建摸索了经验，铺平了道路。

美军注重运用建模与仿真、实兵检验、专家研讨和综合集成等方法进行作战试验，通过"战争预实践"试验和检验军事改革的内容，

创新军事理论、探讨新战法、优化组织结构、开发武器装备。美军参联会和各军种从 1992 年开始先后建立了 22 个作战试验室。美国国防部还将"概念开发与试验"列为四大转型支柱之一。美军为实施军事改革创新而进行的试验与演示通常有 3 类：一是国防部主持的"先进概念技术演示"；二是参联会主持的"联合概念开发与试验"；三是由各军种主持的"军种开发与试验"。美军"快速决定性作战"理论的发展过程，充分说明了"战争预实践"发挥的重要试验验证作用。

当然，美军还注重通过实战检验以往的军事改革成果，促进下一步军事改革。冷战结束至今，美国发动了多场局部战争。除了政治目的和经济利益等因素外，美国已把战场当成了检验新作战理论、新武器装备和新体制编制的场所。美国每打一场局部战争，都会有一批新型武器装备登场接受检验，尤其注重将创新性作战理论投入实战检验，对其进行修正和充实。在海湾战争中，美军不仅全面检验了越战之后军事改革的成果，而且首次检验了"基于效果作战"；在科索沃战争中，试验了非接触作战理论；在阿富汗战争中，首次对"网络中心战"理论进行了尝试；在伊拉克战争中，检验了"快速决定性作战"理论。在伊拉克战争后，美第 1 陆战师、第 3 步兵师分别发表了《"伊拉克自由"行动的经验教训》《"伊拉克自由"行动战后报告》等几十万字的报告，就战时的人事、情报、作战、后勤、通信等方面教训进行了系统的总结，并提出了相应建议。

一名美军士兵在阿富汗马尔贾附近执行巡逻任务前祈祷

五、在高层推动的同时争取全社会的支持，保障军事改革顺利进行

军事改革能否成功，在很大程度上取决于国家政治领导人的决心和意志。同时，也离不开改革家们的积极倡导与推动。因为军事改革是人类社会发展到一定阶段的产物，当改革的条件已经具备时，并非所有人都能认识到，这就需要有一批改革家的大力倡导。越战后美陆军的改革之所以取得成功，一大批致力于改革的高级将领发挥了关键性的作用，陆军的每一项改革都与他们的名字联系在一起。在改革过程中，他们承受了巨大的压力和风险，始终没有动摇改革的决心。其中最著名的有曾先后担任陆军参谋长的艾布拉姆斯上将、韦安德上将、罗杰斯上将，以及先后担任陆军训练与条令司令部司令的杜普伊和斯塔利等。他们构成了改革的中坚力量，保证了改革的连续性。作为首任陆军训练与条令司令部司令的杜普伊将军是改革的核心人物，他的主要贡献是推动了陆军作战思想和训练方式的变革。艾布拉姆斯作为他的上级，为其改革创造了有利条件，如提供政策上的指导，协调相关部门的关系，给予经费上的支持等。此外，杜普伊还得到了部队司令部司令克尔温、装甲兵中心主任兼装甲兵学校校长斯塔利、战术空军司令部司令迪克逊的支持与合作。

美国冷战后的新军事革命也得益于一大批改革者长期不懈的推动。海湾战争结束不久，美前国防部长佩里就于1994年下令成立了"军事革命研究高级指导委员会"，负责军事革命的理论研究与规划设计；前参联会主席沙利卡什维利主持制定了指导新军事革命的基本文件《2010年联合构想》；参联会前副主席欧文斯提出了新军事革命的指导理论之一"系统集成"；陆军前参谋长沙利文则是建设数字化部队和数字化战场的倡导者；国防部基本评估办公室主任马歇尔是美国新军事革命的"智囊人物"，被誉为"新军事革命之父"。"9·11"事件之后，前国防部长拉姆斯菲尔德对美军的全面转型则发挥了重要的推动作用，他采取了"不换脑筋就换人"的做法，将一大批"思想敏锐、具有创新精神"的改革者任命到了国防部和各军种的领导岗位上，使领导者对军事转型的推行作用远远超过了技术的推动。

但是，仅有改革家的努力还不足以使军事改革获得成功，没有国家最高领导人和社会民众的支持，改革家也将难有作为。越战结束后，美军威信降到最低点，美国民众中出现一股孤立主义思潮。美军在这种逆境中发动的改革起初并未受到广泛的关注与支持。直到 1970 年代末美军营救驻伊朗大使馆被扣人员行动失败和苏联入侵阿富汗之后情况才发生变化。这两件事使美国人普遍意识到其国际地位的下降，以及军事力量的重要。于是，美军的建设与改革开始日益受到政府、国会和民众的重视。从卡特、里根到奥巴马，历届美国总统都对军队的改革给予了大力支持。

六、妥善处理好借鉴世界先进经验与坚持本国国情的关系，是军事改革成功的必由之路

军事问题作为一个专业化的领域，其发展有着自身的一般性规律。同时，各国军事、政治、经济发展的不平衡性，也导致各国的军事发展存在着阶段性的差异。因此，学习外国军事建设的经验，就成为任何一个文明国家军事文化不可分割的组成部分。所有国家在面临军事建设和军事改革的问题时，都是首先从学习外国先进经验开始的。

第二次世界大战后，美军领导指挥体制的改革就曾深入研究过苏联军事领导指挥体制建设的经验。在此基础上，结合现代军事行动的特点，美军通过 1947 年、1958 年和 1986 年三次国防部改组，最终建立起了用、管相对分离的高层领导指挥体制。

20 世纪 60 年代末，美军在向全志愿兵役制过渡时，也曾成立过专门的总统委员会，用于研究西欧、拉美等国家的军队补充制度，甚至曾对 1918 年 1-6 月苏俄红军在国内战争初期实行全志愿兵役制的经验进行了认真的研究和总结。

又比如，美军的战役法理论是在研究其冷战对手苏军战法的基础上，对苏军战役理论的借鉴和移植；美军在积极防御理论中提出的"任务式命令"指挥法，则借鉴了德军的"委托式指挥法"；美军的联合作战理论是在研究了中东战争经验的基础上提出的；美军的机动战思想则是在总结二战中德军战例经验后得出的结论。

学习借鉴外军经验，不等于简单地对先进国家的军队进行模仿、对其做法进行照搬，而是将别国的经验综合起来，从中选择最好的、最符合本国条件的方法，盲目照搬只会碰钉子。

随着人类文明从工业时代向信息时代转轨，信息技术赋予战争和军事以崭新的内涵，作战样式也将随之发生根本性变化。在军队由机械化形态向信息化形态转轨的过程中，世界各国的军事变革也必然会表现出一些可以遵循的共同规律。处理好借鉴外国先进经验和坚持本国特色的关系，就是要抓住历史机遇，把握信息化军队的发展基本方向，遵循信息化建设普遍规律，大胆地借鉴外国的经验和有益探索，在做法上又要根据自己的国情、军情进行批判性的吸收和取舍，选择最符合自身发展道路的方法，以少走弯路，实现军队建设又好又快的发展，甚至是跨越式发展，后来居上。

美军战略管理体制改革的启示

付征南

付征南

军事科学院外国军事研究部美大军事研究室助理研究员，中校军衔。曾参加全军重点课题十余项，并在《解放军报》《外国军事学术》《军事学术》和《国际政治研究》等主流媒体与核心杂志发表论文、译文、时评200余篇。

作为美军领导指挥体制的重要组成部分，战略管理体制的主要职能是"养兵"，由总统和国防部长通过军种部统管军队建设，主要包括战略规划机制、人力资源管理机制、国防预算机制和装备采办机制等，具体负责制定国防政策、国防预算、兵力规划，以及部队的行政管理、战备训练和装备采办等，其核心是如何通过科学、合理、有效的管理方法，使人、财、物等资源的配置和使用达到最优化水平，其精髓是以最小化的投入达到最大化的效果，是决定军队战斗力生成和释放效果的重要制度保障。美军经过上世纪60年代和本世纪初的两次改革，逐步形成了以"PPBE"（规划、计划、预算与执行）制度为核心的一整套自上而下、成熟规范的战略管理体制，深入剖析其运行机理与有益经验具有重要的启示意义。

一、"政治旋转门"式的"文官治军"和"文职人员"制度，是美军战略管理体制改革稳步推进的重要基石

体制创新源于理论创新。重视体制改革的理论来源和实践论证，是美军战略管理体制改革的一大特色，其实质是依托"政治旋转门"式的"文官治军"和"文职人员"制度，通过人事更替将现代企业和社会管理的新理念、新方法及新手段"无缝"融入军队领导管理实践。根据美军的"文官治军"制度，国防部长和军种部长等高级管理层均由文职官员出任，这些文职官员都是来自美国企业、法律或学术等相关领域的专家，具有从政、从商、从研、从教和从军的"多元化"背景经历和"复合型"知识结构，能够在政府部门、地方企业、军方机构与学界智库之间实现自由流动，可以确保美军战略管理体制的科学化和专业化。此外，根据"文职人员"制度，美军还利用优厚的福利待遇，充分吸纳社会精英人才辅助文职官员管理国防部的日常工作，不仅使军队人员不再纠缠于繁杂的行政工作，把注意力聚焦于作战领域，进而有效解放了军队的战斗力，而且也使整个国防系统的管理具有雄厚的智力支持，从而使战略管理的决策和运行的科学管理水平不断提高。这种"政治旋转门"式的制度有效打破了各领域、各部门和各行业之间的界限，确保了现代企业管理与运行模式能够"无缝"融入军队的战略实践，使国防管理理念能够随着时代和社会发展不断得到更新完善，从而有效解决国防军队建设所面临的诸多矛盾与问题，确保战略管理体制改革的前瞻性、稳定性与可操作性。

例如，1962 年，麦克纳马拉出任国防部长后，就根据 1920 年美国管理学家弗雷德里克·泰勒提出的"科学管理理论"，并结合自己在福特公司的实践经验，最终引入了"集中指导与分散实施相结合"的费用－效果分析机制，推行了"PPBS"（规划、计划、预算制度）改革，从而废除了军种分立、条块分割的"基数预算"制度。"9·11"后，为应对全球战略环境的新发展，加紧推进军队建设转型，特别要在规划、计划、预算的编制上重点突出"基于能力"的新理念，满足联合作战需求。拉姆斯菲尔德上台后，依据上世纪 80 年代美国管理学家汤姆·彼得斯提出的"下放权力"理论，于 2003 年 5 月 22 日发布了《管理倡议决定 913 号》文件，提出采用新的"PPBE"制度来取代传统的 PPBS 制度，将现代管理理论全面融入国防部战略形势判断、战略目标建立、规划计划制定、军事能力评估、军事资源配置等具体管理工作。

二、打破军种分立、条块分割的资源配置模式，构建战略需求牵引资源分配的现代战略管理体系，是美军战略管理体制改革的精髓

国防管理的核心是合理配置军事资源，其关键就在于以提高资源使用效益为基本目标，形成以战略需求牵引资源分配，集计划、规划、预算、执行于一体的现代国防管理体系。在这方面，美军 1962 年的 PPBS 改革影响最深，也最具代表性。此前，美军长期实行"军种主导、分散决策"的"基数预算"制度，主要以军种为单位采用切块的办法来分配预算资金，即国防部每年将军费按一定比例分摊给三军，具体的开支计划与研制项目由三军自行审定，因此各军种的预算自主权极大，相互之间常常为争夺有限的预算项目而产生严重的内耗，特别是海、空军 1949 年的"海军上将造反"事件，引发了最为激烈的一场军种恶斗。此外，"基数预算"制度条块分割、零敲碎打的经费分配方法，导致军费预算制度与国防建设的总体目标相互脱节，使国防建设受到军种利益的严重制约，重复建设和经费浪费情况严重，进而无法满足国家战略的整体需求。

为此，麦克那马拉上台后，开始全面推行 PPBS 改革，构建了一个由"规划""计划"和"预算"三大阶段构成的"标准化""系统化"和"动态化"管理流程，将长远规划制定、具体实施计划和军费预算编制三部分工作融为一体，通过效费比分析对各环节的决策方案进行通盘考量和论证，使美国军事战略、军费预算、部队需求和武器研制生产之间建立了有机联系，从而在制度设计上充分体现了效率原则，保持了国防建设资源投入的科学性和连续性。尽管拉姆斯菲尔德推行了 PPBE 改革，但却基本沿用 PPBS 以规划计划确定资源投向投量、由战略需求到作战需求，再到能力需求，最后到资源需求的需求生成模式。一是以规划计划确定资源的投向投量。主要路径是：总统每四年向国会提交一份《国家安全战略报告》；据此，国防部长每四年向国会提交《国防战略报告》和《四年防务审查报告》；参联会主席根据以上三个报告，每两年向国会提交一份《国家军事战略报告》；联合参谋部按照军事战略要求，牵头制定《战略计划指南》《联合计划文件》；国防部办公厅牵头制定《联合项目指南》，为各军种制定规划计划提供宏观指导。这几份报告形成了一定阶段内由战略需求到资源需求的生成链。二是以项目—预算对资源使用进行精确控制，将宏观的资源需求落实为具体的建设项目。其主要做法打破过去"军种分立、切块分配"的"粗放型"管理模式，向"三军一体、按类分配"的"集约型"管理模式过渡。其具体运行流程包括：先由各军种根据《联合项目指南》提出的项目需求，提交本军种的《项目目标备忘录》和《上报概算》，再由国防部对其进行审核平衡，生成《项目决策备忘录》和《项目预算决定》，最终确定各军种的项目和预算方案。

三、顺应战争形态的深刻演变，强化战略管理的灵活性和时效性，是美军战略管理体制改革的基本特点

从发展脉络来看，作为领导指挥体制改革的重要环节，美军战略管理体制也存在边际效应递减规律，经历了一个由权力绝对分散向绝对集中，再由绝对集中向相对集中方向转变的过程。这既是出于维护"文官领军"的客观需要，也是顺应战略形势发展，特别是战争形态演变的必然结果。"9·11"后，美军废除PPBS转而推行PPBE改革的做法，就极具代表性。本质上看，PPBS是一种典型的"基于威胁"军力发展模式，管理权过于集中，未能把军事能力需求有效融入国防规划、计划与预算的编制过程，特别是武器装备系统的研制、采购的决定权、预算编制权等过度集中于国防部办公厅，从而抑制了各军种在预算编制过程中的积极性和创造性，导致顶层设计与执行环节的结合密度不够，国防建设中"建"与"用"出现严重脱节。然而，"9•11"后，美军军事任务重心由冷战时期应对苏联的单一威胁转向应对新兴大国挑战和恐怖主义等混合威胁，其军事力量运用日趋"常态化""精确化"和"复合化"，因此也就要求美军必须进一步下放权力，特别要在规划、计划、预算的编制上重点突出"基于能力"的新理念，以评估审查对资源使用进行纠偏止损，进而充分调动下级部门的积极性和主动性。

为此，美军 2003 年推行的 PPBE 制度确立了"基于能力"的发展理念。一是形成了由《国家安全战略》《国家军事战略》《战略规划指南》《联合规划文件》和《联合计划指南》五份前后呼应、环环相扣的战略文件构成的战略规划机制，更加注重规划、计划与军事能力需求的有机结合，其实质是以未来威胁形态为牵引，来确定作战能力需求，进而在下一步的计划阶段确定国防政策和战略指导方针；二是简化了计划与预算编制工作流程，提高了军费配置效率，将计划和预算阶段工作压缩在一起同时进行，各军种同时提交《计划目标备忘录》和《上报概算》，国防部有关部门对《计划目标备忘录》和《上报概算》的评审也大致同时进行，预算阶段的成果《计划概算决定》，最后要根据计划阶段的成果《计划决策备忘录》进行调整，进而缩短了计划和预算编制周期，大大提高了军费配置效率；三是压缩了预算编制周期，促进了预算决策的灵活性与时效性，实行"两年一滚动"的编制制度，仅在预算年（偶数年）才制定新的计划和预算，而在非预算年不需要重新制定计划和预算，进而为国防部对每年预算的执行情况进行评审提供了更加充裕的时间；四是增加了执行环节，加强了对规划和计划阶段成果的评估和审查，由主计长和计划分析与鉴定局局长负责向国防部高层领导汇报前一财年的资金使用效益，通过绩效度量分析计划和预算执行的情况，评估产出效益，最终确定资源是否得到合理配置，进而为美军战略管理体制增加了自动纠错和自我完善的动态机制。

四、健全完善、分权制衡的权力运行机制，为美军战略管理体制的健康运行提供了坚实的制度保障

决策权、监督权和执行权的有效集中与适当分离，是战略管理体制改革的重点和难点。美军以PPBS（PPBE）为核心的领导管理体制充分体现了"分权制衡"的核心理念，有效实现了国防部（决策权）、军方（执行权）和国会（监督权）之间的权力平衡，是一种比较科学、合理的制度。在此制度下，美国总统和国防部长在战略管理方面拥有最高"决策权"；国会拥有"审批权"和"监督权"（参院负责高层人事审批，众院负责预算审批，两院负责对重大政策实施监督）；军方拥有"执行权"，且权力一分为二，军种部负责军队的行政管理、武器研发和教育训练等日常性工作，联合作战司令部具体负责所辖部队的作战指挥。这种体制实现了三大权力之间的平衡，使总统或国防部长、国会、军方在军事事务上都不具有绝对权力，只有相对权力，其权力受其他部门、其他官员的制衡和限制，进而避免了滥用职权和超越权限现象的发生，有利于军事决策、监督和执行的科

学化、合理化和稳定化。从外部监督机制看，美国国会是军队建设最大的监督部门，内部设有军事委员会或武装力量委员会，军队领导指挥及其运行机制改革方案的出台都要在国会进行充分的调查、听证和辩论，并在方案执行过程中进行监督和审查，有效防止了贪污、浪费现象的发生。此外，媒体是重要的监督部门，以其特有的方式引导民意，对国会和政府施加压力，继而对军队战略管理体制改革产生影响。国防部长办公厅设有基本评估主任、作战试验与评估主任、项目分析与评估主任等，负责从不同角度监督和评估国防部政策执行情况。参联会联合参谋部下设的部队结构、资源与评估部，各联合司令部下设的战略计划与政策部，都负有监督和评估美军体制机制的职能。一旦出现问题，监督部门会及时发现并采取措施，从而确保战略资源配置始终在法治轨道上运行，确保体制改革从方案设计到执行落实再到反馈评估的全过程都受到严格的监督。

美军规模结构优化提升战斗力

童 真

童 真

军事科学院外国军事研究部美大军事研究室助理研究员，经济学博士，中校军衔。主要研究方向为美国军事战略调整、美军改革等。主持或参与国家社科基金、军事科学院、中国社会科学院课题30余项，译著6部。

军队规模究竟多大才比较合适，结构如何才比较合理，军队若干重大比例关系如何确定才比较适宜，这是二战结束以来，世界主要国家军队一直在探寻和解决的重大问题。美国作为世界头号军事强国，更是将优化军队规模结构视作其提升军事实力的头等大事。

一、战略驱动军队规模结构调整

二战结束以来，美军对军队规模结构进行了持续的探索和优化。总体上，以"全能、一体、领先"为建设目标，力图打造一支能够应对各种战争与非战争军事行动，合理统筹现役和预备役部队、军人与文职人员队伍建设，并在组织、技术、作战思想上全面超越对手的军队。

自二战结束到越南战争，美军重点围绕打赢"原子战争"来优化调整军队规模结构。

军队规模由 1945 年的 1200 万人大幅压缩至 1948 年的 140 万人，虽然朝鲜战争时曾一度扩充至 360 万人，但此后长期保持在 210 万人左右。其间，陆军航空队脱离陆军建制，组建独立军种空军，陆军师由"三团制"改为适应核战争需要的"五群制"。从越南战争到冷战结束，为适应"灵活反应战略"需要，美军特别注重均衡发展常规力量与核力量。从重空、轻海、减陆转向三军协调发展。战术空军并入陆军，陆军"五群制"师改为机动性更强、既能打核战又能打常规战争的"三旅制"师，同时美军还组建了特种部队。冷战结束至今，美军将重点聚焦于优化部队结构，加强部队质量建设上。通过强化海、空军和特种部队建设，削减陆军及海军陆战队规模；提出建设以信息化为核心的"21 世纪陆军""后天的陆军"构想，全面推进陆军部队的数字化；适度裁减陆、海、空军一般部队，重点发展太空、网络、特种作战等新型作战力量；以构建 C^4ISR 系统为基础，实行部队结构模块化，增强军队联合程度。目前，受国际战略环境变化和预算削减压力影响，美军瞄准未来战争形态，着力打造一支规模更小、战备水平和现代化程度更高、执行任务能力更强的军事力量。

二、五大改革措施

"瘦身"。冷战后，随着国际形势趋于缓和以及战争形态深刻变化，美按照"适度"原则，针对国家安全最大、最严重的威胁，制定作战行动构想，按战争初期最低限度需要，考虑军队的总体规

在韩国抱川，参加韩美"乙支自由卫士"联合军演的美国军人为演习做准备

模和基本兵力，要求美军有能力打赢一场战争并慑止一场战争。基于这一构想，目前美军现役部队规模已降至约 132 万人。

"增新质"。首先是适度削减陆军兵力，增大海、空军兵力比重。目前，美陆军现役部队约 50 万人，海军约 32 万人，空军约 31 万人，海军陆战队约 19 万人，分别占总兵力的 38%、24%、24% 和 14%。未来 5 年，陆军将进一步减至 44 万～ 45 万人，海军和海军陆战队共减至 49.7 万人，空军基本保持 32.5 万人。其次是优化军种内部构成，重点加强技术性强和突击力强的力量。如陆军陆航部队总兵力高达 6 万人，装备各型直升机 3900 余架。特种作战部队拟从现有的

3.3 万人增编至 3.5 万人；装备有高、中、低，远、中、近和战场侦察、电子压制、目标校射、通信中继、火力打击等各种用途的无人机 30 多种型号。同时，美军还提出了具有超常规机动、超声速巡航和超远程打击能力的六代机概念。最后是加强新型作战力量建设，抢占新的军事竞争制高点。在网空作战方面，美军网络空间司令部人员 2010 年约 900 余人，计划 2016 年前增至 4900 人，同时准备组建 133 支网络战分队，包括 13 支为国家基础设施提供网络防御的"国家任务部队"、27 支对敌网络系统实施攻击的"作战任务部队"、68 支对美军网络系统进行防护的"网络防护部队"以及 25 支提供情报和地区情况分析的"直接支援小组"。在无人作战方面，美军地面无人作战系统已达 1.5 万余台，列装无人机数量超过 9000 架，空军无人机操作员已超过现役飞行员，计划未来 10 年将大、中型多功能无人机的装备数量再增加 1 倍。在特种作战方面，美军特种部队规模较"9·11"事件前翻了一番，计划未来 5 年将其人数增至近 7 万人。

"减层级"。美军着眼提高指挥效率，尽可能缩短作战指挥链，优化调整军队层次结构。一方面，逐步取消军种的作战指挥职能，强化以总部为龙头、以战区为重点的联合作战指挥体制。1958 年，各军种退出作战指挥链，经过 1986 年的联合体制改革和 1990 年以来的不断调整，逐渐形成"国家指挥当局（总统和国防部长）—联合司令部（战区司令部和职能司令部）—任务部队"的作战指挥体制。另一方面，减少部队层级，优化力量编成。如美陆军部分集团军兼战区陆军司令部，平时军不作为一个实体层次，指挥层次逐步调整为"战区陆军司令部—师—旅"3级。

"精机关"。自2011年以来，美军在"消冗""增效""促战"思想指导下，加快国防改革步伐，计划削减国防部20%的军职和文职人员。优化联合司令部构成，拟将北方司令部和南方司令部合并组建为"美洲司令部"或"西半球司令部"；裁撤非洲司令部，将其责任区分别划归欧洲司令部和中央司令部。注重把更多资源用于提高部队的实际作战能力和战备水平。

"保支援"。增大作战保障人员比重。如美陆军除火力支援、防空、宪兵、通信、军事情报等部队之外，还专门建立了持续保障、战场监视、战斗航空、机动增强、军需、工程、防化、医疗、爆炸物处置、后方支援等10种模块化保障旅。同时，轻型步兵旅、重型装甲旅和中型"斯特赖克"旅三种模块化旅战斗队中也分别编有旅保障营。

三、四大特点规律

一直以来，美军根据国际安全形势、战争形态与作战样式、使命任务的变化，以科技进步为驱动，以国家实力为支撑，推动军队向精干、联合、多能、高效方向发展，尤其注重发挥军队的整体功能，提高军队的整体作战能力。在此过程中，美军体现出四大特点规律。

"一体化"。西方发达国家普遍流行"总体力量论"，强调对国防与军队建设要统筹兼顾，全面规划，主张国家武装力量必须实行正规军事力量与准军事力量相结合、现役与预备役相结合、军人与文职人员相结合的基本制度。美军以"总体力量一体化"政策为指导，在对武装力量适度裁减的同时进行战略性重组，全力推进"现役部队、国民警卫队与联邦后备队一体化"。首先是将现役、预备役和文职人员视为武装力量的"三大支柱"，在共同的使命之下，赋予三者不同的职能。然后，将现役与预备役部队深度融合，预备役部队在规划、计划、兵力、装备、训练以及部署等各个方面，均统一纳入军队建设的总规划。如在编制体制调整上统一考虑，使预备役部队能与现役部队无缝接合。美军北方司令部下设的常设联合特遣部队，就是典型的现役和预备役一体化的应急反应部队，其主要任务是抢险救灾和对核化生威胁的防护。最后是适时调整三种力量的比例，保持预备役部队在总体武装力量中占有较大比重。2013年，美军现役部队、预备役部队和文职人员占总员额的比重分别为46.1%、28.1% 和 25.8%。可见，现役兵力究竟保留多少，在某种程度上说要看预备役情况。预备役制度如果比较健全、满员率高、训练有素、装备先进、调服现役快，那么现役兵力就可以少一些，反之数量就可能大一些。

"均衡协调"。美军除了 20 世纪 50 年代三军种均衡发展的原则受到严重破坏并导致军队建设受到惨重损失外，基本上坚持了三军种均衡、协调发展的原则。未来，以网络化信息系统为支撑，以全维化空间为战场，以智能化武器为手段，以精确化行动为特征的核威慑背景下一体化联合作战，将成为信息化战争的基本形式，这

在拉脱维亚阿达日军事基地靶场，美军士兵参加演习

就要求各国重塑作战力量，构建与之相适应的军事力量体系。首先，美军强调核常兼备。核力量将继续在美国家战略中扮演有限但关键的作用。未来美军将继续维持可靠、安全、有效的核力量，推进重要核投送系统、预警、指挥与控制系统及核基础设施现代化。同时，美军正在寻求更多地依靠常规武器方面的优势，来弥补削减核力量所带来的影响，使美国的战略打击能力不会因核武器数量的削减而遭到削弱。特别是"常规即时全球打击系统"谋求在1～2小时内对世界任何地方实施精确打击的能力，这既可以取得核武器的打击效果，又可以避免常规战争升级为核战争。其次，攻防兼备。美军

力图将导弹防御系统建设成一种类似核力量的威慑手段，正在欧洲和亚太构建多手段、立体化的导弹防御体系。目前，导弹防御作战能力已成为美军一项核心作战能力，并初步具备了实战能力。最后，分类建设，将常规作战部队按战备程度、反应速度、装备状况等分成几个层次，重视快速反应部队建设。

"模块化"。为了适应信息化条件下作战的需要，美军自上世纪90年代就开始了试验模块化部队。模块化部队的最大特点就是平时共同编组、共同训练，战时根据作战任务，随机灵活组合，即插即用。模块化部队除了具有兼容性、灵活性等优点以外，合成化、多能化特点也比较突出。如美陆军，模块化旅与师属旅相比，增编了旅属作战支援力量，包括火力营以及由信号、工兵、军事情报等组成的特种营；增加旅属保障营，为旅提供维修、补给、食品、卫生等直接保障。这使得旅战斗队在不减弱突击力量前提下，大大增强了作战能力和自我保障能力，并摆脱了对师的依赖而可以独立遂行作战部署任务，能够适应不同地区、不同强度、不同规模的作战任务需要。

"职业化"。美军队职业化制度相对成熟。首先是军官职业化制度，为提高军官的专业化水平，建设一支高素质军官队伍，重点是军官专业分类和评价制度。美军官职业化制度具有完备的法规体系、严格的评价制度和严密配套的保障措施，使军官具有较高的社会地位和待遇，在人才竞争中占据有利地位。同时对军官岗位进行评估分类，根据岗位需要设定军官员额，规定各职（衔）级军官的比例，有助于提高军官队伍正规化、专业化建设水平。其次是文职人员制度，通过有效吸引、保留和灵活便捷地使用社会优秀人才，将部分现役军人从机关或业务部门中替换出来，充实到作战部队；将大量事务性工作从军官身上剥离出来，使军官更专注于作战的核心功能。最后是兵役制度、士官制度和退役军人安置制度。美军实行募兵制，目的是保留专业技术骨干，提高军队职业化程度，适应军队质量建设需要；士官制度方面增加士官编配比例，延长服役期限，大幅提高各类专业技术兵员的比重，建制部队班长由士官担任，充分发挥士官骨干作用，以适应信息化军队知识密集、技术密集的需要，同时有利于减小兵员征集压力；退役军人安置制度方面，从制度层面规定退役的人员、时间、方式，以及退出现役后采取何种方式妥善安置等，并以相对健全的社会就业保障制度作为后盾。美国会涉及退役军人安置和福利的法案有30多部。

总的看，美军一直十分注重通过规模结构调整改革，推动军队向精干、联合、多能、高效方向发展，尤其注重发挥军队的整体功能，提高军队的整体作战能力，以确保其世界最强军队地位。当前，在世界各国军队改革的浪潮下，我军同样面临如何科学推进规模结构调整改革问题，美军的一些做法值得我军思考借鉴。

美国现代陆军转型发展及启示

王志国　杜燕波

王志国

河北省军区副司令员。曾任清华大学国防生名誉班主任、装备学院客座教授、某集团军博士后科研工作站部队导师,少将军衔。在《解放军报》《军事学术》《世界军事》等报刊发表论文100余篇,著有《谈兵论道走笔锋》。荣立二等功1次,三等功4次。

　　冷战结束以来,军事科技日新月异,战法理念层出不穷,局部战争和冲突此起彼伏,使空、海军尽展神威,得到了前所未有的重视与发展。此外,网络攻防、太空武器、无人机、定向能武器等新型军事力量也呈现出强劲的发展潜力。然而,透过伊拉克、阿富汗常年战乱的硝烟以及当前持续肆虐中东的"伊斯兰国"(IS)恐怖主义祸患,人们不难发现:战争的本质是人与人之间的较量,陆战场依然是敌对双方较量的主战场,地面力量依然是直面敌人、直面人心的有效力量与终极手段。然而,作为历史最悠久的"老大哥"军种,如何主动应变、顺势而为,在新世纪新阶段焕发出新的生机,有效担负起新的历史使命,成为现代陆军发展建设的关键。在这方面,美国陆军远远走在世界前列。这支军队率先推行数字化变革与模块化转型,并成功打造一支具有全球远征作战能力的新陆军，其经验做法值得研究和借鉴。

一、数字化变革

上世纪 90 年代，美军以建设"21 世纪部队""目标部队"为旗帜，在世界上率先掀起了一场以数字化技术为核心，集网络技术、夜视技术、指挥自动化技术、精确制导技术等高新技术于一体的新军事革命。试验与实战均证明，与原来"卓越陆军"体制下相同规模的陆军部队相比，美国陆军数字化变革后的战斗力增长达到了一个数量级。美军数字化变革的基本特征及其带来的巨大"红利"主要体现在以下四个方面：

战场透明化。古往今来，"战场迷雾"一直是制约中外兵家克敌制胜的最大障碍之一。尽管人类对战争态势的感知手段不断翻新和丰富，但唯有数字化技术出现后，才在实现"战场透明化"方面取得突破性进展。海湾战争结束后，美国陆军在总结战争经验教训的基础上，率先开启了数字化探索。他们通过在战车上安装 GPS 卫星终端，实现了

杜燕波

某新型机步师工程师，中校军衔。参与完成国家社科基金军事学项目 3 项，博士后研究课题 1 项，编撰丛书 1 套，译著 1 种，在《军事运筹与系统工程》等期刊上发表学术文章 20 余篇。

自我定位功能;通过在战车上集成增强型定位报告系统(EPLRS)与蓝军跟踪系统,实现了友邻位置感知能力;通过在战术互联网上分发侦察监视分队得到的目标信息,实现了敌情感知能力。在作战中,旅及旅以上指挥所均可以在指挥所内,通过大屏显示器观察完整的战场态势图,而旅以下各战车平台均可以在车内显示屏上看到近实时的经过裁剪的通用作战图(COP),从而做到"制敌而不制于敌"。目前,美军的数字化正由战车平台向作战单兵延伸,由传统网络向云计算系统转进;甚至连下车作战的步兵也可以使用 iPad 平板电脑近实时地获取战场信息。

指挥自动化。指挥控制系统是部队的"大脑"与"中枢"。作为"21 世纪部队"的核心技术,美国陆军采用了一套以战术互联网为支撑的陆军作战指挥系统(ABCS)。该系统主要由 10 个相互联系的战场功能软件(如全源分析系统、先进野战炮兵战术数据系统等)及一些通用的服务与网络管理组建而成。每个功能软件各自管理一个领域的战场功能,最终拟合形成通用作战图(COP),显示在师、旅指挥所的大屏投影上。指挥员与参谋人员可以据此查询所需战场信息,进行作战计算,组织作战筹划。战场上的每台战车(连长车、排长车或普通班组车)也可以根据各自所担负的角色,通过车内 21 世纪旅及旅以下作战指挥系统(FBCB2)显示屏,显示裁剪后的通用作战图,以保持高效的组织指挥、上传下达与密切协同。

资产可视化。"兵马未动,粮草先行。"作为一支以全球作战为特征的部队,美国陆军每次出征都必须以庞大的后勤支援作后盾。

美军基地，两名美军士兵和一名驻韩美军编制的韩国士兵（左）参加个人技能竞赛

而在海湾战争中，一方面是堆积各种装备物资的"铁山"，另一方面却常常出现前方部队在关键时候得不到补给的窘境。于是，美国陆军下决心"缩小后勤尾巴"。而这个问题在数字化变革的过程中迎刃而解。作战勤务支援实现了数字自动化，后勤信息可以通过战术互联网，实现大范围共享。利用射频认证标签（RFID），后勤人员还可以自动、快速地识别集装箱内所存放物资的种类与数目，准确跟踪这些物资的流向。与沃尔玛超市、亚马逊网站等大企业类似，美国陆军在战场上也可以对装备物资实施精确管理，在"适当的时间"，通过"适当的手段"，将"适当的武器或物资"送达"需要的人"。

这实质上正是"精确后勤""敏捷后勤"的精髓所在。

察打一体化。近几场世界高技术局部战争一再表明，现代战争的制胜机理已经变为以快吃慢，而不再是以大吃小。根据美国战略家博伊德创立的OODA理论，任何一次作战行动均可以解读为"观察—判断—决策—打击"周期，能够快速完成该周期的一方将在战场上占得先机。随着武器装备数字化程度越来越高，美国陆军作战行动的OODA周期在逐步缩短。以M109A6"帕拉丁"自行榴弹炮为例：数字化升级后，该主战火炮的自主作战能力和系统反应能力大幅提高，可以在60秒内在运动中独立完成接收射击任务、占领发射阵地、计算射击诸元、解脱炮身行军固定器、瞄准目标、射出第一发炮弹等一系列动作。另外，一些新式装备甚至完全实现了"察打一体化"。例如，一度活跃在阿富汗战场上的MQ-5B"猎人"无人机就是这样一种先进装备。该无人机装备集侦察、打击于一身，真正实现了"发现即摧毁"。

二、模块化转型

上世纪90年代初，冷战结束，国际政治环境突变。美国原来以抗衡华约集团为主要目的的"精锐陆军"一下子失去了对手。在随后爆发的海湾战争中，美国陆军以师为基本作战单位的传统体制暴露出一些致命缺点，如过于庞大笨重、不利于机动部署、后勤保障困难、隶属关系过于紧密、适应性差等。于是，美国陆军陆续展开"打击部队""过渡旅战斗队"等旅级新编制试验。2003年伊拉

伊拉克战争中，美军整连轮换部署到海外作战

克战争爆发后，鉴于伊拉克战场与阿富汗战场上巨大的兵力需求，美国陆军在承担繁重作战任务的同时，大刀阔斧地全面推行以旅为中心的模块化转型，从而一举改变了美国陆军传统的结构。具体而言，美国陆军模块化转型的成果主要体现在以下三个方面：

分类打造标准化旅级部队。美国军事理论家、退役陆军上校道格拉斯·麦克格雷早在 1997 年便出版了《打破方阵》一书，提出应当构建以模块化旅为核心的编制体制。美国陆军模块化转型基本上体现了书中的观点，并在此基础上有所发展。地面旅战斗队是美国陆军部队的核心作战单位。模块化转型后，美国陆军共编制三种标准化旅战斗队——重型旅战斗队、斯特瑞克旅战斗队和步兵旅战斗队。每个地面作战旅在功能上更像"师"的缩小版，具有独立驻防、独立作战与自我维持（保障）能力。但由于三类部队的基本装备不同，因而面向的作战环境侧重点和用途也有很大区别。需要特别指出的是，斯特瑞克旅战斗队是一种介于重型部队与轻型部队之间的中型部队，以斯特瑞克轮式战车为基本装备，特别适合于城市、城镇作战（这在世界上属于首创）。此外，美国陆军还编制了五类多功能旅（包括战斗航空旅、维持旅、机动增强旅、火力旅与侦察监视旅）和十类特种功能旅（如防空旅、工程旅、防化旅等）。这些旅级单位均采用以网络为中心的标准化编制，同类旅在战场上可以实现互换、替补；而不同数量、不同类型的旅级单位可以作为"战场预制件"，根据形势任务的需要科学组配，应对未来无法预期的不同威胁或混合威胁。

构建精简高效的指挥链路。缩短指挥链路、提高指挥效率一直是各国军队追求的目标。美国陆军模块化转型后，尽管原来军、师称谓基本保留下来（主要基于尊重传统历史与情感传承的考虑），但实际上其职能作用已经发生了根本变化。师、军共同作为"使用单位 X"（即 UEx），不再有隶属关系，区别仅在于师、军司令部可指挥地面旅的数量不同，分别称为"2 星级司令部"和"3 星级司令部"。一般情况下，只有在作战任务复杂、多国参与的联合作战或作战地幅过大等情况下，才设置军司令部。而师司令部将继续作为美国陆军的主要战役级司令部。此外，军、师司令部还可担负联合特遣部队司令部或联合部队下属陆军司令部的职能。更重要的是，军、师指挥机关也与旅级单位一样，可作为"战场预制件"按需使用，而与下属旅没有必然的隶属关系。在极端情况下，更高级司令部（如战区陆军司令部）甚至可以跨越军、师指挥节点，借助远程数字化指挥手段，直接指挥旅或营级部队作战。这样，作战指挥实现了"扁平化"与"直达化",指挥流程进一步简化,指挥效率大幅提高。

创建灵活高效的用兵模式。如前所述,美国陆军全面推行模块化转型与伊拉克战争和阿富汗战争中巨大的兵力需求有直接关系。简言之,模块化转型从两个方面有利于该问题的解决:第一,师改旅(每个 3 旅制师统一重组为 4 个旅战斗队)后,可用于一线作战的部队比之前增加了 46%;第二,由于采用标准化建制,同类部队之间可以相互替补互换。根据这两个基本特征,美国陆军提出"部队轮换制度",并设计了一种通用的兵力生成周期模型,即"部署—休整—准备(备战训练)—再部署"。根据新的兵力生成模型,部署部队与所有部队至少应该保持 1/3 的比例:在每个时间点上,1/3 部队部署,1/3 部队准备部署,1/3 部队正在休整。在部队轮换制度下,模块化旅作为一个个有机单位,可以最大程度地减少繁杂的交叉配属,从而提高了部队作战效能。同时,以旅为主的整建制部队官兵长期在一起生活与战斗,有利于兄弟情、战友爱的积累,为维护部队的团结稳定奠定了坚实基础。

三、实战化训练

美军提出的口号是"像作战一样训练,像训练一样作战"。在近几次局部战争中,美军之所以能够将伤亡降至最低,甚至无限接近"零伤亡",归根结底在于其平时训练的科学化、正规化与实战化。

走基地化训练的路子。美军认为,基地化训练有助于提高训练的集约化、专业化水平与训练效果,是现代军队提高战斗力的必由

美军基地，一名戴着防毒面具的美军士兵参加技能竞赛

之路。自上世纪80年代以来，美国陆军便着力建设大型训练基地。目前，已经基本形成从兵种到联合、覆盖全谱作战环境的完善的训练基地体系。共分为三大类：联合训练基地主要进行联合兵种战术训练，如欧文堡国家训练中心、波克堡联合战备训练中心等；兵种训练基地主要进行本兵种部队专业训练，如本宁堡步兵中心、胡德堡装甲兵训练基地、布拉格堡陆军特种部队训练中心等；特殊环境作战训练基地主要对各军种、兵种部队进行特殊环境作战训练，如寒区作战训练中心、热带丛林作战训练中心、山地作战训练中心等。此外，根据反恐作战需要，美军还以援建的方式，在海外特别是中

东国家建立了与所在国"共用共享"的训练基地，如位于约旦首都安曼郊区的"阿卜杜拉二世国王特种作战训练中心"就是美国援建的，该中心不仅用于训练，还兼有美军中央司令部在中东地区的预备指挥所功能。

充分利用高科技辅助手段。高科技辅助手段运用于作战训练，不仅可以有效减少实装损耗、节省训练成本，而且有利于提高训练效果。特别是对于合成、联合等高级复杂的训练、演练或演习，高技术辅助手段更具有无可替代的优势。例如，欧文堡国家训练中心的演练技术监控系统由 40 套无线电台组成的声频监听网、9 部固定或流动摄像机构成的视频监视网、计算机控制的数百套定位与查询单机构成的数据监控网组成。所有单兵单装都安装激光发射／接收装置、GPS 全球定位系统终端和电脑，并且与导调部的演练技术监控系统相链接。此外，分布在各地的联合训练基地与兵种训练基地早在上世纪 90 年代初"路易斯安那演习"期间，便作为一个个可扩展的"作战实验室"系统，通过"分布式交互仿真"（DIS）实现了互联互通，并可与实兵战术部队实时互动，充分发挥了检验新装备、新战法、新条令的功能。

从严从难摔打磨练部队。美军认为，士兵始终是战场的主宰，因而并没有因为引入高技术辅助手段而忽视对部队的严格训练。各训练基地完全是按照实战要求设置的。阵地上到处是全副武装的岗哨、密布的铁丝网与各种堑壕，模拟的枪炮声和电台的嘀嗒声相互交织。另外，美军还组建了专业的反方部队。这些反方部队无论在外观、装备上，还是作战训练上，都尽可能按照假想敌设置。冷战时期，国家训练中心的假想敌部队着苏军军服，操苏式武器装备，在实兵实装训练中按照苏军的作战思想和战役战术与美军对抗。阿富汗战争前，联合战备训练中心甚至雇用了约 1200 名阿拉伯人，分别扮演市长、政府官员、宗教领袖、部落首领、警察、记者、贫民等角色参与演练。目的就是通过不同的情景模拟，使美军官兵提前熟悉实战环境，使部队在真正走上战场后能够迅速进入最佳战斗状态。

俄军改革在试错中坚定前行

李抒音

李抒音

军事科学院外国军事研究部欧洲室副主任，俄罗斯军事问题专家，博士，大校军衔。主要研究领域包括俄罗斯国家安全战略、俄军建设与改革、上海合作组织研究、中亚地区安全形势等，著有《俄军特种战役》《蜕变之痛——艰难转型中的俄罗斯军队》等。

在地缘政治、社会和经济条件急剧变化，技术迅猛发展的时代，要想保证军队够用管用，国家就必须考虑并即刻着手进行军事改革。这一过程的关键是要能够预知、计划和落实上述变革，以确保武装力量的团结统一并能够继续适应需要。

——英国学者戴维·格里茨

我国历史上19和20世纪的大规模、根本性的军事改革经验表明，从来都不会一下子实现最理想模式。一些问题不得不反复多次，以寻求所谓的"最佳结果"。

——俄罗斯总统弗·弗·普京

俄罗斯军事改革是一个非常受人关注且常说常新的话题。作为一种常态化军事现象，俄军改革呈现出较强的坚决性、激进性和反复性特征，令人在惊叹感慨之余又时常有眼花缭乱之感。自 1992 年俄军组建以来的历次改革，无不可以用"大刀阔斧""伤筋动骨""脱胎换骨"之类的形容词来描述。俄军改革特别是 2008 年开启的"新面貌"改革成效十分明显。如果说 2014 年在克里米亚战场上俄军还只是小试牛刀的话，今天俄罗斯大兵在叙利亚战场上的出色表现则充分证明，俄军改革取得了成功，改革过程中的不断试错已成为通向成功的重要阶梯。

一、改革是 1992 年以来俄军建设的主线

对于俄罗斯来说，要想建设一支能够有效保障国家安全和国际地位的新型军队，改革是唯一出路。

——俄罗斯战略和技术分析中心主任鲁斯兰·普霍夫

1992 年以来的俄军建设史，就是一部军队改革史。军事改革，已成为历任总统关注军队建设的重要内容，更是历任国防部长的主要工作。这同时也使俄军改革具有了鲜明的阶段性，具有较强的时代背景和个人色彩。概括起来就是，叶利钦时期的军事改革是"艰难开局，重在裁减"，而 2000 年至 2008 年普京时期则是"重点推进，理顺上层"，2008—2012 年梅德韦杰夫时期的改革可概括为"重塑面貌，基本转型"，而 "普京 3.0"时期的改革则是"深化调整，重在纠偏"。

叶利钦时期的军事改革既是对戈尔巴乔夫时期军事改革的继续，因为他必须完成境外撤军、裁减军队这一系列任务；同时，这又是一次全新的改革，因为国家的政治制度、经济实力及面临的安全环境全都变了，军队的使命任务相继发生了变化，军队也必须从原来的苏式军事体系向新的军事体系转变，建设一支更加精干高效、便于指挥的新式军队。在这一点上，俄军政高层达成了共识。但是，这个新式军队应该是什么样？对于这一问题，出现了两种不同的观点，激进派与保守派激烈交锋。以国防部长格拉乔夫以及此后的国防会议秘书巴图林为首的激进改革派认为，既然国家走上了西化的道路，就应该完全按照西方国家的建军模式建设和改革军队，包括国防部实行文职化，大幅裁减军队员额，使军队规模不超过总人口的1%；将五大军种变为三大军种，陆军实行军旅制，建立机动部队；放弃军区体制，采用美军的地区司令部体制。该方案遭到陆军总司令谢苗诺夫大将、空降兵司令波尔德科尔津以及总参军事学院院长、后来担任国防部长的罗季奥诺夫的猛烈批评。他们认为，改革必须立足俄国情军情，尽量保持苏军传统，保留军区体制和五大军种的结构。在争论中，除了进行裁减外，俄军改革进展不大。1997年后战略火箭军司令出身的谢尔盖耶夫元帅担任国防部长，在叶利钦支持下强力推进，合并了国土防空军和空军，撤销了陆军总司令部，建立了两个联合军队集团，压缩了中央机关数量，进一步裁减了员额。作为一个在政变中上台的领导人，叶利钦时期军事改革极其困难，既要在军费得不到保障的情况下大幅裁减军队，又要为确保地位稳固而寻求军方支持。这导致叶利钦推行的改革是犹犹豫豫，患得患失。正如俄罗斯一位学者所指出，叶利钦所要解决的问题是：如何在消减军事预算的同时保证军队的忠诚；其办法就是把军队交给自己信任的人指挥，并授权他们用合适的方法自行渡过难关。

普京上任之初就提出了"强国必先强军"的口号。通过打响第二次车臣战争，普京确立了强硬形象。因此，他对俄军存在的问题十分清楚，也深知军事改革的重要性，并选择了一个非常信赖的、出身于情报部门的文职国防部长伊万诺夫来推行。这一时期的改革主要集中解决了三项任务。他首先要纠正叶利钦时期的不当改革措施。2001 年，普京下令把军事航天部队和导弹太空防御部队从战略火箭军独立出来，组建为一个新的独立兵种——太空兵，同时将战略火箭军降格为独立兵种，实现了三军种三兵种的结构。此外，又重新恢复了陆军总司令部，放缓了兵役制度改革的步伐，通过试点一步步推进。第二步，普京着手完善国防领导指挥体制。叶利钦虽然统一了国防领导权，但始终没有理顺国防部与总参谋部的关系。2004 年，普京利用国家行政改革的机会，通过修订《国防法》，确立了国防部长对军队的领导地位，总参谋长成为其实质意义上的下属，使总参谋部成为真正意义上的"军队大脑"。在此基础上，俄军决定碰最硬的一块骨头——建立地区联合作战指挥体制。2005 年，俄军启动了"东部"地区司令部体制试验，试验成功之后，建立"西部""南部"和"东部"3 个司令部。但是，在军政、军令两大职能没有分开、且军种和军区都不愿意交出作战指挥权的情况下，这次试验没有成功。但毕竟进行了一次有益的探索。

2008 年 8 月 8 日的俄格战争暴露了俄军的一系列问题，催生了一场举世闻名的"新面貌"改革。这场改革之所以有名，与其推行者、家具商出身的文职国防部长谢尔久科夫有关，当时普京推举他当国防部长，是因为他不仅会管理，还六亲不认，能够胜任军队反腐的重任，管好军队的"钱袋子"。因颇受普京信任，他改革立场坚定，态度强硬，完全按照效率效益原则推行国防领导管理改革，同时将联合作战指挥体制改革的重任交给了总参谋长马卡罗夫。这场改革获得了成功，在国防领导管理体制、联合作战指挥体制、军兵种与部队结构、教育训练体制、后勤保障制度、兵役制度等方面实现了质的突破，顺应了世界军事革命的要求。2012 年 3 月，梅德韦杰夫宣布"新面貌"改革基本结束。但随着同年 11 月谢尔久科夫因国防部腐败案辞职，俄军改革再度重启，进入国防部长绍伊古的"深化调整期"。

绍伊古上任以来，在坚持"联合"大方向不变的同时，进一步深化国防管理和联合作战指挥体制，采取了一系列切实有效的措施。与谢尔久科夫注重经济原则不同，长期担任紧急情况部部长的绍伊古遵循的是实战标准，一切从打仗出发。凡是在他看来不符合实战标准的体制机制都得以调整，恢复战斗训练总局，院校重归各军兵种管理，空军恢复师团建制。他还实行了许多创新性举措。在他主导下，俄军建立了国家防务指挥中心和"北极"联合战略司令部，合并组建了空天军，建立战备突击检查机制，等等。不过，绍伊古的这些创新举措将成为下一任国防部长继承的遗产，抑或是改革的对象，还需要时间来验证。

二、反复试错是俄军改革的重要途径

试错是迫不得已的。

——俄军前总参谋长尼·叶·马卡罗夫大将

有人称俄军是一支折腾型的军队，20多年的改革举措令人目不暇接，许多问题反复调整。如，1997年撤销陆军总司令部，2001年再度恢复；军事航天力量的隶属关系也几经变化，由原直属国防部到1997年并入战略火箭军，再到2001年纳入太空兵序列，2015年8月1日又成为空天军的组成部分；俄军院校原计划削减到10所，可在裁减至17所时又决定再度增加至近30所，一些被裁减的院校又得以恢复。这样的事例不胜枚举，在一定程度上影响了俄军的改革声誉。是当初设计不合理，还是推行不下去所导致？如果从唯物辩证法看，反复试错有其合理的一面。从这个意义上讲，试错的同义词，就是探索。而探索正是解决复杂问题的正确道路之一。

事物发展是一个螺旋式上升的复杂过程，在发展的过程中有反复是正常的。特别是对于军事改革这样涉及面广、关联利益多的事物，可能反复的次数更多，发展的道路更漫长。比如，对于建立战区联合作战指挥体制这一重大问题，在是否保留军区、总参发挥何种作用等关键性因素上，俄军就经历了20年的试错过程。早在1992年，俄军高层就提出了取消军区体制、组建地区联合部队司令部的计划，计划按4个战略方向建立4个地区性军队集团，每个方向建立"地区部队联合司令部"作为常设指挥和管理机关。由于这一方案过于激进，不仅需要撤消军区，还会触动其他强力部门的利益，加之当时俄政坛动荡，经济形势不佳，因此没有得到俄军高层领导的认可，未能真正付诸实施，最后不了了之。1997年，改革者汲取上一次改革经验教训，但又走到了另一个极端，即强化军区职能，直接将军区作为联合作战指挥机构，赋予军区战役－战略司令部职能。但是，总参谋部根本不想将战区指挥权下放给军区，而军种也出于自身利益考虑拒绝放弃所掌握的指挥权，作为大陆军的军区本身也无法承担联合作战指挥的职能。此轮改革的结果只不过是减少了军区数量，调整了军区区划。到了2005年，改革设计者再次调整了思路，在上次改革方案中取了个折中方案，即既不取消军区，还要组建地区司令部，方法就是在不对现行指挥体制做伤筋动骨调整的前提下，分别成立东方、西方、南方三个地区司令部，并率先在东部进行组建地区司令部的试点。但是试验的结果表明，这种折中方案只是在做简单的"加法"，而不是改革所需要的"优化重组"，所谓的"地区司令部"只是介于总部与军区之间不伦不类的指挥层次，而且还凭空多了一级，不符合减少指挥环节、提升指挥效率的根本要求。这一改革也不得不中止。在"新面貌"改革过程中，改革设计者认识到军区体制既不能抛弃也不能原样不动地使用，因此应该走一条依托军区改造军区的新路子。俄军采取了这么几个步骤：首先，调整军区设置，将六个军区合并为四个，并在军区司令部基础上组建联合战略司令部；其次，军种司令部退出作战指挥链，总参谋部和军种原涉及战区层级的指挥权交由军区负责；第三，修改军区条例统一指挥权，从法律上规定联合战略司令部即军区机关对战区辖区范围内陆海空常规力量和其他强力部门部队实施统一指挥。至此，俄军战区联合作战指挥体制基本建立。此后，俄军虽建立了国家防务指挥中心，合并了空天军，但没有触动战区级联合作战指挥体制。再比如，俄空军编制结构也几经反复。2008 年，俄航空兵部队取消师团建制，全部改为基地。原计划建 55 个，后缩减至 33 个，最后决定建设 7 个一级基地、8 个二级基地、8 个陆航基地。防空部队也全部撤销军师建制，全部编为空天防御旅（13 个）。2015 年 8 月，俄军又利用组建合并空天军之机，再度恢复了空军的师团编制。同时，又将原来的军事运输航空兵司令部、远程航空兵司令部、防空反导司令部等改为集团军编制。俄军在部队结构上的反复调整，表明俄军在探索如何建立既符合俄国情军情，又能适应未来战争需求的高效、灵活、机动部队。

俄军建立战区联合作战指挥体制和航空兵编制结构的反复过程表明，世界上没有一步到位的改革，改革本身就是一种创新，也是一种试错。只要方向正确，出现反复并不可怕。

俄军改革中经常出现反复还有一个原因，就是它选择了激进式改革路线。比如，1997—2001 年，俄军先撤防空军，后又将战略火箭军降格为兵种，并在从战略火箭军中拆分出来的导弹太空防御兵和军事航天力量基础上组建太空兵，最终实现了从"五军种"向"三军种、三兵种"结构的转变。短短四年实现这一转变，步子不可谓不大，方式不可谓不激进。究其原因，除了俄罗斯人爱走极端的民族性格这一内在因素之外，更在于俄认识到"矫枉过正"中的合理成分和"精打细磨"的不现实成分。"新面貌改革"的主要设计者、俄前总参谋长马卡罗夫曾坦言，"俄格冲突后，我们需要尽快带领军队走出危机，只能在没有足够科学论证的情况下进行彻底改革"。俄军认为，"矫枉过正"中的合理成分在于，对于阻力巨大的军事改革，指望一步步推进只能一事无成，反而会在执行时被打折扣。有时候，先一步到位甚至越位，再进行回调，也是十分必要的。指望"精打细磨"来纠正错误往往行不通。俄罗斯著名的军事专家阿尔巴托夫和德沃尔金就认为，对于军队改革和建设中引发的大量问题必须进行客观评估，必要时彻底改变方向，不是"精打细磨"，而是"重新制定"政策。

三、实战化训练是俄军改革成果的检验手段

我们这样做，不是为了轰动的新闻效应，而是为了看清自己，检查自己。

——俄罗斯国防部长绍伊古

军事改革的目的是为了提升战斗力，最终目标是建立确保打赢未来战争的军事体系，不是为改革而改革。因此，改革的方向对不对，改革举措是否需要调整，都需要在实战化训练中进行检验。长期以来，俄军实战化训练程度不高，那些本应在训练中发现的问题没有及时得以发现。俄原战斗训练和队务总局局长、现空降兵司令沙曼诺夫曾批评指出："军队停滞时期许多指挥员和首长所形成的思维定势，使得他们在领导下属兵团和部队进行战争准备时，不是着眼于应对现实敌人，而更多的是考虑如何完成测验性的训练科目和应付检查考核。"2008年6月27日，俄主管战斗训练的原国防部第一副部长科尔马科夫上将在接受媒体采访时曾直言不讳地指出，长期以来，俄军搞训练的基本做法，就是把人员和分队"拉出来"，无数次地重复同一个驾驶练习，按同一种设靶情况完成射击，追求同一个目的——在考核中"搞到"一个高分。这种训练思路实际上是在训练人们得高分，而不是为实战。而要在实战中取胜，仅仅掌握在规定的时间和距离上击中目标、在坦克训练场上通过按驾驶教程设置的障碍，是远远不够的。科尔马科夫的话在42天之后不幸被俄格战争所应验。除了空降兵部队外，北高加索军区的表现不尽如人意。而俄军空降兵部队之所以能在这场冲突中表现出色，一个重要原因就在于他们始终坚持向陌生地域远距离投送军队、举行演习的训练制度。

为全面检验"新面貌"改革成果，探索新的联合作战指挥体制和作战编组，检查条令、教令和军事学术的各项原则，演练各战区和战略方向的作战预案，俄军在年度例行训练框架内，根据事先制定好的作战预案，依次在各战略方向举行一次大规模战略性演习。比如，"东部－2010"战役战略演习就是对此次改革的一次全面检验。既检验新建立的军区－集团军－旅三级指挥体制乃至整个武装力量指挥机关的运转情况，又检验新组建兵团和部队的战斗力，评估主要由一年期义务兵组成的部队的训练程度，同时，还在各项专业演习中检验各种作战和保障体系，如后装合一的物资技术保障体系、新建立的一体化防空体系等。根据演习结果，俄军对"新面貌"调整完善了改革措施，于2011年中在军区基础上组建了联合战略司令部，年底又将太空兵和空军空天防御战役战略司令部及其下属部队合并，组建空天防御兵。

绍伊古上任后，恢复了苏联时期的战备突击检查制度。实际上，绍伊古在担任紧急情况部部长时就经常要求紧急情况部门举行此类演练活动。担任国防部长后，他认为，尽管俄军每年都要举行数十场战役战略演习和近千场营以上规模战术演习，特别是战役战略级演习，近年来按照战略方向相继举行了"秋季-2009""东部-2010""中央-2011"和"高加索-2012"演习。但由于这些演习均是上一年度就已制定好的计划内训练项目，参演官兵提前数月就知道什么时间将在哪个靶场演练规定内的科目，尽管指挥部在演习时也会临时增加新情况，但大体场景不会有太大变化，这样的演习无法真实反映军队的训练水平。他还严肃地指出，"我们这样做，不是为了轰动的新闻效应，而是为了看清自己，检查自己"。自他上任以来，俄军在各大战略方向组织了十多次大规模突击战备检查，涉及各军区和所有军兵种部队。其中，仅 2013 年就举行了 6 次大规模突击战备检查。这些检查均具有突然性强、规模大、范围广等特点。通过这一系列大规模战备突击检查，以及各军区和各军兵种自己组织的突查，俄军政高层对整个武装力量的战备情况有了全面的了解，从中发现了部队在组织指挥、远程机动、作战保障等方面存在的问题。为解决这些问题，俄军在指挥体制、装备研发、部队编成与结构方面进行了相应的调整。比如，根据 2013 年第一次战备突击检查中发现的装备维修问题，俄军重新将装备修理分队纳入旅编成；鉴于射击考核结果不理想的现实，俄军决定加大射击训练强度，增加弹药消耗量；同时，对新入役的装备提出了改进建议。可以说，战备突击检查更能发现改革中存在的问题。目前，俄军将这一突击战备检查制度化常态化，上至军区一级，下至部（分）队级，都要以突击检查的形式对部队进行战备拉动。

四、战斗力提升是俄军改革的重大收获

近年俄罗斯已投入数千亿美元用于过去一个半世纪以来最重要的军事改革和现代化计划。这些投入的结果在 2014 年 3 月俄罗斯对克里米亚的吞并行动中表现明显，当时装备精良的空降兵一夜之间占领了乌克兰的要害基础设施。

——《华盛顿邮报》

2014 年 12 月 17 日，俄军总参谋长格拉西莫夫在总结年度工作时指出，经过调整组织结构、强化军事训练、提升武器装备现代化水平，俄军整体作战能力比 2013 年提高了 30%。他还自豪地宣布，在一个对于"俄罗斯军队能否在发生军事威胁的情况下保卫我们的国家"问题的独立社会研究过程中，86% 的受访俄罗斯人给出了积极的答案。

如果说格拉西莫夫的结论来自俄军内部的量化评估的话，那么，俄罗斯民众的答案则源于俄军在克里米亚战场上的出色表现。对于这一点，连对俄罗斯一直心怀芥蒂的西方媒体也不得不承认。《华盛顿邮报》曾写道："近年俄罗斯已投入数千亿美元用于过去一个半世纪以来最重要的军事改革和现代化计划。这些投入的结果在 2014 年 3 月俄罗斯对克里米亚的吞并行动中表现明显，当时装备精良的空降兵一夜之间占领了乌克兰的要害基础设施。"从普京 2 月 25 日定下行动决心，到 3 月 5 日完成对交通枢纽、要塞、军营的封控，再到 3 月底基本完成对乌在克里米亚驻军的接收工作，俄军决策之果断迅速，兵力部署之周密，指挥协同之高效，同两场车臣战争和俄格战争形成鲜明对比，展示了较强的战略投送能力和快速反应能力。

不过，收复克里米亚并没能够完全展示俄军的改革成效，因为这毕竟是一场规模极其有限且程度并不激烈的行动。自 2015 年 9 月 30 日开始，俄空天军对叙利亚境内极端组织的空袭行动，堪称"新面貌"改革成果的集中展示。

俄罗斯联邦国防部长绍伊古大将与副部长格拉西莫夫大将在奥伦堡州通古兹斯基乌拉尔靶场参观轻武器展

它首先表明，俄军经过艰难改革后建立的联合作战指挥体制运转高效。总参谋部作战总局局长卡尔塔巴洛夫上将在国家防务指挥中心负责总体指挥，俄驻叙航空兵集群司令部对空袭行动实施直接指挥。

其次，它展示了俄军强大的空天作战能力，表明俄决定组建空天军是正确的。这场行动尽管仍未结束，但俄军仅空袭1个月的行动所取得的打击效果，就明显大于实力强大的美国空军在1年多时间内取得的效果。英国皇家三军研究所俄罗斯高级研究员伊戈尔·苏佳金就此撰文指出："这些空袭是重申强大国家地位的最终举措。现在俄罗斯已经完全复制了美国这样的强大国家所具备的一切特性。"

更能够展示俄军作战能力的一次行动发生在 2015 年 10 月 7 日。当天，俄里海舰队"猎豹"级护卫舰"达吉斯坦"号、"暴徒"级轻型护卫舰"格拉吉斯维亚日斯克"号、"乌格利奇"号、"大乌斯秋格"号 4 艘战舰，向叙利亚境内发射了 26 枚"口径 -HK"远程巡航导弹，跨越伊朗和伊拉克领空向第三国叙利亚实施打击，在航路上完成了 147 次转弯，以误差不超过 3 米的精度摧毁了 1500 千米之外的 11 处"伊斯兰国"目标。由于导弹飞行沿途地形十分复杂，为避免伤及无辜还需要绕开大型居民点，俄在航路规划方面进行了精心设计，展示了俄军超强的远程精确打击能力。

从空天军组建看俄军兵种改革

李抒音

李抒音

军事科学院外国军事研究部欧洲室副主任，俄罗斯军事问题专家，博士，大校军衔。主要研究领域包括俄罗斯国家安全战略、俄军建设与改革、上海合作组织研究、中亚地区安全形势等，著有《俄军特种战役》《蜕变之痛——艰难转型中的俄罗斯军队》等。

2015年8月1日，俄军宣布了一项重大改革举措：将空军和空天防御兵合并，组建一个新的军种——空天军。尽管这一消息在俄军内已有传闻，但这么快就付诸实施还是令人震惊。但更为震惊的还在后面。2015年9月30日，新组建的俄空天军就开始对叙利亚境内"伊斯兰国"极端组织实施空袭，这也是俄空天军独立建军以来首次远离本土实施大规模军事行动。目前看来，俄军的空袭行动取得了明显战果，与此前国际反恐联盟的低效率形成鲜明对比。俄此次行动不仅达成了多重战略目的，有力地展示了俄新组建的空天军的作战能力，还以铁的事实向世人表明，俄军"新面貌"改革取得了成功。其中，历时20多年、争议颇多的军兵种体制调整被实践证明是合理的。

一、艰难实现从五大军种到三军种两兵种的转变

一国军队保持什么样的军兵种体制，既由这个国家的国情军情决定，也要符合世界军事发展的基本趋势，适应未来战争的需要。1992年5月俄军组建时，虽然继承了苏军的五大军种结构，即陆军、战略火箭军、国土防空军、空军和海军，另外还有空降兵和军事航天力量两个独立兵种。与此同时，俄军为了适应军事政治形势的需要，提高军队指挥和使用的效率，减少指挥机关的数量，同时也与美、西方军队军种体制接轨，开始酝酿完善军兵种体制。从1993年到1996年间，俄国防部长格拉乔夫责成总参谋部、各军种总司令部及相关科研机构开展了一系列研究，最终由总参谋部提出了一项名为"改革－2000"的方案，即首先于2000年前建立四军种结构，2000年后逐渐向按武装力量的行动范围陆、海、空天三军种过渡。总参谋部当时之所以考虑要先建立四军种结构，主要是考虑到战略火箭军的军种地位难以撼动，削减军种的方案主要是通过撤销国土防空军来实现。1996年第一次车臣战争期间，格拉乔夫因工作不力被迫下台，这一方案也因此搁浅。

罗季奥诺夫接任国防部长后，坚持暂时保持原军兵种体制不变，这一主张同叶利钦信任的国防会议秘书巴图林产生了严重分歧。巴图林坚持要将国土防空军和空军合并，并将军事航天力量和导弹太空防御部队并入战略火箭军，组建一个新军种——导弹太空军。由

于仅仅担任了 10 个月的国防部长，罗季奥诺夫在军队改革上并没有多大作为，就被迫下台，由战略火箭军总司令谢尔盖耶夫接替。谢尔盖耶夫自然选择了巴图林的方案，不顾国土防空军将领们的强烈反对，大刀阔斧开始合并。1997 年底，战略火箭军得以坐大，接收了军事航天力量和原隶属于国土防空军的导弹太空防御部队等共 578 个单位。1998 年底，国土防空军和空军合并为新空军。这种简单化的合并遭到了部分军方领导和军事专家的强烈批评。俄安全会议秘书科科申就公开表示，战略火箭军不仅不应强化其军种地位，还应该被并入陆军。空军总司令科尔努科夫则坚持认为，军事航天力量应该被并入空军。这一时期，军兵种结构调整主要围绕两个问题：一是战略火箭军的军种地位问题，其实质是核力量与常规力量之争。二是军事航天力量的归属问题，这涉及未来空天力量的建设发展。

普京上任后，担任国防部长的伊万诺夫坚定地站在了发展常规力量一方。他首先拿战略火箭军开刀。2001 年，俄军将军事航天力量和导弹太空防御部队从战略火箭军中分离出来，组建为一个独立兵种——太空兵，并将战略火箭军降格为独立兵种，成为战略火箭兵。这样，俄军建立了三军种三兵种的体制，即陆海空三军种和空降兵、太空兵和战略火箭兵三个独立兵种。

2008 年俄军启动"新面貌"改革后，俄军继续对武装力量结构进行调整。首先，对于空降兵仍保持独立地位，俄军内仍存在争议。有一种意见认为应将其归入陆军。但是，由于空降兵部队战功卓著，成就辉煌，加之历任空降兵司令据理力争，其独立兵种地位在历次改革中都无人能够撼动，几次将空降兵并入陆军的方案也因此无果而终。特别是在 2008 年的俄格战争中，远在千里之外的空降兵部队先于部署在北高加索地区的第 58 集团军抵达茨欣瓦利投入战斗，再次证明了其机动能力和突击能力。对此，国防部长谢尔久科夫曾公开表示："针对格鲁吉亚的强制和平行动表明，空降兵部队的行动最有效。"正因为此，空降兵不仅没有被合并，连师改旅的计划也被取消。

2011 年 11 月 8 日，俄军宣布组建空天防御兵，这个新兵种实际上是由太空兵整合原空军空天防御战役战略司令部下属防空部队而成。这样，俄军就形成了新的三军种三兵种结构，即陆海空三军种和空降兵、太空兵和战略火箭兵。但这只是迈向构建统一空天防御体系的第一步。2015 年 8 月 1 日俄军宣布组建的空天军，标志着俄军在体制上实现了空天防御力量的整合，可以对全军的空天防御力量进行统筹规划、集中建设和统一指挥。与此同时，也使俄军结构历史性地转变为了三军种两兵种。不过，这应该不是俄军兵种体制改革的终点。未来空降兵和战略火箭兵能否保留独立兵种的地位，还值得观察。

二、应对美全球快速打击是俄组建空天军的根本动力

从上述分析可以看出，构建全国统一的空天防御体系以应对未来可能的空天袭击是俄军 20 多年军兵种体制调整的主线和核心思

想。但以何种形式、依托哪个军种构建这一体系却引起了各方的争议。早在苏联解体前夕，即 1991 年 11 月 12 日，戈尔巴乔夫颁布了《在苏联武装力量中成立战略遏制力量》的第 2846 号总统令，要求在战略火箭军、导弹袭击预警系统、太空监视系统、反导监视系统和军事航天力量基础上组建一个名为"战略遏制力量"的新军种。此举旨在与美国相抗衡，实现全球战略均势。苏联的解体使这一纸命令成为空文。

1994 年俄军总参谋部在论证未来的军兵种结构时，曾提出过 2005 年前组建空天军的方案。这一方案涉及国土防空军、空军及直属于国防部的军事航天力量，要求将其进行合并。在具体合并方式上，相关方各执一词。国土防空军坚持认为应以防空力量为主体。原因有二：一是俄罗斯的地缘政治环境与美国不同，其所需要防御的国土面积是美国的 1.8 倍，同时俄预警时间只有 0.1 至 1 小时（边境地区）和 1－5 小时（内陆地区），远远短于美国的 1－5 小时和 5－10 小时，因此需要更多的防空兵力兵器。二是防空军是空天防御系统的核心力量，能够担负空天侦察、导弹袭击预警、反导反卫和防空任务。

但 1997 年的改革结果却令国土防空军极为不满。此次改革不仅没有实现以防空力量为主组建空天军的设想，反而将国土防空军分解了。其中的导弹太空防御兵连同军事航天力量一起被并入战略火箭军，而其余的则被并入空军。但是，在当时俄军经费严重匮乏的情况下，战略火箭军认为此举不仅可以提高防空反导效率，还可以大幅节约资金。可以看出，军种利益主导了此次改革。

进入新世纪后，美国发动的数次高技术局部战争特别是科索沃战争促使俄军深刻认识到，以飞机、导弹等远程精确打击手段为代表的空天袭击，已经成为未来战争的主要作战样式，并决定着整个战争的进程和结局。随着美国全球远程精确打击能力不断增强，特别是临近空间飞行器迅猛发展，俄军的危机感越来越强。俄原空军总司令泽林上将曾大声疾呼，美国到2030年将能够对俄全境实施远程精确打击。俄前国防部长伊万诺夫也要求各级指挥员抛弃自二战以来形成的以陆战为主的观念，把作战准备的重心转移到应对强大空天之敌的远程精确打击上来。俄军对1997年的军种改革进行反思后，于2001年通过合并军事航天力量和导弹太空防御兵，组建了一个独立兵种——太空兵。

太空兵的成立不仅没有解决建立全国性统一空天防御体系的问题，还与2002年组建的莫斯科空防司令部职能重叠。为此，俄军于2006年颁布《2016年前后俄联邦空天防御构想》，要求成立新的空天防御战略指挥机构，统一指挥分散在各军兵种的防空防天力量。但是，对于依托哪个军种构建并统一指挥全国性统一空天防御体系，一直存在争议。原国土防空军的部分将领们一直坚持要求恢复国土防空军，空军则坚持要求掌握所有的空天进攻与防御力量，以及空天侦察预警及监视力量，主张以空军空天防御战役战略司令部为基础整合太空兵导弹—太空防御力量。而总参谋部则支持太空兵提出的方案，即以太空兵为主，建立包括空军空天防御旅在内的空天防

俄军"中央－2015"战略指挥军演在阿斯塔拉军州举行

御体系。各方长期僵持不下。但这一问题又是一个迫切需要解决的问题。特别是在美加紧部署欧洲反导系统、发展空天即时打击系统的情况下，俄面临的军事安全压力骤然提升。

最终，还是总参谋部的意见占了上风。2011 年 3 月，国防部长谢尔久科夫宣布，以太空兵为基础组建空天防御兵。5 月，太空兵司令奥斯塔片科中将宣布分三个阶段，在 2020 年前建成一个统一的、一体化的、按垂直和纵深方向梯次配置的空天防御体系。第一阶段，2011 年 12 月 1 日前，建成空天防御体系的基础——空天防御兵；第二阶段，2016 年前，整合各战略方向空天防御作战力量，完善导弹袭击预警系统和太空监视系统，为无线电技术兵换装，继续装备具有较强末段反导能力的 S-400 防空导弹系统；第三阶段，继续第二阶段的换装，列装具备中段反导能力的 S-500 防空导弹系统。

尽管建了空天防御兵，但俄空天领域战斗力依然是割裂的。2014 年乌克兰危机爆发后，美俄关系急剧恶化。随着美军加速推进临近空间飞行器和空天飞机的研制列装，俄认为其面临的空天袭击威胁日益严峻。而美军也宣布可以在 6 小时内彻底摧毁"一个高度发达大国"的基础设施，使其丧失抵抗能力。为切实维护俄空天领域安全，为实施未来的空天战略性战役创造更好的组织和技术条件，俄军于 2015 年 8 月组建了空天军。正如俄国防部长绍伊古所说，组建空天军，不仅有利于"统一制定与发展空天防御力量有关的军事技术政策"，还可"通过攻防力量的一体化提高作战使用效能"。

俄军组建空天军的历程尽管十分艰难，但毕竟始终在探索建立统一空天防御体系、应对未来空天袭击的最佳模式。在经过了战略火箭军、太空兵、空天防御兵几个阶段之后，俄空天军终于得以成立，实现了俄军在组建初期的设想。当然，其间也走了一些弯路，交了不少学费。目前看来，俄空天军的成立也并不能彻底解决俄空天防御系统存在的所有问题。比如，各战略方向上空天防御兵力兵器战时的双重隶属问题，它们仍像从前一样，既要听战略方向联合战略司令部的指挥，又要听空天军总司令部的指挥，这不可避免地影响了俄军总体的空天防御能力。

三、着眼国情军情调整军种内部构成

实际上，俄军改革中遇到的不仅有军兵种体制的问题，还有一个兵种归属的问题。这首先涉及陆军航空兵，即直升机部队。直升机自上世纪 60 年代越南战争之后，就成为在战役和战术纵深内机动的主要力量和对地面目标实施火力打击的重要力量。世界上多数国家都将直升机部队编设在陆军。比如，美陆军不仅编有独立的直升机旅，各作战旅也编有一部分直升机，此外还编有装备 400 余架直升机的空中突击师；法国的空中机动旅装备有 333 架直升机。2002年前，俄陆航部队编在陆军，但一次意想不到的空难改变了其隶属关系。

2002 年 8 月 19 日，一架满载俄军官兵的米 -26 重型运输直升机在格罗兹尼机场降落时，遭到车臣非法武装的导弹袭击，直升机在迫降时坠入机场附近的雷区，起火爆炸。此次灾难共造成 27 名俄军官兵阵亡，成为俄军有史以来损失最为惨重的事故。此事震动了普京，他下令彻查事故原因。国防部长伊万诺夫为此下令解除了陆军航空兵司令巴甫洛夫上将等人的职务。紧接着，俄国防部于 8 月 30 日召开会议，名为研究陆军航空兵的安全问题，实为调整其隶属关系。因为时任总参谋长克瓦什宁大将事前已专门向陆军总司令科尔米利采夫上将和空军总司令米哈伊洛夫上将征求意见。在此次会议上，科尔米利采夫上将直截了当地表态，同意将陆军航空兵转隶空军，他解释说："陆军总司令部没有足够的精力来监督和管理陆军航空兵。而陆军航空兵经常违反相关命令和要求，只按自己的飞

俄军武装直升机在直升机飞行机组教学训练中心——科潘斯科伊靶场进行飞行训练

行任务计划飞行。这就是导致 8 月 19 日事故发生的根本原因。"空军对此欣然接受。很快，陆军航空兵共约 80 支部队 2000 余架直升机于 2002 年底之前并入了空防集团军，即后来的空防司令部，成为空军的一个兵种。

　　尽管将陆军航空兵转隶空军遭到军内不少人的反对，但俄军不仅继续坚持，并将这一做法扩大到其他军兵种。在"新面貌"改革中，俄军将空降兵所属航空兵转隶空军。自 2010 年 1 月 1 日起，空降兵所属航空兵退出空降兵序列，包括 7 个安 -2 运输机大队和 3 个机场。此举引起空降兵司令部的强烈不满。由于训练时还必须使用这些运输机和机场，他们担心与空军协调过程中会出现不必要的扯皮现象。此举还使很少受改革影响的海军编成发生了变化。2011年，俄军将海军"图-22M3"远程轰炸机，"米格-31""米格-29"歼击机，"苏-24"前线轰炸机和"苏-25"强击机部队转隶空军战斗编成。但绍伊古上台后，又将部分歼击机再度回归海军。

实际上，俄军不仅一直在调整军种编成，在军兵种部队结构方面也一直在进行改革。基本方向是，通过减少部队数量及结构层次、缩小部队规模编成，实现部队的常备化、模块化，提升机动作战能力和联合作战水平。经过数次改革，俄军取消了原有的简编部队和架子部队，基本实现了部队的常备化。陆军实行军旅制，共编11个集团军（第1坦克集团军是2015年新组建的，目的是应对日益严峻的西部安全形势），取消了师团建制，按功能组建了113个常备旅，计划于2020年前组建125个常备旅。其中，摩步和坦克旅（俄军称为合成旅）按重、中、轻分为三类。空军编制结构几经反复。2008年，俄航空兵部队取消师团建制，全部改为基地。原计划建55个，后缩减至33个，最后决定建设7个一级基地、8个二级基地、8个陆航基地。防空部队也全部撤销军师建制，全部编为空天防御旅（13个）。2015年，俄军又利用空天军合并之机，再度恢复了空军的师团编制。同时，又将原来的军事运输航空兵司令部、远程航空兵司令部、防空反导司令部等改为集团军编制。俄军在部队结构上的反复调整，表明俄军在探索如何建立既符合俄国情军情，又能适应未来战争需求的高效、灵活、机动部队。

日本海上军事改革：暗渡远海攻防

田义伟

田义伟

军事科学院外国军事研究部助理研究员，上校军衔。曾在野战部队、省军区部队、大军区级政治机关任职，2 次荣立二等功、6 次荣立三等功，先后在媒体刊发理论文章 30 余篇。

日本四周为海洋环境，是一个典型的岛国，与任何国家没有领土接壤，海洋这个因素是日本制定军事战略及海上战略的主要依据，海上军事战略往往代表并引领着其整体军事战略。因此，警惕日本军国主义复活，首先要看清日本海上军事改革建设的真实动向。纵观日本海上军事改革建设，专注远海攻防、突出信息主导、致力精干高效、注重联合作战是其突出的特点。

一、海上军事战略调整——剑指远海攻防

2004 年 12 月，日本出台《2005 年度以后的防卫计划大纲》《2005～2009 年度中期防卫力量建设计划》，这两部法规与 2001 年 11 月出台的《反恐怖特别措施法》相关三法，2002、2003、2009 年相继出台的《伊拉克重建支援特别措施法》《武力攻击事态法》等

有事法制相关十法和《反海盗法》，标志着日本"拒止与拓展"战略的日渐形成。

日本海上自卫队战略从其海军重新组建之日起，经过了从"专守防卫"到"主动遏制"的演变。进入新世纪后，特别是"9·11"事件发生后，日本认为国际安全环境发生了深刻变化，"对日本的侵略事态"可能性在下降，新的国际恐怖和大规模杀伤性武器的扩散、"全球发展中存在的潜在不可预见的威胁"成为威胁日本国家安全的主要敌人。基于这些判断和世界军事革命的新发展，日本海上军事战略逐步从"依美专守"转向"封锁护航"战略，再进一步转变为现在的"拒止与拓展"或者称"远海攻防"战略。

"远海攻防"战略判断认为，"新型威胁与多样化事态"是重大威胁，即由对付前苏联的威胁转为对付地区内各种"不稳定因素"和"多种多样威胁"。明确提出"北方""西方""西南方"并重的兵力部署战略和"应对新型威胁与多样化事态""防备正规侵略""积极主动地改善国际安全环境"三大战略任务。

"远海攻防"战略深植于其国家利益。日本幅员有限，资源贫乏，靠贸易立国，进出口物资和产品几乎全部依赖海上交通运输，每年高达 7 亿吨左右。保持海上交通线的畅通，对日本有着极为重要的意义，关系到日本的生死存亡。日本南北延伸达 2400 千米，但从陆上任何一点至海上的距离一般不超过 150 千米。用现代战争的观点看，日本几乎没有战略纵深。因此，日本海上军事战略认为，日本在实施防御战略时，不能在本土作战，而必须"海上击破"，尽可

2015 年日本首相安倍晋三在东京西南部的相模湾检阅日本海上自卫队舰队

能将可能进攻之敌阻拦或消灭在远离日本本土的海上，使海上作战区尽可能远离日本本土，不能在近海或沿岸。

近年来，日本在不断加强日美同盟之时，逐步完成了将自卫队职能由"内向型"向"外向型"的转变，军事战略上亦将重点由"固守北方"转变为"防御西南"，将朝鲜半岛、台湾海峡和南中国海视为不稳定地区。2014 年 7 月 1 日，日本国家安全保障会议和内阁会议通过解禁集体自卫权相关决议，为对外行使武力松绑。该决议指出，当与日本关系密切的外国遭受武力攻击，即使本国未遭受直接攻击，日本也有权以实力予以阻止。日本往届政府认为，行使集体自卫权超出"自卫所必要最小限度"，是宪法所不允许的。安倍政府此次强行通过决议解禁集体自卫权，实质是要以相对隐蔽的、容易达成的"解释修宪"方式，进一步架空和平宪法，获取海外交战权，是日本海上军事战略迈向"远海攻防"的实质性一步。

二、海上军事指导思想——聚焦信息主导

2000 年，日本防卫厅正式发布关于新军事革命的文件，即《信息军事革命》手册，首次系统阐述了日本自卫队对这场跨世纪的新军事革命的理论认识。该手册称这场新军事革命为"信息军事革命"，并对"信息军事革命"做了如下界定：指为大幅提升军事力量达成作战任务的效率，把以信息技术为核心的先进技术应用于军事领域，从而引发军事组织、装备体系、战术和训练等各领域发生的变革。

《信息军事革命》手册的推出标志着 20 世纪 90 年代后期自卫队对新军事革命的讨论告一段落。尽管当时的认识未必全面和深入，但反映出日本已下定决心，全面展开以信息化为核心的自卫队改革。

日本各军种部队 20 世纪 80 年代前后发展起来的部分信息系统由于存在互不兼容问题，成为限制联合作战指挥控制的瓶颈。因此，进入 21 世纪后，日本大力开发或引进新的作战指挥系统，并从一开始就重视相互之间的互联互通以及与中央指挥系统的兼容性问题。陆上自卫队师、团级指挥系统，海上自卫队海上作战指挥控制系统，航空自卫队作战指挥系统基本做到了同步发展，且在中央指挥系统建成后才陆续引进部队，确保了纵向与横向的信息畅通。为确保陆、海、空部队在遂行联合作战中能使用统一的信息传递标准，陆、海、

空自卫队陆续更新落后的通信系统。日本重点建设海上作战部队 IP 通信网，以提高海上部队的语音通信能力，同时为陆上、海上自卫队采购直升机图像传输装置，以便收发传感器获取的战场态势图。

在 C^4ISR 建设方面，日军已经初步建立了以三军 C^4ISR 系统为基础，以防卫厅 C^4ISR 系统为核心的指挥控制体系，具有全境、全手段立体通信能力。作为联通整个日军的基础网络平台，主要包括"防卫信息通信网络系统"（DⅡ）和"计算机通用操作系统"（COE）两大系统。DⅡ分为公用网和专用网两大类，目前公用网已经基本建成并投入使用，专用网正在建设之中。该系统可将日军分散的指挥通信网络系统联为一体，从而实现全系统的信息共享与高速联通。

海上自卫队现使用的海上作战指挥控制系统系从美国引进，该系统以联合舰队司令部为核心联结各地方队司令部、航空集团及海上舰队等终端，具有情报支援、参谋业务支援、决策支援等多种功能，具备舰机、岸舰乃至跨军种通信能力。海上作战指挥控制系统的终端一般设置在旗舰上。日本目前正在建造的新型"宙斯盾"驱逐舰及1.35万吨的直升机导弹驱逐舰均安装该终端系统。目前，海上自卫队正在加强作战舰艇之间的音频通信能力，建立海上部队 IP 通信网，提升作战部队间的横向信息互通与共享能力。

日本海上自卫队近年来新建造的驱逐舰排水量达到以往驱逐舰排水量的3~4倍，舰载机的数量提升的比例更大。海上自卫队长期保持以每年1艘的速度发展新型潜艇，正在建造的"苍龙"级潜艇标准排水量2900吨，为世界常规潜艇之最，潜航时间长，静音性好，自我防护能力强。海上自卫队还集中建造多艘5000吨级多功能驱逐舰。该型舰具备防空、反潜和对舰导弹攻击等多种能力。上述舰艇的 C^4I 功能和电子战能力均很先进，能够适应未来复杂电磁环境下的作战。日本海上自卫队新研发的P-1巡逻机即将入役，该机搭载新型空舰导弹和鱼雷，可实现"发现即打击"功能。日本航空自卫队2012年开始向美国采购F-35A战斗机。该型战机系自卫队第五代战斗机，除具备雷达隐形性能外，还配备卫星通信系统，具有超视距全谱通信能力；点对点、点对面攻击能力有大幅提升；搭载先进的传感器和数据链系统，目标识别、电子战与联网能力也较强。同时，日本还在加紧自主研制新一代"心神"战机，2014年试飞，2017年完工，以取代未来陆续退役的F-2和F-15战机。除此之外，日本航空自卫队还对F-15、F-2战斗机，E-767预警机等进行信息化改造，提升战机的自我防护能力和敌我识别能力，增强精确火力打击能力。

近年来，自卫队每年在信息化建设领域投入数千亿日元，用于发展先进的信息系统、信息化武器平台和单兵数字化装备。未来，自卫队将紧紧围绕提升夺控信息优势的信息作战能力，重点加强基于卫星系统的 C^4ISR 功能建设，以补足遂行网络中心战所缺少的弱项。为此，自卫队加紧研制和发射各类卫星，以分别构建侦察、通信和导航卫星体系。侦察卫星方面，2013年1月27日，日本发射"雷达4号"侦察卫星，加上已有的2颗光学卫星和1颗合成孔径雷达卫星，现已初步建成"四星一体"的太空侦察网，并投入使用。通信卫星方面，日本现有3颗X波段通信卫星在轨，其中2颗"超级鸟"

卫星于 2015 年相继达到服役期限。2012 年起，日本着手研制新的 X 波段卫星和地面系统，以陆续更新现有 X 波段通信卫星。同时，自卫队正在研究如何应对卫星通信面临的信号干扰问题，并同步展开实施干扰的技术手段的研究。导航卫星方面，日本正在推动"准天顶"卫星系统计划。2010 年，日本发射了首颗"探路者"卫星，该卫星使用后，能够使原有的 GPS 定位更加精准。2014 年，日本再发射 2 颗导航卫星，初步满足"三星定位"的基本要求。2020 年后，日本计划实现全球"七星定位"的发展目标。届时，日本可不依赖美国的 GPS 系统，独立实施高精度的卫星导航定位。

三、海上军事体制改革——走向精干高效

军事改革在日本的兴起始于海湾战争以后。美军为首的多国部队对伊拉克发动的惩罚式战争使日本看到了战争形态正在向高技术战争过渡，尤其是信息技术的军事应用对战局进展起到了关键性作用。1994 年，日本对国际安全形势重新进行评估，得出了国际局势总体趋缓，发生大规模战争可能性降低的结论，遂决定调整自卫队的使命任务，顺应军事技术革新潮流，缩减自卫队编制装备，发展精干型防卫力量。1995 年，日本修订 1976 年制定的《防卫计划大纲》，颁布新版《防卫计划大纲》（简称《95 大纲》），确立了"合理、高效、精干"的建设方针，展开了冷战后首轮组织改革进程。

《95 大纲》施行期间，海上自卫队确定了发展远洋作战力量的目标。海上自卫队裁减作战部队编制，5 个地方队所属护卫队从 10

日本陆上自卫队举行解禁集体自卫权后首次大规模公开演习

个减为 7 个；合并原有的 2 个扫雷队群为 1 个；岸基固定翼巡逻机部队由 10 个飞行队缩减为 8 个，旋转翼巡逻机部队由 6 个飞行队减少为 5 个；驱逐（护卫）舰数量从约 60 艘减至约 50 艘，作战飞机从约 220 架减少到约 170 架。为提升远洋作战和应急机动作战能力，维持原有的 4 个护卫队群，其中至少有 1 个护卫队群保持随时可出动的状态；为当时的 5 个海上警备区各配备 1 个护卫队，另在重要战略通道对马海峡和津轻海峡各配备 1 个护卫队；继续保持 6 个潜艇队。

航空自卫队确定了发展远洋截击作战力量的目标。航空自卫队将原有的 28 个航空警戒群中的 20 个改为适合机动作战的移动雷达部队，战斗机飞行队由 10 个减少为 9 个，作战飞机从约 430 架减少为约 400 架，其中，战斗机从 370 架减至约 300 架。航空自卫队面临的改革压力与海军相比更弱，因此，编制调整进展也较顺利，但战斗机数量的削减则延续到《04 大纲》时期仍未完全落实。

2004 年底，日本推出新《防卫计划大纲》（简称《04 大纲》）。《04 大纲》施行期间，海上自卫队联合舰队和地方队同步进行了整编。联合舰队下属护卫舰队的 4 个护卫队群的编制由 3 个护卫队减为 2 个护卫队，每个护卫队配备 4 艘驱逐舰，分别主要担负防空作战和反潜作战任务，每个护卫队群为一支"八八舰队"，编 8 艘驱逐舰，搭载至少 8 架直升机。原归地方队指挥的护卫队全部转隶联合舰队下属的护卫舰队，进行集中训练和统一使用，地方队司令保留战时指挥权。自卫队进行上述编制调整的背景恰逢信息化建设取得重大进展之时，要求部队进行更加灵活的小型化编组及分散部署。

2010 年底，日本推出第四版《防卫计划大纲》（简称《10 大纲》）。《10 大纲》期间，自卫队主要以网络中心战理论为牵引，进一步优化部队结构。海上自卫队则加快更新和充实海上作战力量。2009 年和 2011 年，2 艘标准排水量约 1.4 万吨的直升机驱逐舰相继进入联合舰队的护卫舰队服役，该型驱逐舰最多可搭载 11 架直升机，又被称作"小型航母"或"准航母"。这 2 艘驱逐舰入役后，海上自卫队 4 支"八八舰队"中的 2 支舰队实力大增，用于反潜、侦察和登陆作战支援任务的直升机数量也随之增加。2010 年和 2012 年，海上自卫队又采购了 2 艘标准排水量约 2 万吨的直升机驱逐舰，该型驱逐舰最多可搭载直升机达 14 架。2013 年，其中的第 1 艘"出云"号已经下水。上述大型驱逐舰入役后，无论是单舰的防空和反潜性能，还是舰队的综合作战能力，均有跨越式提升。海上自卫队的作战编组和部队运用方式也将随之出现新的变化，其运用方式很可能从海上作战为主向兼顾登陆支援作战发展。

四、海上攻防体系建设——暗自杀向远洋

驱车走在冲绳县，人们会看见美国陆军、海军、空军和海军陆战队的军事大营、基地设施群，当然日本自卫队基地也有很多。这是美日两国封锁中国海上发展的第一岛链的重要军事力量之一。

冲绳诸岛、先岛诸岛和奄美诸岛三大群岛，是日本政府划定的所谓"西南诸岛"的主要部分，冲绳诸岛和先岛诸岛屿归冲绳县管辖，奄美诸岛归属日本鹿儿岛县管辖。

冲绳本岛距离正西方向中国大陆浙江沿海地区的直线距离大约为 600 公里，距离台湾最东侧的直线距离大约也为 600 公里，距离钓鱼岛直线距离大约为 450 公里，而中国大陆距离钓鱼岛最近直线距离大约为 350 公里，钓鱼岛距离石垣岛的直线距离大约为 150 公里。日本西南诸岛绵延 1000 公里，像一条长长的锁链横亘在中国东海海域。日本的西南诸岛的军事力量建设，是其远海攻防体系建设的重要一环，与其相呼应的是日本海上自卫队一把"长矛"——联合舰队和五张"盾牌"——横须贺、吴港、佐世保、舞鹤、大凑等地方基地，加一个教育航空集团和 1 个练习舰队。

联合舰队是一线作战部队，由 1 个护卫舰队、1 个航空集团、1 个潜艇舰队、2 个扫雷队群、1 个开发指导队群及其他直辖部队编成。2007 年，海上自卫队开始对护卫舰队和航空部队进行精简整编。护卫舰队由原来的 4 个护卫队群、12 个护卫队，改编为 4 个护卫队群、8 个护卫队，即每个护卫队群减少 1 个护卫队，由原来辖 3 个护卫队改为辖 2 个护卫队。

横须贺、吴港、佐世保、舞鹤、大凑 5 个地方队所辖的 6 个护卫队全部改由护卫舰队直属，将护卫舰队、地方队、教育航空集团所辖的航空队合并到航空集团，并在护卫舰队增设第 1 海上训练支援队，即把海上自卫队的实战部队全部合并到联合舰队，驱护舰由护卫舰队管辖，各种飞机由航空集团管辖。

日本海上自卫队护卫舰队是联合舰队编成内的四大舰队部队之一，由轻型航母和宙斯盾导弹驱逐舰、通用多功能驱逐舰、护卫驱逐舰 3 种类型驱逐舰以及大型舰队作战综合补给舰、大型船坞登陆运输舰和训练支援舰组成的庞大水面作战舰队。截至 2012 年 4 月，这支水面舰队是亚洲地区内除美国海军第七舰队"乔治·华盛顿"号核动力航母战斗群之外的第二大海军舰队，其装备精良，舰种配备齐全，区域防空和点防空兼备，军舰更新率高，自动化程度高，是亚洲地区国家海军中装备最新、技术最先进、战术水平最高的海军舰队。

这支护卫舰队是联合舰队中的作战核心，主力作战部队由 4 个护卫群组成，每个护卫队群编制 8 艘驱逐舰。各护卫队群由 2 个护卫队组成，各编制 4 艘驱逐舰、1 个直升机驱逐舰护卫队和 1 个导弹驱逐舰护卫队。日本 2004 年底推出新《防卫计划大纲》增加了护卫舰队应对新威胁的作战能力，主要包括应对弹道导弹攻击的能力，应对游击战和特种部队攻击的能力，应对岛屿遭受侵略的能力，应对日本周边海域和空域遭受武装工作艇和不明国籍飞机侵犯的能力，应对大规模和特殊灾害等威胁的能力。

针对钓鱼岛争端可能诱发的武装冲突，日本加紧部署沿岸监视部队，着手新编先期快反任务部队，旨在建立情报侦察、指挥控制与应急快反作战部队高度一体化的岛屿作战力量体系。一是调整侦察预警和空战力量部署。按照《2013 大纲》要求，将部署于三泽的 E-2C 早期预警部队拆编为 2 个飞行队，将其中的一个飞行队部署于那霸；在航空自卫队那霸基地增加部署一个 F-15 战斗机飞行队，在原来的基础上编成一个拥有 40 架 F-15 战斗机的战斗航空团。二是构建 4+7 的反导预警体系。即通过建立由 4 部 FPS-5 型、7 部 FPS-3（改）三坐标相控阵雷达组成的陆基预警探测系统，实现对弹道导弹的准确预警。同时，通过在西南地区的那霸、知念两个导弹阵地部署"爱国者-3"型导弹，实现海基"标准-3"型导弹和陆基"爱国者-3"型导弹的有效两段拦截。三是加快换装新型雷达部署速度。继 2012 年度末将设于西南方向的冲永良部雷达阵地的 FPS-3 雷达换装为 FPS-7 雷达后，于 2013 年度末将宫古岛和高畑山阵地的现有雷达换装为 FPS-7 雷达，此后，还将在见岛、稚内和海栗岛阵地部署，最终形成 6 部 FPS-7 雷达侦察预警体制，以强化对我巡航导弹和隐形战机的监视。

五、海上军事力量运用——紧扣联合作战

近年来，随着钓鱼岛问题的升温，日本自卫队切实加强了登岛、控岛和夺岛等岛屿作战相关能力准备，尤其是重点提升海上联合作战能力，以集中各军种力量优势，联合应对所谓的"灰色地带"争端等现实威胁。为此，2014 年起，陆上自卫队陆续部署从美国引进的两栖装甲突击车，编成两栖作战部队，以强化登岛作战能力；海上自卫队继续加紧部署具备"发现即打击"能力的 P-1 型巡逻机，继续建造"准航母"式大型直升机驱逐舰，未来不排除将其改造为航空母舰甚至直接建造轻型航母的可能，以继续维持海上作战优势地位；航空自卫队正在采购 F-35A 联合攻击机，研制"心神"第六代隐身战机，以提升夺取制空权的作战实力。此外，陆上自卫队正在引进的 12 式岸舰导弹、海上自卫队正在研发的新型舰舰导弹及航空自卫队正在研发的 ASM-3 型空舰导弹列装后，陆海空联合对海火力打击将形成体系作战能力。为加强遂行联合作战时的指挥控制，陆上自卫队计划 2014 年起为 88 式和 12 式岸舰导弹部队引进数据链系统，使地面部队的火控系统能够与海上部队的指挥控制系统联网，以便实施联合对海火力打击。陆上自卫队还着手为军区、师旅防空导弹部队采购防空战斗指挥控制系统，为炮兵部队采购火力打击指挥控制系统，使部队具备搜集、处置和传输目标情报数据并联网进行目标攻击的作战能力。上述系统列装后，陆上自卫队将实现一线

在东京西南部的相模湾接受日本首相安倍晋三检阅的日本海上自卫队舰队

部队的防空战斗指挥控制系统、火力打击指挥控制系统和团以下部队指挥控制系统三大功能模块与师旅指挥系统联网，借助野外通信系统，接入中央指挥网，从而最终实现地面作战的一体化指挥控制。届时，陆上自卫队传统的依靠音频信号实施战斗指挥控制的方式将向通过实时数据通信进行一线战斗指挥控制的模式转变，情报共享与交换机能将大为提升。

在军事训练方面，自卫队正从过去的初步运用计算机网络技术辅助训练向全方位引进信息通信技术组织实施大规模联合训练转变。《04大纲》期间，自卫队成功实施了联合作战指挥体制改革，并迅速实现了年度联合训练的常态化。在美军的指导和协助下，自卫队逐步完善了支撑联合训练的信息网络环境和模拟训练手段。《10 大纲》颁布前，自卫队已广泛开展实兵模拟、器材模拟和计算机模拟相结合的综合模拟训练。2011 年以来，自卫队除重点组织跨战区、跨军种和军地联合演练外，还针对当前钓鱼岛形势，突出开展了以夺控岛屿为主题的日美联军训练。2012 年 9 月，自卫队在美境内演习场首次实施 C^4ISR 功能演练。陆上自卫队北部军区第 2 师派出 90 式坦克、AH-1S 攻击直升机、99 式自行榴弹炮等重装部队，携基干团野战指挥系统、火力打击指挥控制系统、便携式无人机系统等信息化装备，与美海军陆战队一道，演练了信息优势背景下的诸兵种协同机动和联合火力打击等科目。自卫队正在通过日美联军训练的方式检验信息化建设成果和新质战斗力。2013 年，自卫队继续在全军大力开展 C^4ISR 功能演练，并计划在网络战部队建成后，新开设网络战训练科目。

2014 年日军训练演习重点围绕三军联合、日美联合、军地联合及远程机动作战展开。三军联合方面，主要通过联合指挥所演习、实兵演习以及联合后勤保障训练，提升参谋指挥机关应对武力攻击事态的指挥协调能力。日美联合训练方面，主要通过派兵参加美主导的"利剑""金色眼镜蛇""环太平洋"系列演习、组织专项联合训练、派部队赴美实施射击与战术训练等形式，强化联军作战指挥与互联互通互操作水平。军地联合方面，重点演练民间运力支援陆军部队机动及军警联合治安行动。机动作战训练方面，主要演练陆军部队在海空军支援下向九州、冲绳等西南地区机动展开。无论是日军训练，还是日美联合训练，都把联合夺控岛屿作为重点课目加以演练。

日本防卫改革面面观

袁 杨

袁 杨

军事科学院专业技术五级研究员，博士生导师，中国翻译协会副秘书长、军事翻译委员会秘书长，大校军衔。主要从事亚太安全与日本军事问题研究。主编《侵华日军甲级战犯大结局》等图书3部，发表各类学术论文和译文100余篇。

作为战败国，二战后的日本被美国单独占领，并一度被解除了武装。1947年5月，日本颁布宪法，其中第九条明确规定日本"永远放弃以国家权力发动的战争、武力威胁或使用武力作为解决国际争端的手段"，"不保持陆海空军及其他战争力量，不承认国家的交战权"。这部宪法因此被称为"和平宪法"。然而，仅仅不过3年，因朝鲜战争爆发，美国便开始改变对日政策，督促日本重整军备。简单讲，战后日本的武装力量重建，肇始于1950年8月的警察预备队，到1954年7月，防卫厅和陆、海、空三支自卫队正式组建，日本仅用了不到4年的时间便完成了重新武装的过程。如今，自卫队已成立60余年，在这段时间里，这支显然违背"和平宪法"根本精神的武装力量逐步从无到有、从弱到强，走过了与世界其他国家军队几无二致的发展道路，同时也必然地经历了数次调整与改革。总体上看，依据不同时期的国际战略环境和国内政治社会背景不断进行防卫改革，是日本防卫力量发展进程中的一条主线。但是，由于受众所周知的内外两方面因素制约，日本的防卫改革相比世界其他国家，又有着其特殊性。渐进性的隐性改革既是以往日本防卫改革的鲜明特点，同时也是其别无选择的无奈之举。当前，伴随着日本政治的全盘右倾化，"军事正常化"正成为日本大国化目标的指标性追求，解禁"集体自卫权"后的日本，实际上已经完成了对"和平宪法"的颠覆性突破。可以毫不夸张地讲，未来日本的防卫改革将彻底告别以往的隐忍性策略，最大限度地放开手脚。

一、成立"国家安全保障会议"，安全决策趋于集权化

2013 年 12 月，日本"国家安全保障会议"正式成立。细心的人们不难发现，事实上，在这一被称作日本版"国安会"的机构出现之前，日本在内阁之下原本就有一个"安全保障会议"。二者之间虽然只差"国家"二字，但其职能和权限却有本质性不同。此前的"安全保障会议"尽管也是由内阁总理大臣担任主席，成员中也包括总务大臣、外务大臣、财务大臣、经济产业大臣、国土交通大臣、内阁官房长官、国家公安委员会委员长和防卫厅长官等重要内阁成员，但由于它只是外交与防务政策的咨询机构，并无决策权，因此被指责为"礼仪性会议"。与之相比，"国家安全保障会议"则被明确定位为国家安全政策决策中枢，其核心成员为总理大臣、外务

大臣、防卫大臣和官房长官，俗称"四大臣会议"。依据相关规定，"国安会"原则上每两周召开一次例会，必要时也可召集紧急会议，中心议题是外交、安全与防务政策。一般认为，日本成立"国安会"的主要目的有二：一是强化政府在外交和安全决策中的中枢作用，二是提高情报搜集能力。"国安会"下设的常设机构"国家安全保障局"，其主要职能之一就是整合内阁、防卫和外务部门的情报资源，强化政府对情报的掌握、集中与协调。毫无疑问，"国安会"的成立以及"四大臣会议"集权体制的确立，使得日本的重大安全与外交决策在很大程度上失去了监督机制的制约。这是一个相当危险的信号，不由得使人联想到战前日本军国主义时期的国家安全决策机制，当时的"五相（首相、外相、藏相、陆相和海相）会议"正是日本推行军事扩张政策和发动侵略战争的集权决策机构。

在"国安会"成立的同时，日本采取的另一举措同样值得高度关注。2013 年 12 月 6 日，日本国会参议院强行通过了《特定秘密保护法案》。该法以保护日本外交、防务、反间谍和反恐等四个领域的所谓"特定秘密"为由，对国家公务人员的所谓"泄密行为"进行了严厉规制。可以毫不夸张地讲，日本出台这一法律的重要目的之一便在于为日本在重大外交与安全决策上的暗箱操作提供保护。就当下日本政治右倾路线与历史虚无主义盛行的政治生态而言，一个失去了社会舆论监督与多方力量制衡的政府，其未来军事安全政策的不透明走向无疑是极其令人忧虑的。

二、推动防卫省改革，"文官控制"原则面临考验

自 2007 年 1 月防卫厅升格为防卫省后，防卫省改革就被列入议事日程。防卫省改革的主要推手是前防卫大臣、现任自民党干事长石破茂。促成防卫省改革的表层动因是防卫省和自卫队发生的一系列事故与弊案，特别是前防卫事务次官守屋武昌的渎职案，但实质上，这是日本防卫当局谋划已久的既定动作。2008 年 7 月完成的"防卫省改革报告"主要包括组织文化改革和组织机构改革两个层面的内容，其中组织机构改革是其核心，具体有两个方面的建议：一是对防卫大臣的辅佐与防卫政策决策机制进行改革，主要是废除参事官制度，成立有现役高官参加的防卫会议。二是整合防卫省内部部局、联合参谋部和三自卫队参谋部，文官与现役自卫官混编为四类职能部门，即政策制定部门、指挥运用部门、军队建设部门和行政管理、人事、教育与训练部门。很显然，这一颇具"伤筋动骨"效力的改革方案，核心目标指向的是战后日本长期坚持的"文官控制"原则，同时对既有的防卫体制也造成了冲击，不仅遭到自卫队内部的抵触，也伴有较大的政治风险。也正是因为如此，2009 年 8 月，在民主党接管政权后，这一方案被叫停。

2012 年 12 月，自民党重新夺回政权后，在石破茂等改革派的积极推动下，防卫省改革开始旧案重提。2013 年 8 月，以防卫副大臣为首的"防卫省改革研讨委员会"提交了一份题为《防卫省改革的方向》的报告，其中，明确了改革的四大方向：打破文官和自卫官间的樊篱、整体优化防卫力量建设、加强联合运用和迅速准确决策、

强化政策制定和信息发布。其具体举措包括：文官与自卫官交叉配置，在防卫省内部部局编列以中校、少校级自卫官为主的岗位，在联合参谋部及各自卫队主要部队中编列新的文官岗位；对装备采购部门实施组织机构改革，整合防卫省和自卫队的所有相关部门成立"防卫装备厅"，并增设跨机构联合项目组（IPT），加强包括研发在内的从采购到报废的装备全寿命管理；将部队的实战运用职能全部整合至联合参谋部；设置统管对外关系工作的防卫审议官等。

就目前情况来看，新一轮防卫省改革的大幕已然拉开，在安倍政权任期内将会基本得到落实。其中，我们需要特别关注的，是文官与自卫官交叉配置，这事关日本"文官控制"原则的存亡和日本防卫改革的总体走向。事实上，就日本现行"文官控制"来看，其核心体现在两个层面：其一是顶层的绝对控制，日本首相是国防问题的最高领导人，是自卫队的最高统帅；防卫大臣在首相的指挥与监督下领导防卫省的工作，统揽防卫省的业务。其二是事务层的集权控制，以往的防卫省内局全部由文官组成，是协助防卫大臣对防卫力量实施全面监督与领导的中央职能机构。这一体制的实质是"文官中心"，文官大权在握，掌控着国家防卫事务的所有决策权。对于日本而言，这本是再正常不过的选择。然而，随着近年来日本防卫力量发展步伐的加快，就防卫部门来看，事务层的"文官控制"似已成为阻碍其防卫发展的主要因素。另一方面，事务层文官由于长期一手遮天，确也造成了骄奢与腐败现象的蔓延。由此，事务层文官便不可避免地成为了此次改革的主要对象。就防卫省改革的前景来看，未来日本的"文官控制"将更多地体现在顶层的绝对控制，而事务层的集权控制将被逐步削弱。防卫参事官制度的废除，是对事务层"文官控制"制度挖骨抽筋般的改革，而四大职能部门的全部"文军"混编，在相当程度上是对文官集权的削弱与消化。相反，现役自卫官不仅将进入国家安全事务的辅助决策圈，其在防卫战略决策和防卫力量建设与运用等方面的权力也将大幅提升。

三、成立"联合参谋部"，确立联合作战指挥体制

2006 年 3 月，联合参谋部取代 1954 年成立的参谋长联席会议而正式成立。以此为标志，日本自卫队联合作战指挥体制正式启动。联合参谋部的主要职责是统一三个自卫队的指挥与作战运用。与以往仅为合议机制而长期权责有限的参联会相比，联合参谋部被赋予了真正的联合作战指挥权限，为在更高层级上实施联合作战、联军作战和联合行动的指挥，提高联合作战效能奠定了基础。

联合参谋部的成立，在形式上实现了军令和军政的分离。联合参谋长掌握作战指挥权（包括单一自卫队的作战指挥），三个自卫队参谋长退出作战指挥链，专司部队管理与本自卫队训练。目前自卫队的联合作战指挥体制是：内阁总理大臣—防卫大臣—联合参谋长（联合参谋部）—各自卫队部队指挥官（陆上自卫队各军区司令和中央快反集团司令、海军联合舰队司令、空军航空总队司令）和联合任务部队指挥官。

联合参谋部的成立，意味着自卫队联合作战体制改革取得了重

在日本东富士演习场，日本陆上自卫队进行演练

大突破，但毕竟这只是刚刚起步，在执行层面仍面临着诸如如何与防卫省机关划分职能、如何与军种参谋部协调关系等亟待通过深化改革来解决的问题。在运用层面，自卫队在针对"3·11"大地震和朝鲜发射卫星展开的几次联合行动中，暴露出了一些联而不合的问题。根据2013年12月最新修订的《防卫计划大纲》（下称《13大纲》），目前，防卫省运用计划局已经撤销，自卫队的作战指挥权完全归并到了联合参谋部。下一步，日本还将明确各自卫队参谋长在战时协助联合参谋长实施作战保障的职责，使联合作战指挥体制能够真正适合实战化的需要。

在目前联合作战指挥链条中，陆上自卫队的指挥体制并不顺畅，五大军区与中央快反集团并立的现状，与联合作战指挥体制改革的实际需求不相适应。根据《13大纲》的规定，下一步，陆上自卫队将成立"陆上总队"，统一掌管陆上自卫队作战部队的作战指挥，并与海上自卫队的"联合舰队"和航空自卫队的"航空总队"位于同一指挥层级。至于未来陆上自卫队的军区体制将如何改革，目前尚不明晰，但退出作战指挥链将是必然的。

四、着眼"联合机动防卫"，改革部队体制编制

日本陆上自卫队最近一轮体制编制调整起步于1996年，耗时十余年，最终完成了由"13师＋2混成旅"向"9师＋6旅"编制的过渡。经过此次改编，陆上自卫队传统的重装师目前已转变为轻型师、旅，并依据任务需求，将9个师中的7个师、6个旅中的4个旅指定为"快反现代化部队"，其余部队作为战略机动部队，以增强灵活应变能力。2007年3月，陆上自卫队组建了首支综合特种部队"中央快反集团"，作为防卫大臣直辖部队，接受联合参谋长和集团司令一元化指挥，主要遂行反恐作战、反游击战和反特种战等，是自卫队参与海外军事行动的主要力量。

日本海上自卫队于2007年末完成了自组建以来最大规模的部队改编。在舰艇部队编成方面，各护卫队群（八八舰队）由原来的"旗舰＋3个护卫队"的体制变为"DDH（直升机驱逐舰）群＋DDG（导弹驱逐舰）群"体制，提高了遂行多样化任务的灵活运用能力。原

属地方队的护卫队则划归护卫舰队，主要遂行近海海域的防御任务。经过此次改编，日本海上自卫队的联合运用态势和海外任务遂行能力得到了进一步充实。

航空自卫队虽未进行重大结构性改编，但通过组建空中加油／运输机实用试验队、部署新型自动警戒管制系统 JADGE、在冲绳部署 F-15 战斗机等举措，其联合作战能力、远程作战能力也在不断加强。

就未来的改革趋势来看，海上自卫队和航空自卫队将继续维持目前的体制，改革调整将只体现为局部的微调。其中，一个突出的特点是在兵力部署与运用上，将明显向西南方向倾斜。而陆上自卫队则将在"重质保量"原则下，小幅扩大编制员额，同时主要作战部队将依任务职能重新进行调整，重点是强化机动作战力量。具体为：机动作战部队将由"1 个中央快反集团 +1 个装甲师"的体制向"3 个机动师 +4 个机动旅 +1 个装甲师 +1 个空降旅 +1 个水陆两栖机动旅 +1 个直升机旅"的体制过渡。与此同时，区域守备部队则由目前的"8 师 +6 旅"过渡到"5 师 +2 旅"体制。陆上自卫队部队的这一结构改革，清晰勾勒出了未来重视应急机动作战力量建设的基本构想，其中的重点则是西南方向的岛屿作战。

五、调整装备管理体制，大力推进装备研发与产销制度改革

日本自卫队的装备采购体制近十余年经历了较大幅度的调整改革。在 2001 年以前，"采购实施本部"一直作为自卫队负责中央采购的核心职能部门，归防卫厅直接领导。由于该机构权力过度集中，

造成相关人员舞弊渎职案件时有发生。2001 年 1 月，防卫厅对运行长达 47 年的"采购实施本部"实行拆分改编，将该部的成本核算部门纳入防卫厅管理局，其他部门和地方相关机构合并，共同组建了新的"合同本部"，隶属防卫厅装备局。然而，经过几年的实际运行检验，日本防卫当局发现这一权力分散式体制尽管有利于监督管理，但却不利于装备的全寿命周期管理，于是，2006 年 7 月，"合同本部"与"成本核算部"又在拆分五年多后，重新合并，改称为"装备本部"。2007 年，防卫省成立后不久，前防卫事务次官守屋武昌频繁接受军火商招待，并涉嫌在军需品采购上为该企业非法谋利一事被媒体曝光。此事不仅成为牵动防卫省改革的直接动因之一，同时也导致了原本与防卫厅本厅并列、地位重要且权力巨大的"防卫设施厅"因涉及渎职腐败案件而遭到裁撤。2007 年 9 月，"防卫设施厅"与"装备本部"一同改编为"装备设施本部"，从而使这一机构成为集装备采购和基础设施建设等权限于一体的高度集权部门。

从集权到分权，再到集权，日本自卫队的装备管理体制几经分分合合，最后又走回了原点。2015 年 10 月 1 日，防卫装备厅的成立将日本装备管理部门的一元化体制推向了极致。根据日本防卫省权威人士的解释，防卫装备厅将以往分散在防卫省内部部局、三自卫队参谋部、技术研究本部和装备设施厅中的装备采购部门进行了一揽子统合，并将其定位为防卫省的外局，其地位与当年的防卫设施厅等同。日本防卫当局不惜冒着可能再度出现集权腐败的风险，执意改组装备部门的根本理由便在于，这一举措与日本突破"武器出口三原则"和打开武器装备研发与生产新渠道有着密不可分的关系。

2013 年 12 月出台的《国家安全保障战略》与《13 大纲》，都在其中显要位置提到要重新审视"武器出口三原则"（禁止向共产党国家、联合国禁止的国家、冲突当事国或可能的冲突当事国出口武器及其零部件）。2014 年 4 月 1 日，日本内阁会议审议通过了"防卫装备转让三原则"，以取代"武器出口三原则"。尽管新的三原则对日本出口武器装备和军事技术设置了限定条件，包括不得妨碍维护国际和平与安全、对出口项目做出限定并进行严格审查、出口对象国在向第三方转让时需征得日本同意等，但毕竟这意味着日本将就此摆脱武器出口的限制。未来，与防卫装备厅的成立相呼应，

在日本东富士演习场，日本陆上自卫队进行演练

日本的装备研发与产销制度的改革也将水到渠成，日本军工技术的研发与产能将得到充分释放，日本政府战后长期维持对内高额装备采购、扶持军工企业的努力将得到丰厚的回报。对于日本的军事力量建设而言，其影响将是根本性的，不仅其装备技术研发能力将会因国际合作而得到大幅促进，其对内装备采购能力也将成倍提高。

日本的防卫改革走到今天，可以说，防卫体制已然是今非昔比。客观而言，宪法修订与否，对日本的防卫力量发展已不具备任何实质性意义。以 2015 年 9 月 19 日日本国会参议院通过《新安保法案》为标志，或者更严格地讲，以 2016 年 3 月前《新安保法》正式生效为标志，日本行使"集体自卫权"和防卫力量的全球化运用已经有了充足的法律保障。无论从何种角度来看待日本的防卫力量，它都已经是一个"正常国家"的"正常军队"。日本防卫改革所带来的"红利"将会在今后越来越凸显。

日本前任防卫大臣石破茂在 2008 年主导防卫省改革时，曾对自卫队做过一个定位性的表述："在掌控自卫队（军队）确保安全的同时，还应依靠自卫队（军队）谋求安全！"这句原文和中译文皆有些晦涩难懂的表述实质上是在为日本的防卫力量正名。首先，将自卫队注解为"军队"，这绝非不经意间所为。事实上，在日本防卫部门看来，自卫队早已经是真正意义上的"军队"，只不过没有取得应有的名分而已。其次，"掌控军队保安全"指的是防止"军队"有可能成为国家安全的破坏者，而"依靠军队谋安全"则指的是将"军队"作为国家安全的维护者！这句话的矛头所向当然不仅仅是所谓的"消极的文官控制"，更应包括日本的防卫体制、防卫政策以及"和平宪法"。很显然，其所追求的终极目标便是提高"军队"在国家政治生活中的地位，谋求"军队"的正常化。目前来看，这一目标已经接近成为现实。

印度军事改革：曲折中求发展

丁　皓

丁　皓

军事科学院外国军事研
究部亚非军事研究室副
主任，研究员，大校军
衔，学术带头人，印度
和南亚问题专家。著有
《印度军事基本情况》
《印度军事思想》《印
度军事力量的崛起》等，
发表学术文章50余篇。

经过独立以来60多年的建设，印度建立
起了一支规模位居世界第三的正规军事力量，
以及规模庞大、种类众多的准军事部队和后
备力量，有效地抵御了各种威胁，确保了国
家的安全稳定。进入21世纪，为适应世界军
事形势和战争形势变化的需要，印度启动了
新一轮军事改革，旨在解决制约国防和军队
发展的一些瓶颈问题，为军队向信息化转型
做好制度和机制安排。

一、印度军事改革的背景

一般认为，印度军事改革始于2001年2
月26日内政部长阿德瓦尼领导的部长小组向
政府呈交的有关国家安全、国防和军事问题
的报告。影响这一轮军事改革有两个主要因
素：一是1998年核试验所引发的严重后果；

另一是 1999 年印巴卡吉尔冲突的深刻教训，后者是更为重要的因素。实际上，印度有关这一轮军事改革的讨论早在冷战结束前后就已经发轫。冷战末期，军事转型之风在发达国家兴起之时，印度战略界也开始对国家安全和国防体系中存在的弊端进行讨论。

1987 年 8 月，印度以"维稳"名义，出兵斯里兰卡。印军以 15 个旅 7 万之众，在斯里兰卡鏖战三年，仍未能实现歼灭"泰米尔猛虎组织"的战略企图，最后被迫草草收场。造成印度出兵斯里兰卡失利的原因有多种，但最主要的原因在于印度诟病已久的国防和军队体制，导致国家战略目标与军事战略目标脱节，政治考量与军事需求抵牾，严重制约军队战斗力的发挥。与此同时，随着冷战的结束和苏联的解体，印度失去其最为依赖的外部市场和援助，特别是武器装备的供给突然面临巨大的断档风险。

在这种大背景下，印度于 1989 年大选，V. P. 辛格领导的印度人民党战胜国大党。执政伊始，辛格政府宣布了两项重大国家安全和国防改革动议。一是成立对后来产生深远影响的国防经费委员会（CDE），由国防国务部长阿伦·辛格担任主席。名义上成立该委员会旨在对军事开支进行合理化管理，但实际上其任务是对国防组织进行一次全面的调查和评估。该委员会的报告甫出笼，便引发了巨大的争议。报告内容涉及诸多对国防部文职官员不利的改革，包括建议对文职和军事财务办公室进行合并，关闭一些冗余的兵工厂等等。此外，报告也建议削减三军参谋长的一些权力。可以想象，该委员会的建议遭到文职官僚们的强烈反对，而原来积极主张改革的

印军 Pinaka214 毫米多管火箭武器系统行进在印度首都新德里国王大道上

三军主帅们也持冷淡的态度。两股力量合二为一，最终导致该委员会的建议无疾而终。辛格总理宣布的第二项措施是成立国家安全委员会（NSC），以便"根据政治、外交、经济和军事形势及其相互作用的影响，全面审视国家安全事务"。然而，新成立的国家安全委员会只召开过一次会议就再无任何动静，其命运也随着辛格政府的下台而夭折。随后的钱德拉·谢卡尔总理，尤其是拉奥总理由于忙于经济改革而顾不上国家安全委员会。

这时印度官方对国防和军事改革的努力似乎停止，但战略界围绕国防和军事改革的讨论仍在进行。1992 年，美国兰德公司著名战略分析师乔治·坦哈姆发表《印度的战略思想》一文。该文认为，由于独特的地理位置、历史和宗教原因，印度缺少一种战略文化传统和战略思想。尽管坦哈姆的观点遭到许多印度战略界人士的抨击，但事实上它在一定程度上也促进了印度战略界对国家安全和国防问题的反思和讨论，并在改革问题上形成了较为一致的共识。一大批前政府高级官员和军方高级将领，包括前国防部官员、著名的战略分析家 K. 苏布拉马尼亚姆，P. R. 查理，前陆军参谋长 K. 桑德吉，S. 纳姆比亚，VR. 拉加万，D. 班纳吉，贾斯特·辛格，K. K. 纳亚尔，拉贾·梅农等人，利用各自不同的平台，如印度国防研究与分析所（IDSA）、印度联合军种协会（USI）等积极宣传改革思想。与此同时，一些著名记者如马尔霍塔和谢卡尔·古普塔等人也利用新闻媒体为改革摇旗呐喊。此外，1993 年印度议会恢复了国防委员会，使得一些议员有机会直接接触、分析和评论国家安全和国防事务。这些议员广泛咨询了许多官方和非官方人士，并向议会呈交了独立的国防调查报告。这些不同机构和人员的参与与加入，使得有关军事改革的讨论更加白热化，改革思想日渐深入人心。

印度军事改革可谓万事俱备，只欠东风。然而，在政治层面就如何实施改革却缺乏一致意见，主要是长期执政的国大党对于强化军人权力具有一种天然的历史恐惧感，担心可能导致军人专权、擅权，这种担忧一直困扰着尼赫鲁及其女儿英迪拉·甘地。拉奥执政期间，忙于整顿和改革印度经济，也无意把国防和军队作为政府的头等要事。20 世纪 90 年代，印度人民党在印度政坛异军突起，力量不断壮大。相对于保守的国大党而言，激进的印度人民党对于国防和军事改革的兴趣更大。该党的一些著名人士如贾什旺特·辛格、K.C. 潘特等人，经常在媒体和议会谈论国防和军事改革问题。因此，当1998年印度人民党甫一上台，便采取了两项重大措施：一是进行核武器试验，公开核武化；二是任命由 K.C. 潘特为首的委员会，就设立国家安全委员会进行评估并提出建议。为缓解国际社会的制裁压力，印度政府很快宣布正式成立国家安全委员会和国家核指挥局，确保由文官掌控核武器。同时，提出"不首先使用"核武器和"可信的、最低限度的核威慑"两条基本原则。

与此同时，巴基斯坦利用印度国内政局不稳、军事力量相对衰弱之际，在克什米尔地区发动"代理人战争"，旨在通过低烈度冲突，将印度国力和军力陷于克什米尔地区，削弱和缓解印度对其施加的常规军事压力，并最终引发了1999年的卡吉尔冲突。这次冲突历时73天，印巴双方死伤近2000人，成为1971年第三次印巴战争以来最严重的军事冲突。冲突发生后，印度举国上下对巴基斯坦武装分子对印度的渗透程度深感震惊，并要求彻底检讨在安全、情报和国防等领域存在的问题。为平息公众的不满，印度政府成立了卡吉尔评估委员会，评估冲突原因，检讨国防安全问题，并提出应对措施。卡吉尔评估委员会由战略分析家 K. 苏布拉马尼亚姆、前陆军副参谋长 K.K. 哈扎里中将、信息作战专家维格斯准将和联合情报委员会主席 S. 昌德拉组成。该委员会在短短的6个月时间内访谈了许多在职和退休的官员，包括总理、国防部长、文职官员、情报人员和军官，并于12月15日向印度政府递交了一份报告。在犹豫再三后，印度政府于 2000 年 2 月将该报告送交印度议会，报告的非机密内容还向社会公开发布。为落实该报告提出的建议，瓦杰帕依总理于 2000 年 4 月 17 日下令组建了一个以内政部长阿德瓦尼为组长，包括国防部长费尔南德斯、外交部长贾斯旺特·辛格和财政部长亚斯旺特·辛格等在内的部长小组，总体评估国家安全问题并提出解决方案。部长委员会下设国内安全、情报、边境管理和国防管理等四个特别工作组，其中，国防管理特别工作组由前国防国务部长兼国防经费委员会主席阿伦·辛格领导。2001 年 2 月 26 日，部长小组向瓦杰帕依呈交了关于国家安全与国防改革措施的报告，后获得印度政府批准，由此拉开了印度当前军事改革的序幕。

二、印度军事改革的重点

印度军事改革范围广泛，涉及国家安全、国防领导体制、作战指挥体制、情报体制、国防工业体制，以及边境管理、军地关系、反恐作战、军人待遇等众多领域。纵观十年来印度军事改革的轨迹，虽然不同阶段改革的侧重点有所不同，但围绕高层国防领导体制、作战指挥体制和三军一体化的改革始终贯穿全过程，这是印度当前军事改革的重点，也是影响军事改革的瓶颈所在。印军是在继承英印殖民军的基础上发展起来的。这支军队不仅承袭了英国殖民者的安全、防务思想，也全盘接受了一整套英式的军事体制。印度独立后，在此基础上加以发展，逐步形成了目前以"文官治军、三级决策、三军分立"为基本特色的国防体制。

所谓"文官治军"，就是国防部掌控军队的领导管理体制。印度宪法规定，国防部由文官组成，是实体性部门，列入政府编制序列，拥有全面的军政权和军令权。强调军队是一种"非政治性组织"，要求军队确立"只执行命令，不过问政治"的思想。所谓"三级决策"，就是建立由最高国防决策机构、统一的国防领导机构、军队执行机构组成的三级国防决策体制。在这一决策链中，以总理为首的内阁安全委员会为最高国防决策机构；国防部是国防领导机构；军方处于最低层次，只有执行建议权，而无决策权。所谓"三军分立"，就是建立三军独立平行的军队作战指挥体制。军队不设统一的领率机构（如总参谋部），陆海空三军分别建立各自的作战指挥体制，军种参谋长作为军种最高指挥官，上对国防部长负责，下对本军种行使作战指挥职能。

印度建立"文官治军、三级决策、三军分立"的国防体制，一方面，确保了文人政府从权力结构、决策程序和军事预算等各方面对军队实施控制，避免了发生军人干政和军事政变的风险；另一方面，印度陆海空三军独立平行、自成体系的体制，提高了海、空军的地位，便于政府直接向海、空军拨款，给予特殊优厚的发展条件。此外，三军自成体系，分工明确，头绪简单，便于各自的训练、管理和指挥，避免了相互间的矛盾。但随着时间的推移，特别是经过战争实践，这一体制的弊端也显而易见，突出地表现为责任与权力分离、决策与执行脱节。从一定意义上讲，管住了军队，却牺牲了战斗力。主要表现在：

印军 T-72 扫雷坦克行进在印度首都新德里国王大道上

第一，从国防决策体系看，重大的军事决策权集中在内阁委员会和国防部手中，军方无权参与决策，容易造成决策失误。由于决策者没有军事背景，不谙军事规律与特点，只是从政治角度考虑问题，因而难免在决策上出现失误。如 1962 年的中印边境战争，印军认为失利的主要原因之一就是政治领导人和文官独断专行，战略决策缺乏军事考量，造成军事行动失误。

第二，从领导管理体制看，国防部与军方之间存在权责分离、决策与执行脱节的现象。一方面，三军司令部只是在国防部领导之下的执行指挥机构，不在国防部组织系统内，军队的财权、物权、调动权和福利待遇等均由国防部掌控；另一方面，国防部长和国防秘书等都是"政治性"文官，一般都是到期离职，频繁更迭，使他们不能深入了解国防和军事事务，同时又缺乏专业和技术背景，造成决策频繁失误，如印度经常出现花大钱买来的武器装备不实用、不适用的问题，但失误的责任和骂名却要由军队承担。

第三，从作战指挥体制看，陆海空三军各成系统，各自为政，严重影响军队的全面建设和联合作战能力的提高。由于没有统一的统率机构（总参谋部），参谋长委员会只是一个协调机构，既没决策权，也无否决权，造成军队建设缺乏整体协调。决策上的不协调表现在作战上的不协同、不合作，各打各的仗。第一次印巴战争，主要是陆军打的，空军只提供了运输支援，海军则未加使用。1965 年的第二次印巴战争中，担任陆军参谋长并兼任三军参谋长委员会主任的乔杜里将军，认为这场战争只是陆军的事，动用海、空军将是偶然的，因此没有通报海、空军。1999 年的印巴卡吉尔冲突，空军甚至拒绝出动作战飞机参战。

为此，印度多年来一直试图对国防体制进行改革，以解决功能紊乱和机制问题。在领导体制方面，采取的主要措施有：一是使三军参谋长列席内阁安全委员会会议，并成为国防安全委员会成员，参与最高国防决策，解决政治、外交与安全脱节问题。同时，成立国家核指挥局和战略力量司令部，既确保了文人政府对核武器的绝对控制，又使军队领导人进入了核武器决策圈。二是改组国防部，将陆海空三军总部与国防部合并，增加国防部军官人员比例，以减少决策渠道，增进协调与融合，增加国防管理和决策的专业性和科学性，消除高层领导管理体制存在的权责分离、决策与执行脱节问题。三是设立国防参谋长，使其成为参谋长委员会的常设主席和政府的唯一"首席军事顾问"，行使全军联合作战指挥权，以解决陆海空三军种各自为政、各自为战、缺乏协调的现象。四是以现有陆军军区、空军地区指挥部、海军地区司令部为基础，按地域编成各战区联合司令部，指挥权由战区居支配地位军种的指挥官负责，统一指挥战区内三军种部队的作战。为此，印军在孟加拉湾方面成立了安达曼与尼科巴三军联合司令部，统一指挥辖区内三军种所有部队及海岸警卫队，并以其作为试点，待时机成熟时向全军推广。

三、印度军事改革的效果

印度实施军事改革以来，在一些领域成效显著。如将军队领导人纳入国家安全委员会等决策机构，解决了国家安全和国防决策机制紊乱问题；成立国家核指挥局和战略力量司令部，解决了核武器的指挥与控制问题；成立了安达曼与尼科巴三军联合司令部，一定程度提高了陆海空三军联合作战能力；成立了国防情报局，增强了情报获取能力和情报协调能力；成立了国防采购局，基本理顺了武器装备采购关系，增加了透明度，提高了采购效率。然而，一些至关重要、具有全局性影响的改革，如设立国防参谋长、合并国防部和军种司令部、建立战区作战体制却未取得实质性突破。主要表现在：

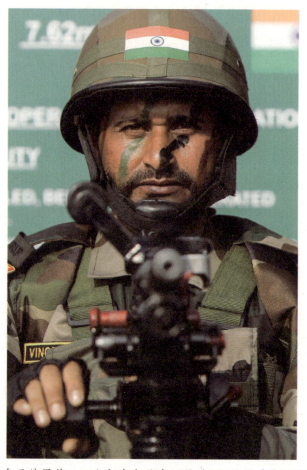

在印度浦那的奥恩德军营，一名印度士兵在"携手-2014"中印陆军反恐联合训练开训仪式上展示印军反恐武器装备

　　首先，国防领导管理体制方面权责分离，决策与执行脱节的问题未能得到根本解决。根据部长小组建议，解决领导管理体制方面权责分离、决策与执行脱节问题的主要措施之一是合并军种司令部与国防部。然而，在军种司令部与国防部合并问题上，由于担心大

批军人进入国防部使其权力受到削弱，文官强烈反对军种司令部合并到国防部，坚决反对大量军官到国防部任职。虽然经过妥协，国防部同意将部分行政权和财权下放给军种司令部，并将军种领导人纳入决策系统，但军种司令部与国防部的合并最终未能落实。

其次，联合作战指挥体制方面三军种各自为政、各自为战的问题未能得到有效解决。部长小组提出设立国防参谋长的建议，遭到来自国防部文官和军方的共同反对。国防部的文职官员们担心任命一个拥有较大权力的国防参谋长，可能导致其控制国防部，从而削减他们的权力；政治领导人也担心设立国防参谋长可能形成军中新的权力中心，增加军人政变风险；军队内部，空军和海军则担心设立国防参谋长，可能重回以前空军和海军受制于陆军的局面，因而也强烈反对这一建议。因此，军队内部意见的不统一，加上文职官僚和政治党派的阻挠，最终导致设立国防参谋长的设想无法实现。尽管后来成立了联合国防参谋部（IDS）作为一种过渡办法，但由于三军拒绝向其提供高素质军官，并在晋职晋衔等方面设置种种障碍，导致联合国防参谋部基本成为一个有名无实的空架子。由于未能设立国防参谋长，也使三军种的一体化进程深受影响。比如，由于担心受陆军的控制，陆军的"冷启动"作战理论始终未被空军接受，导致该条令始终未能在全军得到执行。

再次，联合司令部未得到推广，导致未能建立战区联合作战体制。根据部长小组的建议，印度在安达曼与尼科巴群岛设立了首个三军联合司令部，并计划以其作为试点，待时机成熟向全军推广。但该司令部自成立以来就面临行政管理和作战指挥两个难题。在行政管理方面，所属三军部队仍然拥有各自的后勤和预算系统，联合指挥官无权调配各军种部队的物资和资源。在作战指挥方面，各军种部队仍然根据各自的军种条令对本部队实施指挥与控制，联合指挥官也无权调动部队。印度计划制定一部武装部队联合法，以此来解决联合部队的指挥与控制问题，但由于三军缺乏共识至今也未能实现。由于安达曼与尼科巴联合司令部的有效性未能得到充分展示，导致其作为"试验田"在全军推广的计划始终未能落实。由于战区体制未能得到运用，导致联勤体制也未能建立，重复建设、恶性竞争和资源浪费的现象仍然未得到根本缓解。

四、前景

到 2011 年，印军新一轮军事改革已经实施了十年，但国防体制等顶层设计问题始终未能彻底解决，导致军队改革始终无法向深层推进，严重制约了印军的现代化建设。在这种情况下，印度政府于 2011 年 7 月 14 日成立了以曾担任过国防、外交和内阁秘书的 N. 昌德拉为首的委员会，对现有的国防和安全体制进行重新评估。2012 年 5 月 23 日，该委员会向印度政府呈交了报告，由此开启了新一轮军事改革的序幕。昌德拉委员会的建议主要包括：一是成立一个特别工作组，加紧制订国家安全战略和军事战略，改变国家长期缺乏战略指导的局面；二是加强国防部和三军种司令部的一体化整合，密切文官与军人之间的关系；三是加强陆海空三军种的一体化整合，成立军队统一领导指挥部门；四是加强国防部与财政部、外交部的联系与沟通，确保防务、外交与财政政策的协调；五是加强国防研发组织与国防生产局的联系，提高武器系统的研发和生产效率等。

从发展趋势看，印军未来领导管理体制和联合作战指挥体制方面可能走美军模式。在领导管理体制方面，国防部仍将是实体性国防部，拥有全部的军政权和军令权，但将优化其人员构成，由文官和军官共同组成。同时，将现有的陆海空三军司令部改成军种部，直接并入国防部领导，军种参谋长对所属机关和部队拥有行政领导权，但没有直接作战指挥权。在联合作战指挥体制方面，将可能采取美国式的参谋长联席会议制度，而不会效仿英国的国防参谋长模式。因为前者不但可以防止权力过度集中在参谋长身上，还能发挥集体智慧之所长，为国防部长提出军事和国防政策方面的最佳建议。印度将使现有的参谋长委员会主席常态化，使其成为总理和国防部长的首席军事顾问，平时就军队建设、国防发展、经费预算、装备采购、联合作战条令、联合训练政策向政府提出建议，战时协助国家指挥当局对军队实施战略指挥，监督军事活动等。国防参谋长将和国防秘书（国防部长的首席国防顾问）共同成为国防部长的两个主要顾问。同时，建立与联合作战指挥体制相适应的战区作战体制。

"百万大裁军"拓展中国精兵之路

蔡仁照

蔡仁照

国防大学教学督导专家组教授，博士生导师，少将军衔。主要从事军事历史与军事思想、国防和军队建设、军事战略研究等。著有《威慑论》《精兵论》《信息化战争论》等。其研究成果曾获国家图书奖、全军军事科研二等奖、"刘伯承奖"一等奖等。

1985 年 5 月 23 日至 6 月 6 日，中央军委扩大会议在北京召开。

这次会议作出了一个重大决策：减少军队员额 100 万。中央军委主席邓小平宣布这一决定时，竖起一个指头，满怀信心地说："我们下这样大的决心，把中国人民解放军的员额减少一百万，这是中国共产党、中国政府和中国人民有力量、有信心的表现。"

这是一次产生深远历史意义的会议，会上通过了《军队体制改革、精简整编方案》。这个方案，是深化军队体制改革的进军号，也是人民军队迈向现代化的冲锋号。

历史如此光辉地展现出人民军队百万大裁军的果断决策与辉煌历程。它启迪我们，人民军队正是在凤凰涅槃般的改革创新中提升战斗力，揭开强军制胜的现代化建设大幕。

一、百万裁军，提升军力的涅槃之举

百万军队，这不是一个简单的数字，它反映一定的战斗力，蕴含着人民军队建设发展的历程。军队数量是质量的基础。艰苦卓绝的中国革命战争中，中国共产党领导的人民军队一直为扩大数量而努力。

100 万，相当于当年我军参加"三支两军"任务（6 年先后有 280 万军队执行这项任务）的三倍多。

然而，"凡兵，务精不务多"。这是军事家的共识。在军事斗争领域，只有精兵强将，才能战无不胜。春秋战国时期，著名军事家孙武就提出了"日费千金，然后十万之师举矣"的军事经济思想，阐述了庞大军队的经济负担问题，主张建设一支精锐之军。美国独立战争时期的统帅华盛顿在总结南征北战的经验时，意味深长地说："取得战争胜利的军队是精锐的军队，而不是庞大的军队。"

"兵贵精，不贵多"，走有中国特色的精兵之路，这是我军建设的一条根本原则。早在 1945 年 12 月 15 日，毛泽东论述抗战结束后我军的建军方针时，明确提出："兵贵精，不贵多，仍是今后建军原则之一。"

军队的数量，关系军队的发展方向和战斗力生成，也关系到世界和平，国家安定，民族振兴。中国人民解放军是中国共产党领导下的人民军队，是人民民主专政的坚强柱石，是社会主义祖国的"钢铁长城"，是建设有中国特色社会主义的重要力量。在 20 世纪 80

年代中期，高新技术广泛应用于军事领域，战争观念、作战样式不断更新，军事斗争形式日趋复杂，人民军队如何走中国特色的精兵之路？

答案是明确的：改革创新，大力提高军队质量。

任务是繁重的：走有中国特色的强军之路。

然而，"文化大革命"后期，人民解放军的员额已超过600万。"文化大革命"结束，我军贯彻1975年军委扩大会议精神，把调整体制编制作为军队整顿的重要任务。1980年至1984年，我军转业了40万干部。1985年召开军委扩大会议时，军队"消肿"已经取得了重大成绩，但军队"肿"的问题还没有从根本上得到解决。在这个历史关头，人民解放军再要精简员额100万，这是涅槃般的战斗力新生，有机遇，更有挑战。

这需要世界眼光、战略视野，更需要坚定果断的战略抉择。

二、"文化大革命"造成军队臃肿

精兵，即军队的编制精干，官兵精英，装备精锐。国防和军队建设的实践表明，精兵是国防现代化建设的基石，是强军之要。走中国特色的精兵之路，这是人民军队发展壮大的时代呼唤，也是建设一支能打仗、打胜仗的人民军队的历史必然。

新中国成立以来，我军始终不渝地在深化体制编制改革、加快国防现代化建设的道路上不断探索，先后对体制编制进行十多次重大调整。我军不断发展壮大的历程，特别是改革开放以来我军历次精简整编，实质就是适应形势任务需要，走中国特色精兵之路的伟大实践。

1950 年 4 月，我军员额达到 550 万。当时，解放战争接近尾声，全国形势基本稳定，中共中央、中央军委决定，把我军总数由 550 万精简到 400 万。

1953 年 12 月，全国军事系统党的高级干部会议决定，把全军整编为 350 万人。

1957 年 1 月 7 日至 27 日，中央军委扩大会议通过了《关于裁减军队数量加强质量的决定》，全军员额精简 36%。

1959 年至 1965 年期间，由于中苏边境、东南沿海、中印边境的种种矛盾加剧，我军进行整军备战。至 1965 年，全军总员额扩展到 400 万人。

"文化大革命"十年动乱，我军建设受到林彪、"四人帮"的严重干扰和破坏，"搞得相当乱"。当年，军队担负"三支两军"和准备打全面战争，致使部队的编制定额不断突破，军队数量剧增。据 1972 年 7 月统计，军队机关及直属单位等的员额占 21.4%，达 127.3 万人，各种保障部队的员额占 27.2%，达 162 万人，军以下战斗部队仅占 51.4%，为 306 万人。更为严重的是，"文化大革命"结束前，军队员额还在增加，一度达到 600 多万。由于战斗部队与保障部队、机关直属单位的比例失调，机构交叉重叠，指挥层次多，致使后勤保障体系庞杂，调度不灵，机动不便，严重影响部队战斗力提高和国防现代化建设。

1975 年 1 月，邓小平复出担任中共中央军事委员会副主席兼总参谋长后，首次在总参谋部机关团以上干部会上讲话时，就一针见血地指出："军队臃肿不堪，军队的人数增加很多。"邓小平看到当年我军存在着"肿、散、骄、奢、惰"等问题时，第一个问题就是"肿"。历经中国革命战争腥风血雨的邓小平深刻指出：如果"军队很臃肿。真正打起仗来，不要说指挥作战，就是疏散也不容易"。

和平时期，一个国家的军队臃肿，弊端多多。

——军队臃肿，妨碍军事装备现代化建设。军队不精干，员额过于庞大，就不得不把许多钱花费在人员的穿衣吃饭上面。在国防经费投入有限的情况下，一支"肿"的军队就必然会影响国防科研任务的完成，影响武器装备的更新换代。

——军队臃肿，不得不使国家支付的军费相当大。这就不利于国家的经济建设，最终影响军队的自身建设。经济发展是加强国防建设的基础。和平时期，国防建设要与经济建设协调发展。

——军队臃肿，就必然会使机关庞大，各级指挥不协调，难以适应现代战争的要求。像当年那种臃肿状态的高层领导机构，根本不可能搞好指挥。真正打起仗来，不要说指挥作战，就是疏散也不容易。邓小平风趣地说："跑反都跑不赢。"

——军队臃肿，容易产生官僚主义，严重影响工作效率。领导太繁杂，不但基层不好办事，上层处理问题画圈圈都难。当年那种臃肿状态，解决问题很难，好多问题一拖就是好长时间。

——军队臃肿，难以培养人才，选拔优秀军事人才。邓小平认为，军队如果像"过去那样臃肿，根本无法培养人才，选拔人才"，"现在的庙很多，每个庙里的菩萨也很多，老同志盖住了，年轻人上不来"，这对我军建设是十分不利的。

三、世界新军事革命催生精兵之路

走精兵之路，强军之路，这是时代的呼唤。

和平与发展的时代，是激烈竞争、无情淘汰的时代，也是军队建设在变革中不断发展的时代。纵观世界军事领域，每日每时，都可以听到军队变革的脚步声；每年每月，都能够看到变革后新型战斗部队的英姿。

发端于20世纪六七十年代的世界新军事革命，吹响了提高军队质量的号角。1974年爆发的第四次中东战争，电子战大显身手。"大鸟"侦察卫星为以色列军队提供的信息，导致战争初期占据主动地位的埃及、叙利亚军队陷于极度被动，以致影响战争结局。1982年发生英阿马岛战争，导弹战令世界震惊。"飞鱼"导弹击沉"谢菲尔德"号驱逐舰后，身价倍增。以信息技术为推手的世界新军事革命的初期成果，敲响了军队转型的警钟。国际舞台上，筹建快速反应部队方兴未艾，数字化部队又跃跃欲试。

科技领域发生的飞跃性进步，先进科技在军事领域的广泛应用，历史地把军队建设推进到"新技术革命""新军事革命"的潮头。高科技已经成为现代军队战斗力的基本要素和新增长点。站在历史变革的交汇点上，就会有一股新的力量迎面扑来。"科技密集"反映了军队现代化建设的时代特征。信息资源就像水能资源一样，是人类活动不可缺少的资源，更是强军打胜仗的催化剂。信息技术改变了人们对传统的时间、空间和军事知识的理解，军队建设的观念发生了深刻变化。

质量，这个在经济领域十分普通的术语，从来没有像信息时代那样对军队建设带来深刻影响。夺取未来战争的胜利，需要有一支高质量的军队，需要提高军队的快速反应能力、远程机动能力、精确打击能力、综合保障能力，需要把我军建设成为一支现代化的精锐之军。

适应世界新军事变革发展，军队的新型武器装备的种类增多，技术要求高，对军队的编成提出了新的要求。提高军队质量，最大限度地形成战斗力，就要深化改革，优化编制体制。建设一支新型的"质量效能型"的人民军队，才能在维护国家安全制高点上取得主动。

面对世界新军事变革的时代潮流，面临"数字化军队"的挑战和信息战的考验，我们必须对"优化体制编制，提高军队质量"这一时代命题，交出一份合格的答卷。

四、和平发展时代主题呈现战略机遇

第二次世界大战结束后的一个时期，国际社会处于冷战对峙状态。以美国为首的"北约"组织与以苏联为首的"华约"组织长期对峙，备战抗衡，严重制约了经济发展，影响民众生活水平的提高。民族矛盾、宗教纠纷、地区冲突连年不断,但发生全面战争的可能性不大。

一些国家基于和平发展的大趋势,把裁减军队数量、优化军事体系作为加强军队质量建设、谋求军事优势的战略性举措。二战以来,外军的体制编制平均每6—9年进行一次大的调整,其间还有许多次小调整。通过这些调整,军队的结构更加适应现代局部战争的要求。美国军队把优化体制编制列为与军事理论、武器装备、人员素质并列发展的"四大支柱"之一。二战结束至20世纪80年代初期,美军先后进行了5次、法军先后进行了6次、英军先后进行了7次编制体制大调整。

透过外军精减员额的"窗口",可以看到两大趋势:一是裁掉了一些老旧武器装备的部队。二是减少减缩编制员额。这种世界性的"裁""减"大潮,表面上看起来减少了军队和武器装备的数量,实质上是使军队更加精干,增强了潜在的军事力量。

1985年5月23日至6月6日,中央军委召开扩大会议,邓小平对和平与发展问题以及中国周边安全环境进行了科学分析,明确提出,虽然"世界战争的危险还是存在的",但"在较长时间内不会发生大规模的世界战争是有可能的"。这一判断表明,我军建设发展处于一个新的战略机遇期,能否抓住机遇加快发展,关系到国防现代化的进程,关系到提升维护国家安全的战略能力。

基于对国际国内形势的科学分析和准确判断,军委扩大会议作出了军队建设指导思想实行战略性转变的重大决策,即从长期以来立足于早打、大打、打核战争的临战准备状态,转变到和平时期建设轨道上来。会议要求，充分利用大仗打不起来的战略机遇，抓紧时间，有计划、有步骤地进行以现代化为中心的根本建设；减少数量，提高质量，增强军队在现代条件下的作战能力。为抓住这一战略机遇，军委扩大会议作出裁减军队员额100万的决定，通过了《军队体制改革、精简整编方案》。

这是军队建设的"根本性转变"。

抓住机遇，精简员额，将使军队质量产生质的飞跃。

精兵强军，反映了和平时期军队建设的客观规律。走精兵之路，把我军建设得更加坚强，更有生机，更具威力。

五、历史伟人的睿智与决断

百万大裁军，离不开政治家的睿智与决断。邓小平主持军委工作以来，明确提出了"军队要整顿"，要"消肿"。邓小平认为，"搞好军队的编制整顿、体制整顿，可以适当解决军队的其它问题"。对于当年的精简整编，中央军委主席邓小平提出了一系列极为深刻的思想。

——"精简机构是一场革命"。如果不搞这场革命，继续目前这样机构臃肿重叠、职责不清，许多人员不称职、不负责，工作缺乏精力、知识和效率的状况，这是不可能得到人民赞同的。

——消肿"主要是要解决军队机构重叠、臃肿，以及由此带来的各级指挥不灵等问题"。搞四个现代化也好，把军队搞精干、提高战斗力也好，都需要"消肿"。即使战争要爆发，我们也要消肿。

肿，就是表现我们指导战争的能力不高。……不消肿就不能应付战争。

——军队的结构要进一步优化。军队一定要讲质量，讲真正的战斗力。军队的体制编制要有利于提高工作效率，有利于选拔和培养人才。要通过深化改革编制体制，把我军建设成为一支机构精干、指挥灵便、装备精良、训练有素、反应快速、效率很高、战斗力很强的精锐之军。

邓小平提出的"军队要整顿""消肿"、优化结构的思想，指明了深化体制编制改革的方向，为百万大裁军奠定了思想理论基础。邓小平先后两次主持军委工作，一次抓"消肿"，一次抓精简，一共裁减员额300余万。（1975年至1985年，在邓小平关于"坚决减少军队的人数"的思想指导下，我军逐步裁减员额200余万；1985年至1987年，我军又决定裁减员额100万。）

六、大裁军提升新型作战能力

百万大裁军，是我军历史上第三次大规模精简，也是改革开放以来的第三次精简，闪现出一系列创新体制编制、走强军之路的亮点。

——总部以下各级机关经过合并精简，减少了中间层次，使指挥系统更加顺畅。百万裁军的重点是总部、大军区、军兵种和国防科工委机关及直属单位。11个大军区合并为7个，减少了4个大军区；撤销31个军级单位和4054个师团级单位。军委和军区炮兵、装甲兵、工程兵领导机关分别改为总参谋部和军区司令部的下属部门。撤销了基建工程兵，将铁道兵并入铁道部。总部以下各级机关经过合并精简，三总部机关编制人员精简超过47%。

——加大了技术兵种的比例，改变了诸兵种自成体系、独立发展的旧格局，增强了整体合力和独立作战能力。陆军淘汰了骡马，实现了摩托化和半机械化。将装甲兵部队的全部，炮兵、高炮部队的大部及部分野战工兵部队编入陆军集团军序列。整编后的陆军集团军加大了特种兵的比重，构成了以装甲兵、步兵组成的地面突击力量，以炮兵、防空兵、陆军航空兵组成的火力支援力量，以侦察兵、通信兵、工程兵、防化兵、气象和电子对抗专业部（分）队组成的作战保障力量，以运输、修理、输油管线、卫生、军需、器材等专业部（分）队组成的后勤保障力量。

——改变了官兵比例失调的状况，使官兵比例逐渐趋于合理。进一步健全和完善了军官服役等法规制度。实行干部退休制度、文职干部制度和军士制度，减少了军官数量。全军官兵比例由整编前的1:2.45调整到1986年的1:3.3。

——组建了预备役部队和应急机动作战部队。国家武装力量的组织体系适应国防现代化建设的新要求，适应构建中国特色的现代军事力量体系的新特点。

——撤并了部分院校。将1978年初重新成立的军事学院、政治学院、后勤学院，合并成立中国人民解放军国防大学。

这次体制编制调整改革，到1987年底基本完成。后来，根据形势和任务的要求，军队体制编制又进行了一些小的调整，并继续裁减了一些员额。到1990年，全军员额已减少到319.9万人。与此同时，还削减了大量落后陈旧的装备，其中各种火炮近 1 万门，各型坦克 1100 余辆，各型飞机近 2500 架，各型舰艇 610 余艘。

至此，陆军的特种兵数量第一次超过了步兵数量，炮兵成为陆军中的第一兵种，装甲兵成为陆军的主要突击力量，陆军航空兵、海军陆战队、陆军防空导弹部队等一大批新的兵种纷纷诞生，骑兵、司号兵等不适应现代战争的兵种和专业被取消。

特种兵的大量充实及各兵种的有机结合，使集团军的火力、突击力、机动力、防护力和快速反应能力均有较大提高，整体作战能力空前增强。

陆军集团军的组建，标志着人民解放军的现代化、正规化建设进入了一个崭新的阶段。

百万大裁军，使人民解放军在现代化建设的道路上迈出了重大步伐。正如邓小平所说："减少一百万，实际上并没有削弱军队的战斗力，而是增强了军队的战斗力。"

努力构建中国特色现代军事力量体系

赵子聿

赵子聿

国防大学战略教研部危机管理中心主任，教授，博士生导师，校学术委员会委员，大校军衔。学科带头人。长期从事国家安全战略和危机管理研究，在20多项国家和军队重大课题中担任负责人或主笔，出版《国家安全危机决策》《国家安全危机管理析论》等著作。

在党的十八大作出"构建中国特色现代军事力量体系"重大决策部署近三年后，2015年11月召开的中央军委改革工作会议，进一步明确要"努力构建能够打赢信息化战争、有效履行使命任务的中国特色现代军事力量体系"。舆论普遍认为，这次新中国成立以来最全面深刻的国防和军队改革，将真正构建起崭新的、科学的、高效的、符合中国国情军情的现代军事力量体系。

一、中国特色现代军事力量体系的本质内涵

正确认识现代军事力量体系的本质内涵，是构建中国特色现代军事力量体系的逻辑起点。所谓现代军事力量体系，主要指以国家安全与发展需求为牵引，以综合国力为基础，以军队为主体，以组织形态现代化为主要标

志，按照现代战争规律，依靠现代科学技术特别是信息技术，通过军队人员和武器装备高效融合，从而形成具有新质战斗力的有机整体。简言之，体系建设的基础和关键是信息化，形态和趋势是模块化。

由于受社会制度、国防政策和军事战略、经济和科技发展水平、地理环境和文化传统等因素影响，世界各国对现代军事力量体系的理论界定和实践认知也各不相同。按国家奉行的国防政策和军事战略性质，可分为扩张型和防御型；按军事战略目标和军事能力影响，可分为全球型、区域型和本土型；按技术水平和形态，可分为机械化、信息化等类型。美国军事力量体系属于扩张型、全球型，信息化程度最高，其六大战区司令部，管辖范围覆盖全球主要区域，点多线长，国防部管不过来，各战区司令拥有绝对权威，直接为美全球霸权服务；而俄罗斯军事力量体系则属于能辐射周边的区域型，虽然信息化程度也比较高，但其四大军区（战区）主要辖地在本土，与美军的战区有很大不同，其指挥体制比较强调发挥总部和战区两级的作用。

构建中国特色现代军事力量体系，应立足国情军情实际，以军队为国家军事力量主体，以国家经济社会对国防和军队的支撑为根基，构建与我国国际地位相称、与国家安全和发展利益相适应，具有世界先进水平的军事力量体系。这一体系的关键，在于提升国家整体军事战略能力，确保能够预防和应对各种重大威胁、危机和战争，维护国家总体安全，支撑国家长远发展和民族伟大复兴中国梦。其核心要求是精干、联合、多能、高效，时代内涵是机械化向信息化跃变，组织形态是条块组合向体系融合转型，战略特质是国防和军队建设纳入国家总体战略。同外军相比，我军有鲜明的"中国特色"，如政治上坚持党的绝对领导、地缘上贯彻积极防御思想、技术上坚持自主创新等。特别是，党对军队绝对领导是军魂，军队实行"双首长制"和独特的政治工作制度，这一制度经过战争历史考验，只能改善和加强，不能削弱。

当然，随着时代发展和技术进步，有些特色需要与时俱进、不断完善。要大胆借鉴，敢于学习，对于好经验、好做法，无论是敌是友，都要虚心学习。比如，我军原有的指挥体制效能不高，已严重阻碍新质战斗力的生成和提高，而美俄等军事大国在军事变革和军队信息化建设方面起步早，走在了前面，我们应该认真学习借鉴。

需要强调，"现代"是根本，"特色"是灵魂。没有"特色"的"现代"，就是盲目效仿、脱离实际，甚至自乱阵脚；没有"现代"的"特色"，就是抱残守缺、固步自封，最终被历史淘汰。与美俄相比，我国面临的安全问题要严峻复杂得多，既有老问题也有新问题，既有国内安全问题，又有国际安全问题，特别是能源和贸易通道、境外投资、企业和人员安全等新问题，正变得异常突出。所以，构建军事力量体系，不仅要着眼国土和近周边防御，还要着眼境外战略利益区（点、道）防卫，脱胎换骨重塑力量架构，根本转变内在运行模式。近一段时间，有西方媒体把这次我军改革说成是"放弃苏联架构，转向美国架构"，显然是没有弄清楚"中国特色"与"现代"的关系。

二、我军原有军事力量体系的结构性问题

经过 60 多年建设发展，我军形成了以陆战力量为主的军事力量体系。军队员额虽一减再减，但结构和比例不协调的问题始终没有得以很好解决，军队规模形大体虚，应战应急用得上的力量不足，难以适应完成多样化任务、打赢信息化战争的要求，背离了世界大势和军事发展规律。上世纪 90 年代以来美军主导的海湾战争、阿富汗战争、伊拉克战争等，甚至包括俄罗斯进行的打击恐怖组织"伊斯兰国"(IS)的海空联合行动，都是信息化程度很高的联合作战行动，需要军队多机构、多部门、多种力量的密切协同，需要先进的 C^4ISR 系统作支撑。与之相比，我军存在不小差距，或者叫结构性问题。归纳起来，主要是五个方面：

陆战型结构，海空功能不强。我军由陆军起家，很长时期主要在陆地打仗，陆军在力量体系中始终扮演支柱和基础角色。这个问题，在改革开放之前并不严重，但随着形势发展变化，变得越来越突出。其根本原因是，我国不再面临大规模陆上战争威胁，陆战型军事力量体系结构已不能适应国家安全与发展新需要。审视现行军事力量体系，随处可以看到重陆思维的浓重阴影，特别是在总部和军区（战区）等关键层级，陆军实际占据绝对主导地位。与此对应，尽管海空军武器装备更新步伐明显加快，新型作战力量日益受到重视，但婆婆多、束缚多，导致其职责权限和地位作用有限，在整个体系中功能偏弱，难以在军事力量建设、发展和运用中担当关键角色。

防御型结构，攻击能力不够。新中国成立以来，我国面临的外

平原型无人机中继平台在高原首飞起飞

部威胁从未消除，军事斗争准备主要围绕"防外患"做文章。我军先后进行十多次改革，一直强调积极防御，但主格局始终未变。由于军队建设重心在"防"，军事力量体系"烙印"很深。以空军为例，主要是依托本土作战，强调国土防空，实际上是等着敌人找上门。别人可以跑到我家门口炫耀武力，我却不能到他的家门口警告示威。同样，海军部队主要立足于在近海"歼灭敢于来犯之敌"，多不具备离岸对陆攻击能力，对域外之敌难以形成有效震慑。只防不攻，等于无防。我不一定要在短时间内拥有针对强敌的对等打击能力，但必须尽快拥有"人若犯我，我必犯人"的对应攻击能力。只有这样，别人才会把我发出的警告当回事，才会懂得肆无忌惮、有恃无恐挑战我底线的严重后果。

近战型结构，远战效能不足。我国如今已成为经济和贸易大国，与世界深度融合，利益遍布世界各地，不确定安全威胁随时可能出现，只盯着家门口"一亩三分地"已经远远不够，必须走出去保护利益、生命和财产。我军虽拥有 230 万之众，但主体力量多限于领土及近周边，作战体系仍属于近战型，无法满足快速增长的境外安全需求。但军事力量走出去并不容易，没有海外依托、没有境外接力和补给点、没有可靠的伙伴支持，即便走出去也走不远，走远了也站不稳。倘若在境外发生针对我的重大危机和突发事件，我军能够远距离投送、实施快速部署和防卫的力量还很有限，不要说承担大国责任和履行国际义务，连本国利益和人员安全可能都难以有效保护，更不能奢谈应对日益多样化的安全威胁和挑战。

合作型结构，联合程度不深。美军联合作战搞了差不多 70 年，为了向联合作战聚焦，在三军力量结构调整上反复折腾，不断改造和重组，现已基本建成基于信息化的三军联合作战力量体系。我军搞联合作战一二十年了，却始终在低层次徘徊，一个重要原因，就是总部和军兵种条块分割、彼此封闭，令出多门、效能低下，严重阻碍军事力量结构再造和重塑，致使所谓"联合"成了"四不像"和"畸形儿"，更像是各单位、各部门之间的临时"合作"。在这种情况下，即便单件装备、某个领域说起来很先进，也合不起来，形不成拳头，即便勉强合起来，也会出现严重的"木桶效应"，打不了像样的仗。现实表明，我原有军事力量体系距现代战争军兵种深度融合的联合作战要求还有巨大差距，必须加速弥补。

管理型结构，实战水平不高。有人可能会说，我军有着光荣的革命传统，在历次伟大战争实践中屡建奇功，怎么能说是管理型结构？实际上，看一支军队是实战型还是管理型，关键要看一个指标，就是各级指挥员，究竟能够把多大的精力放在作战训练上，带兵打仗的人是不是行家里手，搞作战训练的人是不是人尽其才。如果一支部队的军政主官，把主要精力放在管理上，这支部队不可能是实战型部队。反之，他们把全部精力都用在琢磨对手和锤炼部队上，这支部队也不可能是管理型部队。我军原有力量体系是建用一体，赋予各级大量管理职能，且分工越来越细、越来越复杂，职能越来越膨胀，严重挤压着战略筹划和作战训练。"反正不打仗，谁干都一样"，一些人便热衷于做表面文章，搞假、大、空，用人标准模糊，谋打仗、想打仗的人不再吃香，部队实战水平下降。

三、构建现代军事力量体系的战略牵引

众所周知，体系依托结构，结构决定功能，功能源自需求。不一样的安全需求，力量体系也必然有所不同。当前，世界大国构建军事力量体系的战略牵引，主要有"基于威胁"和"基于能力"两种模式。前者主要是针对确定威胁，发展专门军事力量；后者主要是针对不确定威胁，发展"多能"力量。但二者也都存在先天不足。例如，冷战时期美国一度奉行"基于威胁"模式，然而苏联解体后，现实中突然失去了大威胁、大对手，军事力量发展随之失去了方向

歼-15 舰载机在"辽宁舰"上准备滑跃起飞

和牵引。基于此，美国提出"基于能力"模式，试图建立一个包容性更大的军事力量体系，以应对可能随时出现的中小对手、中小威胁。在克林顿时期提出"打赢两场战争"能力指标之后，布什提出"1-4-2-1"能力指标，即除了保护本土之外，还要在欧洲、东北亚、东亚沿海、中东四个地区有能力威慑敌对行动，确保在同时发生的两场战争中击败敌人，并至少在其中一场战争中取得决定性胜利。但这种模式并不成功，比如在阿富汗和伊拉克战争中，美军军事能力很强，应对非传统作战却力不从心。俄军近年来也高度重视以能力需求牵引军队建设，认为未来武装力量将不是按军种，而是按照武装力量各个组成部分所担负的战略战役战术任务来建设，但在实践中也屡屡进行调整和修正。

我军不同于美军，也有别于俄军。新中国成立后相当长时期，我国安全环境中始终存在明确的战争威胁和作战对手，军事力量体系建设必须也只能围绕威胁和对手来筹划和设计。其基本逻辑是：首先分析国家安全面临的威胁，瞄准主要威胁确定军事任务，依据军事任务确定军队规模，最后按照军队规模划分各方向、各军种、各部队的力量结构和能力建设。新的历史时期，我国安全环境发生新的深刻变化，既面临确定对手，又面临不确定对手；既存在现实威胁，也存在潜在威胁；既有传统安全威胁，也有非传统安全挑战。在这种情况下，构建现代军事力量体系，则需要吸取国内外经验教训，着眼未来需要与可能，从基于威胁牵引发展模式，逐步调整为"基于任务、基于目标、基于能力和基于威胁"四位一体发展模式。其中，"基于任务"就是十八大提出的"建设与我国国际地位相称、与国家安全和发展利益相适应的巩固国防和强大军队"；"基于目标"就是"三步走"战略明确的"加紧完成机械化和信息化双重历史任务，力争到二〇二〇年基本实现机械化，信息化建设取得重大进展"；"基于能力"就是"积极运筹和平时期军事力量运用，不断拓展和深化军事斗争准备，提高打赢信息化条件下局部战争能力为核心的完成多样化军事任务能力"；"基于威胁"就是"既要应对国家主权、安全和领土完整传统安全威胁，还要高度关注海洋、太空和网络空间新型安全威胁"。

远程火箭炮发射新型弹药

四、中国特色现代军事力量体系的主要构成

回答这个问题，首先需要全面分析国家安全环境，搞清楚国家发展处在什么阶段，面临什么样的现实和潜在威胁，战争可能在哪些方向或区域发生，有哪些现实和潜在对手，以及需要进行何种规模和强度的军事行动，等等。其次，要准确把握战争新形态，搞清楚现代战争的新理念、新特征、新机理、新手段、新战法、新规则等。同时，要综合评估国家可用资源状况，搞清楚是否有充分财力、物力和技术条件，在多大程度、多长时期足以支撑军事力量体系的建设与运用。在此基础上，按照需求牵引、优化结构、强化功能思路，

重点从以下四个方面来思考现代军事力量体系建设。

战略威慑力量。当今世界，各国在强调维护世界和平的同时，也更积极地把战略威慑作为确保自身安全的底线支柱，"核武器仍是战争终极手段"的观念依然根深蒂固。事实上，自从美苏都拥有核武器以来，有核国家越来越多，核武器虽再未在实战中使用过，但核武器事实上已转化为政治性武器，谁也不愿冒难以承受的战争和道义风险。随着核和非核领域超常规的新概念、新技术装备不断涌现，其大威力、小风险、低门槛特征，正在使传统核力量被取代成为可能。在此情况下，战略威慑的内涵需要进一步拓展，在筹划战略威慑力量时，不仅要继续优化传统核力量，强化其底线支撑作用，还要构建新型威慑力量，使两者互补长短，发挥新的综合威慑效能。

国土防卫力量。要着眼应对周边挑战和地区危机，在多维空间形成国土防卫力量体系，确保国家领土主权和社会稳定。国土是军事力量"大本营"，政治和战略意义举足轻重，必须确保万无一失。国土防卫的关键是"攻防一体"和"足够空间"。所谓"攻防一体"，就是既要有坚固盾牌，又要有锋利长矛，两者形成最佳匹配、最佳融合；所谓"足够空间"，就是把国土防卫空间尽可能扩大，"盾"做得要足够大，"矛"做得要足够长。鉴于"矛"和"盾"是对立统一体，不同时期、不同对手、不同时空，国土防卫的重心也会有所不同，要根据不同需要构建不同的国土防卫功能模块体系。

远程打击力量。未来战场，对远程精打能力的需求将越来越多，要求将越来越高，实战意义将越来越大，应当作为未来力量体系建设的拳头来打造。一般说来，需高度重视三类力量建设。一是海基力量，主要依托大型水面舰艇、海上浮动平台、攻击型潜艇等海上作战平台，以及相关接续保障平台，遂行由海对海、由海对陆、由海对空天等防卫行动。二是空天基力量。主要依托空间、邻近空间、外空等相关力量和平台，遂行天对天、天对地、天对海等防卫行动。三是战略投送力量，主要依托战略运输机和轰炸机、两栖舰艇、陆战队、空降部队、中远程导弹集群、特种部队等力量，遂行远程保障、远程救援、远程护卫等防卫行动。

支援保障力量。要着眼统一规划、打破壁垒、完善功能，构建全维全要素支援保障体系，有效支撑各种功能模块及其所形成的作战力量，推动实现国防和军队建设整体转型。这是现代军事力量体系建设的重中之重。支援保障的核心是信息流，既要保障物质流和能量流高效释放，又要作为物质流和能量流本身高效聚能，不仅支撑国土防卫、战略威慑、远程打击的高效运行，还要为多样化军事行动提供保障。同时，能够通过信息感知、分析、预警、监测等手段，实现战场透明，并有效干扰和破坏敌战场体系，实施高效指挥。比如信息感知，包括对天感知、对空感知、对地感知、对海感知、对水下感知，以及气象感知、电磁空间感知等，必须为我军事行动提供一切必要的信息情报支持。

构建中国特色现代军事力量体系，是一项系统工程，其复杂性、艰巨性前所未有，没有现成经验可循。是否成功，关键在一个"联"字。联得好，就会形成相互借重、有机结合的整体。各军兵种要着

辽宁舰从山东青岛某军港解缆起航

眼"联"来构建能够通联融合的各类功能模块，确保能够按照统帅部意志、战场态势和作战需求，在最短时间内组成最优搭配功能模块组合，形成能够执行不同任务的"变形金刚"。这个组合，主要依托通用平台插拔、压缩、扩展，既可组成战略威慑和战略打击力量，也可组成各种作战和非作战力量。

"大军区"体制告别中国军事舞台

徐 焰

徐 焰

国防大学教授,博士生导师,专业技术少将军衔。军事思想和军事历史学科带头人,中国军事科学学会历史分会副秘书长,"全军优秀教师""全军杰出科技人才奖"获得者。著有《抗日战争史录》《毛泽东军事思想发展史》《第一次较量》等。

世事有兴替,往来成古今。紧跟时代进步,适时实现体制变革,是一个政党、一个国家和一支军队兴旺发达的标志,近来军队的改革正标志着解放军建设进入一个全新的阶段。对我们这些有几十年军龄并在军区部队度过青春岁月的人来说,感触最大的一点就是取消大军区而重划战区,实现新的"军委—军种—部队"的管理体制,这就从根本上改变了以陆军为主体的各大军区既管指挥又负责部队管理的传统体制。尽管笔者非常怀念几十年前曾经工作的大军区,却也深深感到,在某种意义上体现着"大陆军"思维的大军区体制已落后于信息化时代的要求,它在完成了历史任务后告别军事舞台就势在必然。

一、国土防卫思维形成长久延续的大军区体制

一个国家实行什么样的军事指挥和管理体系，都是根据自身战略目标和武器装备水平而定。以海洋为发展重点且经济发达的国家往往会以发展海军为主，陆向型的国家和经济相对落后的农业国却一般都是重点建设陆军。从古代至近代的中国都是以农立国的大陆型国家，军事上一直重陆轻海，民国年间建立的海军、空军都弱小得微不足道。人民解放军是从"小米加步枪"的陆战起家，新中国成立后开始建立的海军、空军长期力量弱小，在这种物质基础上的国防建设只能是以陆地防卫为主，因而在过去野战军和地方军区的基础上建立起大军区制。

追溯军区制度的起源，据查最早在8世纪的东罗马帝国（拜占庭）建立，主要应用于其内陆分区防御，继承了拜占庭传统的俄罗斯后来沿袭了这一制度，也反映了其陆上大国的特点。苏联沿用了沙俄的大军区制度，除了在卫国战争中将军区改为方面军外，其他时间都是以划分军区方式部署国内各战略方向的驻军和作战任务。苏军的军区都以陆军为主体，海空军都是其下属单位，战争时期的各方面军也是以陆军为主而将海空军配属其指挥。

1950年初中国的国内战争结束，各野战军随即变为大军区，形成了军委下辖各总部（包括海军、空军）、各军区的体制，部队指挥和管理都由大军区负责。这种体制既是当时以陆军武器装备为主的条件所致，也是以苏联的军区制为参考样板。当时解放军按战略方向设立了东北、华北、华东、西北、西南和中南六大军区，各自

指挥辖区内的兵团、军。1955年中央撤销各大行政区，六大军区则分拆成十三个军委直辖军区，至"文革"期间又变成十一个大军区，大军区管辖区内各军、各省军区和海空军部队，军区的领导机构都是陆军单位。

全国解放后，人民解放军在1949年末建立了海军和空军司令部，1966年还建立了称为第二炮兵的战略导弹部队，不过它们的地位无法与陆军对等。海军、空军和二炮司令部只是同大军区平级，陆军司令部长期没有设立，因为全军实际上相当于一个"大陆军"，海空军只是内在的配属单位。例如北海舰队、东海舰队和南海舰队除接受海军司令部领导外，也分别受东部各大军区指挥。空军各军区的地位，也是受空司和大军区的双重领导。只是第二炮兵属于战略核常反击力量，由中央军委直接指挥。

实行这样的编制和管理体制，首先是由当年国家的战略方针所决定。新中国成立之初，东、南、西三个战略方向都存在敌对力量，国家的防卫重点又是准备抗击美国及其支持的国民党当局对大陆的进犯，因而上世纪50年代至60年代中期实行的是"北顶南放"的战略方针。随后因感到北方和西方出现威胁，60年代中后期又提出"应付四面八方"，70年代再实行以三北（东北、华北、西北）防御为主的"一条线"战略，这都是以陆地防御为基点。此时海军的任务只是配合陆军实施近岸、近海防御，空军的任务是国土防空并配合陆军野战防空。

国家的防卫主要由以陆军为主体的大军区分区负责，也是当年国家的经济科技条件所决定。唯物主义的原理说明，暴力也是一种经济力量，军队的战术和作战编制是由国家的科技水平乃至经济总实力所决定。新中国是在"一穷二白"的落后的农耕社会的基础上建立的，解放之初工业产值只占国民产值的 10% 左右，一架飞机、一辆汽车都不能自产，武器装备主要靠从苏联进口，因军费有限又不能多买。如上世纪 50 年代中国的军费在多数年份保持在 50 亿元人民币左右（按当时汇率只折合 20 亿美元），而美国当时年军费都在 400 多亿美元，苏联则有 200 多亿美元。中国在此时开展国防建设的头号重点项目，又是发展能够实施战略核反击的"两弹"（核弹、导弹），对属于科技密集型且耗费巨大的海空军不可能有太多投入。那时中国海军一年的装备费通常只有 1 亿多元人民币，而此时美军开始建造的第一艘核动力航空母舰的舰体就要耗资 3 亿美元（折合 7 亿元人民币），因而人民海军的建设只能以"空（航空兵）、潜（艇）、快（艇）"为主，准备在近岸、近海打海上游击破袭战以配合陆军的抗登陆作战。解放军空军分配到的经费虽比海军高，却也只能主要采购低价的轻型歼击机，以实行要地防空而不能设想远距离攻击。如 50 年代后期解放军装备一架歼 -5 的单价为 75 万元人民币，美国 B-52 的单价则高达 1000 多万美元，此时中国的科研能力和经济条件决定了不可能发展远程空军。根据当时的物质基础，加上解放军的历史传统，解放初期建立以陆地防御为主的大军区制还是适宜的。

进入上世纪 60 年代和 70 年代，我国的经济和科技水平有了一定发展，其速度却受"左"的错误影响而不算快。虽然集中力量所搞的"两弹"有了巨大突破，常规装备却因苏援断绝和政治运动干扰而长期发展缓慢，陆海空军装备同世界先进水平原已缩小的差距又被拉大。如国内所产的主战坦克、战机和舰艇长期停留在仿苏军50年代装备的水平上，如枪炮战车等长期都是用"56式""57式""58式""59式"，部队内部都感叹"'5'字头武器用了30多年"（后来带"6"字头和部分带"7"字头的武器也大都是对50年代苏制装备的仿造）。这种落后的状态迟迟得不到改变，又使国家防御规划只好重点依靠陆战，而且想以数量优势弥补质量劣势。记得上世纪70年代初期和中期笔者在沈阳军区部队当战士和基层干部时，主要作战想定和训练科目就是如何"打坦克""卡口子"，地面防御的观念主导了从上至下的广大官兵。这一思维定势，源于当年国内相对落后的经济和科技条件，反过来又长期影响了后来的部队建设包括编制设定，原有的大军区体制也自然会在很长时间内延续下来。

二、改革开放后侧重"消肿"并认识到原有体制的弊端

改革开放后的中国开拓了眼界，军事变革也成为历史的呼唤。在标志中国发展进入转折点的十一届三中全会后一个月，1979年1月邓小平就针对军队建设提出："今后作战，空军第一。陆军、海军、空军，首先要有强大的空军，要取得制空权，否则，什么仗都打不下来。"（中央文献研究室编《邓小平年谱》（上）第472页，中央文献出版社2004年版）这一富有远见的提法，显示出邓小平为首的中央领导核心已经开始改变传统的大陆军思维，不过此时进行军队的体制改革却还是困难重重。

在上世纪 70 年代，人民解放军面临的历史遗留下来的问题真是达到了时人称为"积重难返"的程度。由于长时间以"早打、大打、打核战争"的思维考虑国防建设，国内又出现严重动乱，部队员额持续膨胀，机构又异常臃肿，解放军的人数在 1965 年就突破 500 万人的基础上，至 1975 年达到 640 万人，较之 1958 年的 237 万人超过了一倍半还多。邓小平在 1975 年的军委扩大会议上就把"消肿"作为头号任务，落实起来却很难，特别是各大军区、总部机关需要安置众多干部这一不正常的现象迟迟解决不了。

当时军内没有实行正常退休制度，尤其是高级军官"能进不能出"，工资和福利又在十几年内近乎于冻结，想解决待遇就只有提升级别。因此，一个大军区通常都各有十几名副司令员、十几名副政委，甚至一个省军区"带号首长"都有几十名之多。邓小平对此曾感叹说："真正打起仗来，不要说指挥作战，就是疏散也不容易。"（《邓小平军事文选》第三卷，第 168 页，军事科学出版社、中央文献出版社 2004 年版）

精简军队员额的方案落实迟缓，另一个原因是当时对国际上的战争危险和来自北方的威胁看得比较重。直至 1979 年，解放军总额还有 603 万人，除了庞大的机关外，作战部队的编成内大都是装备落伍、靠徒步或骡马行动的步兵。进入 1980 年以后，看到大战的危险并非迫在眉睫，军队才全面开始大幅精简，至 1982 年将员额降至 423 万人（裁减员额中有一部分属于将原属解放军的内卫单位划归武警）。随后，党中央对世界形势又有了新的认识，在1984年和1985年间认定了"和平与发展"是时代的主旋律，由此宣布了要实行"百万大裁军"，在1986年内将军队总额降到320万人。

在1985年全军大精简中，武汉、福州、昆明、乌鲁木齐四大军区撤销，留下沈阳、北京、济南、南京、广州、成都、兰州七大军区，总部机关也裁撤了不少部门。此时军队内部建立了干部正常的晋升和离退休制度，领导机构尤其是高级领导机关副职过多的现象也得以消除。不过从总体上看，这一时期军队解决的问题主要是"瘦身"，从新中国成立以来就延续下来的大军区体制仍然没有改变，总部机构过于庞大的现象也未解决。

军队的改革属于国家整个体制改革的一部分，军队干部的待遇长期与地方党政干部相挂钩，因而在上世纪80年代军队实行改革时就深切感受到若不破除"官本位"的待遇标准，就难以裁减大机关或降低其级别，精简时往往只是减少部队而不是减机关。这是由于在"官本位"的社会中，官员待遇主要由机构级别决定，如军队干部的工资、住房、医疗、用车不是按军衔而是按大军区、军、师、团这类编制级别而定（西方国家和苏联却是按军衔而定）。作战部队编制中的军、师、团一类单位级别明确，大机关、院校和后方保障单位的级别却有很大浮动余地，想提升干部待遇的最简便办法便是建立高级别的机构，如同有了"庙"才好设"神"。解放后的几十年间，精简机构的要求提出过许多次，往往却是机构减了不久又增加，机关干部数量也总是数量过多，其重要原因也在于此。军队是社会的一部分，整个国家政治体制改革的任务太艰巨，遗留的历史包袱过重，对干部（包括军队军官）的任用和待遇存在许多不合乎现代社会要求的现象，体制改革又非短期所能完成，因而军队的改革也是路途漫长。

上世纪 80 年代实行军队改革时，除了旧有体制和思维定势上的阻力外，还存在着物质条件的严重制约。想实行具有跨时代意义的军队改革，需要体现军事科技大幅进步的装备改善作为基础，军队在 80 年代中期恰好开始了一个"忍耐"期，而且时间还很长。在这一时期国家强调压缩军费开支来促进经济建设，国内科技水平又比较落后，缺乏财力来更新装备，尤其对耗资巨大的海军、空军装备无法大量采购。在这种情况下，军队建设也侧重于强调维持，仅能在少数几项重点领域如电子战装备、陆军航空兵等部门做一些适度发展，改变以陆军、陆战为主的原有体制自然难以顾及。

尽管存在一些历史的遗憾，改革开放后军队在 80 年代进行的改革仍然意义重大，这使我国的国防建设能够面向世界，认识到要以现代化建设为中心，走精兵之路。"空军第一"的提出和海军由近岸"黄水"走向远洋"蓝水"，也冲破了大陆军思维，使军内众多人认识到原有体制包括大军区体制的缺点，这就为后来的进一步改革奠定了思想基础。

三、信息化时代催唤着军队体制大改革

在世界范围内，一项全面的军事变革得以成功实行，需要有三

方面的条件：军事思想的转变、军事装备的更新、编制体制的革新。改革开放后的三十多年间，思想的不断解放使全军的观念根据时代的要求不断得到更新，国家经济和科技实力的大幅提升又使武器装备得到前所未有的大发展，编制体制的改革也在逐步探索后进入了一个可以实行大改革的阶段。

上世纪80年代以后，军内在理论上对如何改革已经进行了持续的探索。1991年的海湾战争实践，又让人看到战争向信息化发展的趋势。中国军队在90年代也提出了由数量规模型向质量效能型、人力密集型向科技密集型转变的要求，规划出从机械化向信息化发展的历史任务。面对世界形势的变化和新军事变革的趋势，军内已经普遍认识到传统的国土防卫的思想不适应未来军事斗争的需要。

三军仪仗队方队通过天安门广场

从国家发展的需求看，我国经济已经呈外向型，近些年已发展成世界第二大经济体，对贸易的严重依赖不可避免地使国家利益对海洋的依赖加深，为保卫国家利益服务的国防建设重点也自然应该有所改变。从中国的国力和面临的军事威胁来看，以陆军实施陆地防御为主的作战形式已经不再符合新形势的要求。

我国的经济和科技实力的快速发展，使军队建设在上世纪90年代末结束了"忍耐"期，发展先进的海、空、天装备也有了雄厚的物质基础。从2000年至2010年，中国的GDP总量已由世界第6位跃升到第2位，国防费开支也在2009年升至世界第二位。这十年间发展武器装备的投入，就超过此前50年的总和。解放军在继续发展陆军主战装备的同时，海空军装备更有了划时代的大发展。虽然现在中国的海空天装备同美军相比还有差距，却已经大大缩小。按有些专家所形容的那样，过去是"望尘莫及"，现在已经可以"望其项背"，而且进入到努力追赶的阶段。武器装备水平特别是海空主战装备的大幅进步，使我国海军已经能够从近海防御发展到远海防守，空军也能由国土防空型转变为攻防兼备型。从解放军现有的装备和技术条件看，自然也不应再拘泥于传统的陆战防卫形式。

随着军事思想的变革和武器装备的大幅进步，解放军的编制体制改革在上世纪90年代末就开始被提出。1997年全军又进行了一次精简整编，总人数从300万人减少到250万人。2003年至2004年重点对机构又进行了一些调整和精简，全军人数又降到230万人。对大军区体制是否还适用的问题，在进入新世纪后也在军内有了不少的议论，编制体制的改革已是呼之欲出。

从世界范围来看，如今军事科技特别是电子、信息技术的发展，已使指挥自动化水平大幅提升，"运筹帷幄之中，决胜千里之外"不再是形容词而成为事实。卫星网络的发达，可以使单个战机、单个战车都能实现信息同时共享。中国军队的信息化水平现在也有很大提高，统帅部能够便捷地实施远程遥控指挥，这就能设立"扁平化"的编制，以往那些机构大、层次众多的指挥机构也可以大大精简。过去作为中国建军榜样的俄罗斯，在经历了苏联瓦解后的军事发展停滞后，前些年也已经迈出了军队结构变革的步伐。2010年7月，俄罗斯宣布取消维持了几百年的以陆军为骨干的大军区制，按西部、南部、中央和东部（包括远东）设立四个战区司令部，统一指挥辖区内的陆、海、空和战略火箭军。未来的作战又需要陆、海、空、天的高度合成，设立战区制并在某些方向以海空军为主体，已是符合世界军事变革潮流的应有之举。

2012年秋召开中共十八大之后，以习近平同志为总书记的党中央领导全党全军为实现中国梦开始创造全新篇章。军队从"能打仗、打胜仗"的要求出发，改变了过去一些不作为的状态，终于跨出了体制改革的关键性步伐。2015年11月，中央军委召开的改革会议说明，这次军队改革主要在领导体系改革，实现了军委管总、战区主战、军种主建。延续了65年的大军区体制，至此终于结束了它的历史使命。

岁月如梭，往事长歌。如今崛起的中国与五星红旗刚升起时那种"一穷二白"的面貌相比，已经发生了"天翻地覆慨而慷"的变化。从军队变革的进程看，不去旧不能创新。告别以往的光荣，是为了日后的辉煌。人民解放军结束了过去在保卫祖国的斗争中发挥过重大作用的大军区体制，将意味着军事建设迈入一个全新的阶段，国防建设也将在以信息化为中心的道路上凯歌迈进。

军事变革与中国创新

金一南

金一南

国防大学战略教研部教授，博士生导师，全国模范教师、全军优秀教师，少将军衔。全军首届"杰出专业技术人才奖"获得者，被评为"新中国成立后为国防和军队建设作出重大贡献、具有重大影响的先进模范人物"，著作《苦难辉煌》获"中国出版政府奖"，由此被评为"中华文化人物"。

军事变革从来不是为了赢得赞誉，而是为了赢得战争。这一变革从来不可能是一曲诗情画意的田园牧歌，必然是一场新旧之间的艰难较量与铿锵碰撞。

为什么不要田园牧歌而非要铿锵碰撞？

因为非变革不能胜利。

1806 年 10 月，普鲁士军队在耶拿大战中兵败如山倒。卡尔·冯·克劳塞维茨评论说："它不只是一个风格过时的例子，而且是墨守成规导致的极端缺乏想象力的例子。"作为普军奥古斯特亲王的副官，克劳塞维茨在这场战争中丢人地被俘。这位后来成为西方军事战略鼻祖的人，刻骨铭心地把普鲁士军队失败的原因归结为三条：

第一，中高层军官很少认识到战争特征已经发生了根本性变化；

第二，军官们更关心自己的军衔和社会

地位，而非训练与作战；

第三，士兵缺少爱国心和军人精神。

克劳塞维茨的结论是："所有在 1806 年以前和 1806 年内注意普鲁士情况而不怀偏见的人，都会评论说，它已徒具其表，实际上已经没落了。……人们听到机器还在轧轧作响，就没有人问，它是否还在工作。"

36 年后，这场灾难轮到了中国。

1842 年 8 月，大清王朝军队在第一次鸦片战争中兵败如山倒。近代史学家蒋廷黻评论说："鸦片战争的军事失败还不是民族致命伤。失败以后还不明了失败的理由力图改革，那才是民族的致命伤。倘使同治、光绪年间的改革移到道光、咸丰年间，我们的近代化就要比日本早二十年，远东的近代史就要完全变更面目。"

为什么那场改革晚了 20 年？蒋廷黻找出三条原因：

第一，中国人守旧性太重，承认有改革的必要极不容易；

第二，实行新政，科举出身的士大夫地位摇动，他们反对；

第三，中国知识阶级和官僚阶级最缺乏独立的大无畏精神。

最终结局通过一个又一个不平等条约让世界惊诧，如一家澳门报纸评论："中国之装备，普天之下，为至软弱的极不中用之武备，其所行为之事，亦如纸上说谎而已。国中之兵，说有七十万之众，未必有一千人合用。"

从耶拿战役普鲁士王朝的溃败，再到鸦片战争大清王朝的溃败，可知变革之艰难，中外概莫能外。变革就是扬弃，就要创新，而扬弃和创新从某种程度上说，就是消灭自己。谁又愿意消灭自己呢？

但不变革不创新，就会被他人消灭。

后来为世人称道的普鲁士军事变革就此开始，以总参谋长沙恩霍斯特为首领，克劳塞维茨任其办公室主任。普鲁士军事变革带来的成效，使其最终成为欧洲军事变革的典范。

后来为世人诟病的大清军事变革也就此开始，从八旗到绿营，从绿营到湘淮军，从湘淮军到小站新军，军制转换频繁，超过以往任何一个朝代。但没有一次是战前转制，皆因时机错过战败而被迫转制，结果仍然无法避免下一场失败。就如马克思在《鸦片贸易史》中所说："一个人口几乎占人类三分之一的幅员广大的帝国，不顾时势仍然安于现状，由于被强力排斥于世界联系的体系之外而孤立无依，因此竭力以天朝尽善尽美的幻想来欺骗自己，这样一个帝国，终于要在这样一场殊死的决斗中死去。"

缺乏历史自觉的王公大臣狼狈谢幕，极具历史自觉的新型领袖异军突起。以毛泽东为首的中国共产党人创建的新型人民军队，给中国军事带来天翻地覆变化的同时，给世界军事以重大冲击。

中国革命的特点是"枪杆子里面出政权"，农村包围城市，最后夺取城市。其独特现象是在最发达的城市获取最先进的思想，在最落后的山村获得最勇敢的战士。秋收起义后毛泽东把队伍拉上井冈山，有人说：这是做"山大王"去了，叫什么革命？毛泽东说：我们这个山大王是特殊的山大王，是共产党领导的、有主义、有政策、有办法的山大王。还说：你们算一算，哪一个朝代消灭过"山大王"？

哪个皇帝真正统治过这些地方？就是要找敌人统治薄弱的地方生存、发展，最后方能成大气候。

成大气候要找到敌人统治薄弱的地方，这是毛泽东的睿智。使先进思想在落后地区获得认可和普及，则是必须面对的艰难。在最勇敢与最有觉悟之间，间隔有巨大鸿沟。红军创建初期，队伍中存在浓厚的乡土观念、宗族观念、排外观念、享乐观念等等，形成革命目标的先进性与队伍组成的落后性这一巨大矛盾。

例如严重的乡土观念。朱毛会师组成红四军后不久，二十八团想去赣南，因为军队里赣南人多。二十九团想去湘南，也是想回家。三十一团想去浏阳平江，同样因为家乡在那里。湘赣边界的同志则主张在边界游击，谁都不愿意到远离家乡的地方去打仗。乡土观念导致红军部队指挥调动困难，离开家乡就不行，甚至导致个别队伍成建制溃散。

再如顽固的宗族观念。在《井冈山的斗争》一文中，毛泽东说："社会组织是普遍地以一姓为单位的家族组织。党在村落中的组织，因居住关系，许多是一姓的党员为一个支部，支部会简直同时就是家族会议。在这种情形下，'斗争的布尔什维克党'的建设，真是艰难得很。"

长期的小农经济和散漫的生产生活方式，导致队伍不适应严格的组织纪律。队伍刚刚组织起来，很快又散掉。今天 50 个人，明天是否还有 50 个人还成问题，来来去去十分自由。浴血奋战打下汀州城，见稻谷成熟便纷纷脱离队伍回家割稻，城防无人顾及得而复失。

贺龙元帅回忆说："那时候的部队，就像抓在手里的一把豆子，手一松就会散掉。"

还有严重的享乐观念。认为革命就是改朝换代，你方唱罢我登场；本来是贫农，一旦选为苏维埃执委，也要千方百计找件长衫和马褂穿起来，要当富人，做人上人。部分士兵以为"打土豪、分浮财"就是共产，战场纪律、群众纪律变成耳边风。毛泽东《井冈山的斗争》中说："对没收及分配土地的犹豫妥协，对经费的滥用和贪污，对白色势力的畏避或斗争不坚决，到处发现。"

共产党领导的这支全新队伍，并不具有天然的先进性。中国历史上，农民由于不堪忍受剥削和压迫，揭竿而起、上山称王的从来不乏其人。最后不是落草为寇，就是接受招安，个别成功当上皇帝的，也只是重复封建王朝的新旧轮替而已。人民军队能否避免重蹈历史上农民起义覆辙，不成为"陈胜吴广第二""李自成第二""石达开第二"，是中国共产党人军事创新必须面对的严重历史考验。

把一支落后队伍改造成一支先进军队，在中国没有成功的先例。近代以来认识到旧军事体制必须变革、着力创建新军的不乏其人，曾国藩的湘军、李鸿章的淮军都是这样的尝试。但与旧体制千丝万缕的联系，使他们无法避免重蹈覆辙。

近代中国第一支新型军队是袁世凯在天津小站训练的"新建陆军"——后人称为"小站新军"。小站新军在军事变革方面展现了旧中国前所未有的力度，不但训练、教育、战术、操法等方面有全新改变，还开创性地用民本思想文化影响官兵心理素质和观念情操，在笼人心、聚士气方面开中国军队建设先河。但这支军队最终未能成为"新军"，仍然回到旧军队巢穴，根本原因是袁世凯通过个人独断、拉帮结派、选人用人大搞"公权私恩"，大力培植人身依附关系，为出卖人格良心、千方百计削尖脑袋挤进权势圈子的利益之徒大开方便之门，最终以北洋军阀集团的标签，留下祸国殃民的千古骂名。

袁世凯集团之后的蒋介石集团同样如此。黄埔党军的建立，本是中国军队建设史上划时代事件。清末民初以来，军队沦为私人争权夺利、割土争雄的工具，形成军阀混战、相互割据的局面。黄埔党军不仅意味着以党建军，以党控军，将党组织细胞渗透到军队的组织系统中，更以党员为士兵表率，对破除旧军队私有化弊端、改造旧军队有重大作用。但这些东西最终沦为一纸空文。把党指挥枪变为蒋指挥枪，蒋介石通过"四一二"政变一夜之间就做到了。然后是枪指挥党。国民党的政治趋向、势力划分、派系倾轧，都由枪杆子最终决定。旧的军阀衰亡了，新的军阀产生了。国民党最终仍然落到党权屈于军权，军权屈于蒋（介石）权的状态。"党国"变成"蒋国"，"党军"沦为"蒋军"，最终未能脱离新老军阀的历史巢臼。

真正完成对一支队伍脱胎换骨改造的，是以毛泽东为代表的中国共产党人。面对扑面而来的农民意识，以及红军内部单纯军事观点、极端民主化、平均主义、流寇主义、盲动主义、军阀主义残余，毛泽东毫不妥协，坚决斗争，其间多次出现"真理往往掌握在少数人

轮式装甲突击车方队通过天安门广场

手里"的境况。这是一场少数先进分子对多数人的改造。没有钢铁一般的意志，没有义无反顾的决心，没有百折不挠的韧性，没有极富历史自觉的领袖集团，这支队伍不可能从 1927 年 9 月三湾改编走到 1929 年 12 月古田会议。习近平主席说："古田会议使我们这支军队实现了浴火重生、凤凰涅槃。"其中的关键与核心，是通过古田会议确立"党指挥枪，而不是枪指挥党"这一根本原则，确立军队的无产阶级性质和全心全意为人民服务的宗旨，坚决实现少数先进觉悟者对大多数人的改造，最终使这支成长于传统环境的农民队伍，在错综复杂的矛盾中完成向先进革命军队转型的艰难痛苦的蜕变。

与军队建设创新几乎同步的，是这支队伍的战法创新。中国革命的最大特点就是武装斗争。朱毛红军以空前的变革精神，创造出"敌进我退，敌驻我扰，敌疲我打，敌退我追"十六字诀和"你打你的，我打我的""打得赢就打，打不赢就走"一整套战略战术。这是对旧军事传统最大范围、最深程度上的扬弃。它成为这支新型军队在战法上与其他所有军队的重大区别，使中国革命从小到大，从弱到强，从失败走向胜利，焕发出前所未有的强大生命力。美国人罗斯·特里尔在其著作《毛泽东传》中说，毛的真正创造性在于他把三样东西结合在一起：枪、农民武装和马克思主义。这是中国共产党人的巨大创新，也是中华民族对世界军事的重大贡献。这就是为什么今天一说起以信息化为主导的军事革命，美国人总不忘提醒说：还有另一场军事革命——"毛泽东、格瓦拉的军事革命"。

我们昨天就是这样成功走过来了。

但今天正在面临前所未有的挑战。

20世纪中叶以来，空间技术、通信技术和计算机技术突飞猛进地发展，最近几十年的科技成果已经超过了过去两千多年的积累，人类社会正在面临有史以来最为深刻的变化。人们的生产方式、生活方式发生重大的变化，必然要反映到军事中和战争中，甚至首先反映到军事中和战争中。世界上很多东西可以复制，胜利却不可以。不明白新的方式，不懂得新的工具，不理解新的技术，不熟悉新的空间，前面等待的就是新一轮"落后挨打"。

今天中国军事变革就外因来看，主要牵引力来自世界军事的日新月异——武器装备、作战方法、战争样式、军事思想、组织指挥等都在出现革命性变化。就内因审视，则是国家经济结构变化导致国家安全结构变化带来的重大需求。过去深挖洞、广积粮、待别人打进来分区独立作战、陷对手于人民战争汪洋大海的局面，已经一去不复返。今天的中国必须在海洋、在太空、在电磁频谱空间和网络空间以及广阔的地缘政治空间维护日益扩大的中国国家利益。

与形势和任务相比，制约我们的，一是信息感知能力弱，包括战略信息感知和战场信息感知、联合作战指挥控制体系建设，以及信息情报的识别、分发、共享等等，与维护国家安全的需要不适应。二是战略投送能力差。随着战争形态演变，投送能力、信息力、火力成为军队有效作战能力的三大基本要素。远程机动、远程补给、远程作战能力的欠缺，不论应对传统安全威胁还是应对非传统安全威胁，长期成为制约我军完成任务的能力瓶颈。三是战略威慑能力不足。威慑是制止对手于冒险之前的能力。其第一要素是实力，第二是决心，第三是让对手知道。三者缺一不可。事实证明，坐在家里坐不出威慑，开会开不出威慑，用贬损我军能力去消除"中国威胁论"也建立不了威慑。只有行动和展示行动的决心，才能产生威慑。就如抗美援朝战争结束后毛泽东讲过的那句话：中国人民有这么一条，和平是赞成的，战争也不怕，两样都可以干。这种精神状态本身就是一种威慑。如果别人以为我们只能和平发展，只想和谐共处，只会委曲求全，就无法形成威慑。只有形成威慑，才能避免今后像黄岩岛挑衅和钓鱼岛"购岛"这类对手的所谓"误判"继续发生。

四是作战组织指挥能力不强。核心就是小平同志当年指出的"两个不够"：干部指挥现代战争的能力不够，部队打现代战争的能力不够。其中关键是第一个。俄罗斯《车臣战争报告（1994—1996）》中说："如果指挥员的判断错了，胜利的希望就变得渺茫，这时候只能靠浴血奋战的士兵来力挽狂澜。"这句话深刻指出了指挥员素质的重要。指挥员素质不高，士兵素质再好，打胜仗也难。陈毅同志1947年底总结华东作战情况时，说过一番十分深刻的话："我们比战术是比不上人家的，如操场动作、内务管理、战斗动作等。我们愈往下比愈差，但愈往上比则愈强。如旅以上战役组织比人家强，纵队更强，野战司令部又更强，到统帅部的战略指导更不知比他高明多少倍。""一年来自卫战争的胜利，首先是战略上的胜利。虽然我们打胜仗靠同志们不怕牺牲流血的精神和大炮机枪，但主要是靠统帅部、陕北总部、毛主席的战略指导。"陈老总这些话很值得回味。将强兵强，将弱兵弱，自古不变的道理。现代战争更在告诉我们：一支军队的素质由军官队伍素质决定。军官队伍素质由高级军官的素质决定。军队的高级军官，决定全军命运。正是从这个意义上说，真正有效的军事变革，最终是产生让优秀军事人才脱颖而出担当大任、集中精力于训练作战的军事运行机制；同时淘汰那些只想升官发财、特别贪生怕死的利益之徒。这方面的变革其实是完成历史欠账。我们长期忽略了革命化与现代化之间横亘的那个不能跨越的阶段：正规化。必须通过正规化建设，堵塞军队建设转型中出现的漏洞。

　　十几年以前笔者有机会在美国国防大学进修，其间访问了美军多所院校和军事机构，一些与信息化水平和装备水平无关的事情，反而给人留下更深印象。一是社会化程度高，凡地方能做的就不用军人，专职司机、专职公勤人员、专职警卫员少而又少。二是机构简练，他们没有营房部门，因为不须解决房子问题。军官和文职人员都自己购买或租住房子。国防大学校长、院长的官邸，随任职命令搬进、卸任命令搬走，"铁打的官邸流水的官"，无须一建再建。军人住房津贴都在工资和补贴里了，不须统一建房和分房，没有退役人员占房或离退休人员住房等问题，想拿房子搞腐败也搞不成。他们也没有车管部门。美国防大学全部就7辆车：1辆卡车拉设备，4辆面包车用于公务接待，2辆轿车，校长1辆，信息资源管理学院院长1辆，还是该学院从五角大楼合并到国防大学带过来的。国家战争学院院长、武装力量工业学院院长都是少将，也未配专车，上下班开自己的车。公车不但数量很少，使用还有严格规定。国防大学校长的司机跟我们讲，他每天就是一条固定路线：接校长上班，送校长回家，车必须开回国防大学。想绕路买东西或看望同事都不可以。如果被发现公车私用，最轻的处罚也是一个月停薪停职。时间长了，中将校长也觉得不方便，经常是下班后换上便衣开自己车走了。三是军事单位的人权、财权十分有限。国防大学教官由各军种指派，文职人员由国防部统一安排，需要什么样的人向国防部申请，学校没有进人权和任免权。军官转岗频繁，两三年一调动，顶多四年，在一个单位干半辈子完全不可想象，制度也不允许。他们把军事生涯形容为"move"（调动、搬家），通过不断的"move"保持军人的新鲜感和创新活力，防止干部私有化，防止在一个单位长期经营，上下级之间产生人身依附关系。财务方面则严格执行预算。当时美军固定化经费划拨已经占到总经费的97.8%，机动费很少，凡事皆靠预算。我们学习期间美方预算来时宴请一次，走时宴请一次，中间请吃没有钱，全部AA制。到陆战队大学参观，研究中心主任克罗夫上校热情地招待，我们真以为对方请客，吃到最后克罗夫掏出个计算器，迅速算一下然后宣布"每人11.5美元"。大家都赶紧把钱掏出来数好放在桌上。他们这样做没有一点不自然，反倒是我们感到不好意思。学习结束结算住宿费，国防大学竟然连个开发票的地方也没有，专门派车把我们送到华盛顿军区驻地迈耶尔堡结账。我又奇怪又不满意，问：为什么不能在国防大学结账？管财务的文职官员告诉我：国防大学所在的麦克奈尔堡，地皮、房屋都是华盛顿军区管辖的军产，国防大学没有权力进行任何财务结算。最后我才弄明白：华盛顿军区的职责不是卫戍首都，而是管理华盛顿地区所有美军的军产。不要小看这一职责，军产统归华盛顿军区管辖的所有军事单位，从五角大楼到各个军事机关和基地，想通过炒地皮、租房屋、开宾馆、弄门脸商店赚钱营利，根本没有可能。因为房屋地产等固定资产与你完全无关，你没有任何资格也不具备任何法人地位能把地买了、把屋租了、把钱分了。美方就是这样通过对人、财、物管理权限的周密设计堵塞漏洞，实现制衡，使军人没有或很少有其他领域可以分心，只有安心本职的训练与作战。

他山之石，可以攻玉。开展这些方面的变革与经费多寡无关，与装备新老无关，与信息化程度高低无关，属于军队正规化建设领域。我们特别需要弥补这一长期被耽误的课程。否则精神难以专一，工作不好聚焦，经费容易挪用，训练与作战便要大受其耗。

我们正在迎来国防和军队建设的黄金时期。富国强军，是共和国几代领导人的梦想。小平同志说过：什么时候我们的国民生产总值搞到一万亿美元，那时候拿出百分之一搞国防，就是一百亿美元，就能大大改善装备提升战斗力了。今天我们国防投入已经达到小平同志梦想的 10 倍以上。建设一支与中国国际地位相称、与国家安全和发展利益相适应的强大军队已经是现实要求。它深刻地涉及力量的重新组合，深刻地涉及战斗力生成模式的转变，深刻地涉及过去的主角变成配角、过去的配角变主角这样重大的角色调整，对现有军事结构、现有军事观念冲击巨大。但它是这一代军人必须完成的光荣历史使命。再难也无从逃避，只能迎难而上。

变革的艰难，第一难在实践。马克思说：人的思维是否具有客观真理性，并不是一个理论问题，而是一个实践问题。一旦进入实践领域，很快会发现理论演绎和实践操作是完全不同的两回事。在实践领域，现实问题排山倒海般蜂拥而至：必须照看利益、必须兼顾平衡、必须关心进退、必须保持稳定……艰难的实践往往把完美的理论痛击得落花流水。多少雄心勃勃的改革计划，这样被一个又一个"必须"捆缚得步履蹒跚。要打破这些"必须"，只有最后也是最强有力的一个"必须"：必须夺取战争胜利。当前面那些"必须"让人心力交瘁的时候，只有最后这个"必须"，能够让我们真正振

歼-15 舰载机在"辽宁舰"上滑跃起飞

作起来。军队是干什么的？要军队为了什么？如果前面那些"必须"
成为最后这个"必须"的障碍，还有什么成为"必须"的资格？

变革的艰难，第二难在创新。生吞活剥地翻译不难，照猫画虎
地实行也容易。但亦步亦趋从来不是中国人民解放军的风格，而且
亦步亦趋者只能永远亦步亦趋。美国人最先提出来"非战争军事行
动"，我们今天还在热炒，对方却已经在 2006 年停止使用这一概念，
代之以"全频谱军事行动"。美国人后来又推出"空海一体战"，
我们不少人又一遍一遍不厌其烦地作深度解读，现在五角大楼又将
它放弃，代之以"全球公域介入与机动联合"。不管翻译得多么拗
口或堆砌得多么怪异，有一点是肯定的：其中没有我们一些人期待

的永恒真理，有的只是美式实用主义。当然也可以理解美国人。他们也在一步一步摸索，一步一步探索。如果世界上所有事情都简单到能靠远程精确打击、数字化部队和信息作战来摆平，美国何至于在伊拉克和阿富汗陷入今天的窘境？

我们的变革一定不是拿别人的葫芦画自己的瓢。

我们一定要通过变革实现自主作战，以长制敌。

创新从来是我们的传统，是这支军队的生命线。

中国正在高速发展。我们正在从事前人没有从事过的伟业。中国人民解放军的职责使命、发展思路、能力需求、行动范围、运用方式都正在发生重大变化。我们比以往任何时候都更加需要继承和发扬军事创新这个优良传统，努力建立起一整套适应信息化战争和履行使命要求的新的军事理论、体制编制、装备体系、战略战术、管理模式。核心就是习近平主席那句话：始终坚持战斗力这个唯一的根本的标准，全部心思向打仗聚焦，各项工作向打仗用劲。

这是推动军事变革的最强劲动力，是这一变革的全部出发点和最终归宿点。

附 录

改革强军　奋楫中流
——习主席和中央军委运筹设计深化国防和军队改革纪实

新华社记者　曹智、李宣良、孙彦新
解放军报记者　欧世金、欧灿、周猛、黄昆仑

一个国家，惟有变革图强方能迸发前进力量；

一支军队，惟有勇于自新方能赢得制胜先机。

2015 年 11 月 24 日，一个注定载入人民军队史册的日子。中央军委改革工作会议在北京隆重召开，中共中央总书记、国家主席、中央军委主席习近平发出深化国防和军队改革的动员令——全面实施改革强军战略，坚定不移走中国特色强军之路。

把握历史机遇，设计军队未来。习主席和中央军委以强烈的使命担当、宏大的战略运筹、坚强的决心意志，统领三军开始改革强军的伟大进发。

一道决胜未来的时代考题

改革，当代中国的鲜明特色，共产党人的鲜明品格。

2012 年 11 月 15 日，党的十八届一中全会决定中央军委组成人员当天，习主席主持召开新一届军委班子第一次常务会议，鲜明指

出要始终以改革创新精神开拓前进，努力夺取军事竞争主动权。

改革创新，这是古今中外建设强大军队的历史铁律。

一部人民军队的发展史，就是一部改革创新史。从土地革命战争时期创立"党指挥枪"等一整套建军原则制度，到抗战时期实行精兵简政；从新中国成立后多次调整体制编制，到改革开放新时期百万大裁军……在党的领导下，我军从小到大、从弱到强、从胜利走向胜利，改革创新的步伐从未停歇。

党的十八大以来，如何适应国际战略格局和国家安全形势的深刻变化，建设一支与我国国际地位相称、与国家安全和发展利益相适应的巩固国防和强大军队，是习主席和中央军委始终高度关注的重大战略问题。

大变局带来大挑战。谋划强军事业，必须准确把握世界发展大势和军事发展趋势。

当前，国际格局和国际体系正在发生深刻调整，全球治理体系正在发生深刻变革，国际力量对比正在发生近代以来最具革命性的变化。在这个前所未有的大变局中，以争夺战略主动权为本质的世界新军事革命深入发展，各主要国家纷纷调整安全战略、军事战略，调整军队组织形态，其速度之快、范围之广、程度之深、影响之大，为第二次世界大战结束以来所罕见。

"百舸争流，奋楫者先。"军事领域是竞争和对抗最为激烈的领域，也是最具创新活力、最需创新精神的领域。习主席以宏阔的战略视野反复告诫全军，新军事革命为我们提供了千载难逢的机遇。

机遇稍纵即逝，谁思想保守、固步自封，谁就会错失宝贵机遇，陷于战略被动，我们必须到中流击水，不改不行，改慢了也不行。

大格局需要大担当。谋划强军事业，必须放在实现中华民族伟大复兴中国梦的宏大目标下来认识和推进。

中国梦召唤强军梦。我国正处在由大向强的关键阶段，维护和用好我国发展的重要战略机遇期，实现"两个一百年"奋斗目标、实现中华民族伟大复兴，必然要求建设巩固国防和强大军队。有了强大军事力量这个"压舱石"，中国特色社会主义航船才能破浪前行。党的十八大以来，党中央作出"四个全面"的战略布局，国防和军队改革是这个战略布局的重要内容，也是实现这个战略布局的重要支撑。

强国必强军，强军必改革。"军事上的落后一旦形成，对国家安全的影响将是致命的。我经常看中国近代的一些史料，一看到落后挨打的悲惨场景就痛彻肺腑！"习主席以强烈的历史忧患深刻指出，国防和军队改革是全面改革的重要组成部分，也是全面深化改革的重要标志。军队要跟上中央步伐，以逢山开路、遇河架桥的精神，坚决推进军队各项改革。大家一定要有这样的历史担当。

大目标呼唤大变革。谋划强军事业，必须始终聚焦党在新形势下的强军目标。

80余载励精图治、风雨兼程，今天的人民军队现代化水平大幅跃升，国防和军队建设站上了新的历史起点。但与强军目标要求相比，还面临许多突出矛盾和问题，突出表现在我军打信息化战争能力不够、各级指挥信息化战争能力不够，我军现代化水平与国家安全需求相比差距还很大，与世界先进军事水平相比差距还很大。能征善战的常胜之师如何破除守成桎梏，永保刀锋锐利、立于不败之地，是必须回答的时代叩问。

惟改革者进，惟创新者强。"关于军队建设和改革，我想的最多的就是，在党和人民需要的时候，我们这支军队能不能始终坚持住党的绝对领导，能不能拉得上去、打胜仗，各级指挥员能不能带兵打仗、指挥打仗。"习主席一针见血地指出，不改革是打不了仗、打不了胜仗的。贯彻落实强军目标和军事战略方针，履行好军队使命任务，必须增强军队自我净化、自我完善、自我革新、自我提高的能力。

思之弥深，行之愈笃。

从鲜明提出党在新形势下的强军目标，到领导召开古田全军政治工作会议、确立新形势下政治建军方略；从主持制定新形势下军事战略方针，到深入推进依法治军、从严治军……党的十八大以来，习主席和中央军委统筹军队革命化、现代化、正规化建设，统筹军事力量建设和运用，统筹经济建设和国防建设，作出一系列重大战略谋划和战略设计，开拓了马克思主义军事理论和当代中国军事实践发展的新境界。

落实战略谋划，实现战略设计，必须走改革之路、寻改革之策、兴改革之举。

在一个个重要会议上，在一场场视察调研中，在一次次座谈交流时……习主席念兹在兹的是变革图强，殷殷嘱托的是改革强军——

深化国防和军队改革正面临一个难得的机会窗口，一定要把握好。这是我们回避不了的一场大考，军队一定要向党和人民、向历史交出一份合格答卷；

越是难度大，越要坚定意志、勇往直前，决不能瞻前顾后、畏首畏尾。只要全军统一意志，敢于啃硬骨头，敢于涉险滩，就没有过不去的火焰山；

改革不是改向，变革不是变色。改革是要更好地坚持党对军队的绝对领导，更好地坚持人民军队的性质和宗旨，更好地坚持我军的光荣传统和优良作风。在这些根本政治原则问题上，不能有丝毫差池，不能出现颠覆性错误；

深化国防和军队改革关键是要抓住强军目标这个"牛鼻子"，坚持用强军目标审视改革、以强军目标引领改革、围绕强军目标推进改革；

深化国防和军队改革是一场整体性变革，不是零敲碎打，不是小打小闹，要把握改革举措的关联性和耦合性，使各项改革相互促进、良性互动、相得益彰，形成总体效应、取得总体效果；

要牢牢把握积极稳妥这个总要求。推进改革胆子要大，但步子一定要稳。战略上勇于进取，战术上稳扎稳打、步步为营，积小胜为大胜……

思路越来越清晰，方向越来越明确。

2013 年 11 月，党的十八届三中全会对全面深化改革作出整体部署。研究讨论会议决定框架时，习主席郑重提出，将国防和军队改革纳入国家全面深化改革的总体布局，上升为党的意志和国家行为。

将国防和军队改革作为单独一部分写入全会决定，这在全会历史上还是第一次。对深化国防和军队改革公开作出承诺、立下军令状，彰显了习主席和中央军委的决心意志。

因势而谋、应势而动、顺势而为。这是实现中国梦、强军梦的时代要求，这是强军兴军的必由之路，这是决定军队未来的关键一招！

一次凝心聚智的强军问策

兵之胜败，本在于政。坚强的政治决心是军事改革成功的决定性因素。

改革这场没有硝烟的战役，始终在习主席亲自筹划、指挥下进行。

作为党的领袖和军队统帅，习主席决策成立中央军委深化国防和军队改革领导小组并亲自担任组长，亲自确定改革重大工作安排，亲自领导调研论证和方案拟制工作，三次主持召开领导小组全体会议，多次听取情况汇报和意见建议，紧紧引领着改革的方向、路径和进程。

2014 年春暖花开时节，全国两会刚刚闭幕，习主席就主持召开军委改革领导小组第一次全体会议，审议通过了改革重要举措分工方案和改革工作路线图。深化国防和军队改革的指挥部正式成立，改革工作进入实质性推进阶段。

起跑决定后程。习主席要求领导小组要善于观大势、谋大事、管全局，搞好总体设计；加强对改革重大问题的研究，深化对改革规律性的认识；坚持科学议事决策，坚持走群众路线，为深化改革提供了有力的方法论指导。

中共中央政治局委员、中央军委副主席、中央军委深化国防和军队改革领导小组副组长范长龙，中共中央政治局委员、中央军委副主席、中央军委深化国防和军队改革领导小组常务副组长许其亮，多次听取情况汇报，召开专题座谈会，组织研究重大问题，广泛听取意见建议，具体指导方案论证。

中央军委陆续成立改革领导小组办公室、专项小组、专家咨询组、筹备工作组，按照小核心、大外围的模式和强化全局观念、形成整体合力的思路，跨部门、跨领域从全军遴选数百名想改革、谋改革、善改革的精兵强将，以对党、对事业、对历史负责的精神，集团作业、强力攻关，发挥"改革司令部"的中枢作用。

改革之难，难在突破利益藩篱，引领军心所向。在习主席直接领导下，改革调研论证过程成为充分发扬民主、集中全军智慧的过程，成为统一思想、汇聚共识的过程。

——问题是时代的声音，问题是改革的向导。找准问题，就找到了改革的突破口。

国防和军队改革进入了攻坚期和深水区，要解决的大都是长期积累的体制性障碍、结构性矛盾、政策性问题。习主席洞察全局，强调要抓住制约战斗力建设的重难点问题，在领导指挥体制、力量结构、政策制度等方面的改革上狠下功夫，以重点突破带动整体推进，为改革调研树立起鲜明的问题导向。

围绕改什么、怎么改，军委领导、各改革工作机构、军委改革办展开高强度、高密度、大范围的调研。仅从 2014 年 3 月到 10 月，就召开 800 余个座谈会、论证会，覆盖 690 余个军地单位。

调研论证将问题导向、问题倒逼贯穿始终，力求找准制约我军建设发展的短板和不足：领导管理体制矛盾主要集中在高层，职能泛化、机构臃肿、"头重尾巴长"；没有建立完整的陆军领导管理体系，组织体系存在结构性短板；军委联合作战指挥机构要素不全、功能较弱，战区联合作战指挥体制尚未建立；军民融合深度发展还存在不少问题，军地协调、需求对接、资源共享机制不健全；军队规模结构不合理、政策制度滞后……一条条意见直指问题弊端，一个个建议包含恳切期望。

——改革为了强军，强军依靠官兵。发扬民主、群策群力，改革就有了不竭的活力源泉。

"要加强对重大改革问题的调研，尽可能多听一听基层和一线的声音，尽可能多接触第一手材料，做到重要情况心中有数。"习主席的要求，贯穿改革调研工作全过程。

2014 年 4 月中下旬，军委改革领导小组分别听取大单位主要领导意见建议，习主席专门抽出时间听取部分单位领导汇报。5 月初，军委改革领导小组分别听取四总部领导意见建议，习主席再度听取部分单位领导汇报。

"我们在作出改革决策之前，要先听他个八面来风。"习主席到机关、走院校，上高原、访边疆，进战车、登军舰，与官兵一起把脉改革，向官兵寻计问策，鼓励大家敞开思想、畅所欲言，对因时间原因未能充分发表意见的同志，他专门指示"有什么好的想法，还可以通过有关渠道向领导小组反映"。

习主席以身示范，立起了民主决策的标杆。

调研论证阶段，先后逐一征求大单位主官和四总部领导意见，积极吸收有价值的建议；面对面个别访谈，听取 900 多名在职和退休军地领导、专家的意见；就重大问题精心设计问卷，对 2165 名军以上单位班子成员和师旅级部队主官的问卷调查进行系统梳理、统计分析；在全军政工网开设"深化国防和军队改革大家谈"栏目，收到官兵意见建议 3400 余条……

改革方案建议拟制过程中，又先后 3 轮逐一征求军委领导和老领导，四总部领导和大单位主官意见，吸纳意见建议 257 条，进行 150 多次调整、修改和完善。

习主席和中央军委深化国防和军队改革的决心之大、推进之实、言路之广，极大激发了全军上下广泛参与的热情。当面直陈、来信建言、网络热议……广大官兵纷纷以各种方式为改革献计献策，奠定了改革"最大公约数"的深厚基础。

——重塑再造，必须科学设计。攻坚克难，尤需科学方法。

2015 年 1 月 27 日，中南海怀仁堂。习主席主持召开军委改革领导小组第二次全体会议，对拟制改革方案作出部署。

"我们的政策举措出台之前必须经过反复论证和科学评估，力求切合实际、行之有效、行之久远，不能随便'翻烧饼'。"在习主席亲自组织推动下，从研究论证到方案拟制，始终体现了科学创新的思路和方法。

充分发挥军事科学院和国防大学智囊作用，分别赋予改革相关研究论证任务。军事科学院还承担了"创新发展中国特色社会主义军事制度""深入推进军队组织形态现代化""构建中国特色现代军事力量体系"等多项基础课题研究。

军委改革办开发"领导管理体制模拟推演系统"，构建数字化改革信息资料服务平台，运用流程管理等现代管理理念和大数据等现代信息技术为方案论证提供支撑。

先专题后综合、先民主后集中，领导决策与专家辅助相结合、借鉴先进经验与立足我军实际相结合，继承与创新、突破与渐进、合理与可行相统一，周密组织国内外调研、协调对接、征求意见、模拟推演……改革方案设计稳步推进。

改革是创新，也是选择。对看准了的改革事项，条件成熟就抓紧推进。2014年11月，习主席签署命令，解放军审计署由总后勤部划归中央军委建制，军队审计制度改革迈出新步伐；经习主席批准，出台作战部队指挥军官任职资格等政策规定，把强军目标要求和军队好干部标准转化为制度安排；全面推行军费绩效管理，朝着建立需求牵引规划、规划主导资源配置的机制迈进……

改革方案初步形成后，军委改革办同各调整组建机构筹备工作组进行多轮对接，推演领导指挥体制改革运行流程，验证改革实施方案，认真查找新旧体制转换过程中可能出现的问题，力求分析解决于未然。

——军民同心，其利断金。深化国防和军队改革是国家战略，就要凝聚国家意志、举全国之力。

2014年8月29日，中共中央政治局就世界军事发展新趋势和推进我军军事创新进行第十七次集体学习。习主席指出，中央政治局专门组织一次关于军事问题的集体学习，就是要引起全党对军事问题、国防和军队建设、军事斗争准备的重视，增强搞好国防和军队建设改革的责任感。

国防和军队改革，事关全局、举国关注。从军内到军外、从中央到地方，各地区各部门对深化国防和军队改革调研论证和方案拟制工作给予大力支持，形成了党政军民齐心协力共襄改革的动人局面。

国家发改委、工业和信息化部、国防科技工业局积极参与军民融合深度发展改革论证；中组部、民政部、人力资源和社会保障部就退役军人管理保障改革展开深入研究；调研论证省军区系统、后勤保障力量等方面改革时，陕西、辽宁、山东、湖北等地方领导面对面提出许多建设性意见；研究谋划领导管理和联合作战指挥体制等改革时，中纪委、中央政法委、中编办、中直机关事务管理局等中央国家机关提供了大量情况……

夜以继日、连续奋战，军委改革办工作驻地的灯火彻夜长明。来自各方面的意见建议，如同一股股清泉，给方案注入鲜活的生机。

讨论、研究、修改，再讨论、再研究、再修改……方案的重点更加突出、脉络日益清晰、措施愈发切实。

逐条、逐句、逐字，习主席对每一稿方案都认真审阅，提出许多指导性意见，亲笔作出许多重要修改。

千淘万漉虽辛苦，吹尽狂沙始到金。

在习主席、中央军委有力领导下，改革方案研究论证和拟制工作历时一年零九个月圆满完成，一整套解决深层次矛盾问题、有重大创新突破、我军特色鲜明的改革设计破茧而出。

2015 年 7 月 14 日，习主席主持召开军委改革领导小组第三次全体会议，审议并原则通过《深化国防和军队改革总体方案建议》。7 月 22 日、29 日，习主席分别主持召开中央军委常务会议和中央政治局常委会议，审议和审定《总体方案》。10 月 16 日，习主席再次主持中央军委常务会议，审议通过《领导指挥体制改革实施方案》……

岁月的指针，指向 2015 年 9 月 3 日。北京，天阔云舒，旗帜飞扬。

"我宣布，中国将裁减军队员额 30 万。"习主席在纪念中国人民抗日战争暨世界反法西斯战争胜利 70 周年大会上的庄严宣告，第一时间传遍海内外。

这是中国人民和平发展意志的充分展现；

这是人民军队改革强军决心的郑重宣示。

一幅开新图强的宏伟蓝图

一个国家的崛起、一支军队的强大，往往发轫于一个风云际会的关键节点。

随着中央军委改革工作会议的召开，一场具有划时代意义的整体性、革命性变革正式启动，一幅承载着民族复兴伟大梦想的蓝图在强军路上铺展开来。

——这幅蓝图，全面展现了习主席改革强军战略的宏阔布局。

深化改革的根本指导鲜明确立：以党的科学理论为指针，以强军目标为引领，以新形势下军事战略方针为统揽，以解决体制性障碍、结构性矛盾、政策性问题为重点，以推进军队组织形态现代化为指向，以解放和发展战斗力、解放和增强军队活力为目的，建设巩固国防和强大军队，为实现"两个一百年"奋斗目标、实现中华民族伟大复兴的中国梦提供坚强力量保证。

深化改革的总体目标清晰明了：2020年前要在领导管理体制、联合作战指挥体制改革上取得突破性进展，在优化规模结构、完善政策制度、推动军民融合发展等方面改革上取得重要成果，努力构建能够打赢信息化战争、有效履行使命任务的中国特色现代军事力量体系，完善中国特色社会主义军事制度。

深化改革的战略举措科学有力：着眼于贯彻新形势下政治建军的要求，推进领导掌握部队和高效指挥部队有机统一，形成军委管总、战区主战、军种主建的格局；着眼于深入推进依法治军、从严治军，抓住治权这个关键，构建严密的权力运行制约和监督体系；着眼于打造精锐作战力量，优化规模结构和部队编成，推动我军由数量规模型向质量效能型转变；着眼于抢占未来军事竞争战略制高点，充分发挥创新驱动发展作用，培育战斗力新的增长点；着眼于开发管理用好军事人力资源，推动人才发展体制改革和政策创新，形成人才辈出、人尽其才的生动局面；着眼于贯彻军民融合发展战略，推进跨军地重大改革任务，推动经济建设和国防建设融合发展。

正如人们形象比喻的，这次改革不只是动"棋子"，而且要调"棋盘"——重塑组织形态和力量体系，必将推动人民军队转型嬗变、浴火重生。

——这幅蓝图，充分彰显出习主席改革强军决策的科学英明。

深化国防和军队改革，必将进一步铸牢坚决听党指挥这个强军之魂。这次改革，牢牢把握坚持正确政治方向这个根本，通过一系列体制设计和制度安排，把党对军队绝对领导的根本原则和制度进一步固化下来并加以完善，贯彻军委主席负责制，强化军委集中统一领导，更好使军队最高领导权和指挥权集中于党中央、中央军委，确保军队一切行动听从党中央、中央军委和习主席指挥。

深化国防和军队改革，必将进一步强化能打仗、打胜仗这个强军之要。这次改革，将能打胜仗作为主攻方向，实质性突破制约能打仗、打胜仗的矛盾和障碍。构建军委——战区——部队的作战指挥体系，使我军指挥体制向联合作战方向迈出了关键性一大步。精兵简政、量体瘦身、腾笼换鸟，军种结构比例得到优化，新型作战力量建设得到加强，反映了现代战争的需求，顺应了世界新军事革命的潮流。

深化国防和军队改革，必将进一步夯实依法治军、从严治军这个强军之基。这次改革，从完善体制机制、健全监督监察体系入手，强化纪检、巡视、审计、司法监督的独立性、权威性，使监督职能更加明确、链条更加清晰，编密扎紧制度的笼子，努力铲除腐败现象滋生蔓延的土壤。全面停止军队开展对外有偿服务，部队风气将更加纯洁。

深化国防和军队改革，必将进一步汇聚强军动力、激发强军活力。这次改革，整合军官、士兵和文职人员等管理职能，深化军队院校改革，完善军事人力资源和后勤政策制度……这些开创性举措，有利于最大限度吸引和集聚优秀人才，激发广大官兵投身强军实践的积极性、主动性、创造性。改革从体制上机制上推动军民融合领域深层次矛盾问题的解决，必将形成军地良性互动、军民深度融合的良好局面。

领导指挥体制改革，是牵引和推动其他改革的龙头。这次改革，体现了现代军队领导指挥的特点规律，反映了作战指挥和建设管理专业化分工的要求，有利于加强军委集中统一领导，有利于强化军委战略管理功能，有利于提高一体化联合作战能力，有利于加强权力的制约和监督，有利于贯彻精简高效原则，凸显了改革设计的科学性合理性。

科学擘画，寄寓未来，人民军队将在主动变革、固本开新中实现历史性跨越。

——这幅蓝图，必将汇聚起三军将士强军兴军的磅礴力量。

　　"中国军队历史性改革正式启动""中国 60 多年来最大一次军改"……习主席在中央军委改革工作会议上的重要讲话精神，在海内外引起强烈反响，在座座军营激起强烈共鸣。

　　从万里冰封的祖国北疆到绿意盎然的南国大地，从高原哨所到中原腹地，从碧海岛礁到大漠戈壁，全军和武警部队迅速兴起学习贯彻习主席重要讲话精神的热潮，广大官兵话改革、讲担当，重任在肩、信心满怀。这信心，来自习主席亲自领航掌舵，来自改革蓝图前景可期，来自军心士气空前凝聚。

　　疾风知劲草，烈火见真金。人民军队历来有一切行动听指挥的好传统。面对改革强军的召唤，对照"时间表"，遵循"路线图"，三军将士闻令而动、听令而行。

　　听党指挥过好政治关。研究改革可以百家争鸣，落实改革必须集中统一。全军各级把学习贯彻习主席重要讲话精神作为重大政治任务，普遍开展深化改革集中动员教育，紧贴改革进程搞好分类教育，切实用习主席关于深化国防和军队改革重要论述武装头脑，不断增强政治自觉，强化使命担当，雷厉风行、不折不扣落实各项改革任务。

　　服从大局过好利益关。这轮改革，重点解决"脖子以上"的问题，领率机关和领导干部既是改革者也是被改革者。从四总部到各大军区机关，从高级领导干部到普通机关干部，坚决服从撤并降改，正确对待利益调整，带头讲政治、顾大局、守纪律、促改革、尽职责，以上率下为全军做好样子、立起标杆。

　　严格自律过好纪律关。铁的纪律是推进改革的有力保证。全军各级着眼于维护改革决策部署的权威性严肃性，加强党委领导，严格落实主体责任，加强监督检查，严格执行组织、人事、财经、保密等各项纪律规定，确保各项改革有力有序推进。

天下大事，必作于细。在习主席、中央军委的坚强领导下，全军和武警部队精心组织、稳扎稳打，以踏石留印、抓铁有痕的精神，坚决打赢深化国防和军队改革这场攻坚战……

风雷动，旌旗奋，起宏图。面对前所未有的时代大考，人民军队义无反顾、勇毅前行。

这答卷，写在击楫中流的时代担当里；

这答卷，写在大国军队的能力坐标中；

这答卷，写在星夜兼程的强军征途上！

（新华网 2015 年 12 月 30 日发布，《新华每日电讯》2015 年 12 月 31 日刊发）

出版后记

　　1840 年鸦片战争以来，中国经历了英法联军劫掠中国的第二次鸦片战争、中法战争、甲午战争、八国联军侵华、日军侵华等等无数次的欺凌，被蔑称支那、猪猡，上百万平方公里的国土被割裂，几千万手无寸铁的平民遭屠戮，惨酷、屈辱无以言表！甚至作为第一次世界大战的战胜国，国家利益、民族权益仍然受到同为战胜国的帝国主义的野蛮欺凌，这一民族屈辱激起了波澜壮阔的五四运动，促成了中国共产党的建立。通过国共合作，中国人民打败日本帝国主义。最终，中国共产党带领各族人民推翻蒋介石和国民党统治，砸烂帝国主义强加的一切不平等条约，建立新中国。改革开放 30 多年来，中国的综合国力、国际地位、国际影响，已经稳居世界前列。中国人从骨子里梦想着能真正强大起来，巍然屹立于世界东方，这是上百年来几代中国仁人志士的梦想，这是中国共产党人带领全国人民建立新中国 60 多年来的奋斗目标。强国必先强军，强军必先改革。既要拥有超前先进的高精尖武器装备，更要拥有坚强的军魂和强大稳固的民族意志力，这不仅是党和政府的责任，而且是每一位军人的责任，更是全体中国普通民众的共同责任。

　　上海世纪出版集团和上海远东出版社领导高度重视本书的编辑出版工作，组织精干的编校力量，对书稿内容进行了认真编辑加工和审校，对于书稿中存在的疑难问题，又请相关军事专家和国际问题专家审核，以求本书的学术水平和文字编校质量得到保证。

参与写作的军事名家和相关领域专家较多，文章的侧重点和文字表述各有特点，学术水平和文字能力客观上也存在一定差异。由于出书时间紧促，书中难免存在错讹之处，敬希各界读者不吝指正，以便我们在重印和修订时予以改正。

2014 年上海远东出版社编辑出版《甲午殇思》这部同样是刘亚洲空军上将等军事名家撰写的深刻反思甲午战争惨败历史教训的大书。该书获得众多优秀奖项和广大读者朋友的支持，得到军内外社会大众的肯定和赞扬。2016 年我们出版《强军策》一书，冀望再次获得社会各界读者的关注和支持。

祝愿伟大的祖国，从此不再受欺凌；祝愿饱经风霜、受尽磨难的中华民族，巍然挺立在世界东方，走上强大富裕幸福发展之路。

上海远东出版社

2015 年 12 月 31 日

图书在版编目(CIP)数据

强军策 / 曹智,张铁柱主编;刘亚洲等撰文.
—上海:上海远东出版社,2016

ISBN 978-7-5476-1146-3

Ⅰ.①强… Ⅱ.①曹… ②张… ③刘…
Ⅲ.①军事制度－改革－研究－中国 Ⅳ.①E2

中国版本图书馆CIP数据核字(2016)第152888号

强军策

撰　　文/刘亚洲等
主　　编/曹　智　张铁柱
责任编辑/徐忠良　杨林成
装帧设计/熙元创享文化

出版:上海世纪出版股份有限公司远东出版社
地址:中国上海市钦州南路81号
邮编:200235
公众微信:yuandongchubanshe

发行:新华书店　上海远东出版社
　　　上海世纪出版股份有限公司发行中心
制版:上海中华印刷有限公司
印刷:上海中华印刷有限公司
装订:上海中华印刷有限公司

开本:710×1000　1/16　　印张:26　　插页:2　　字数:321 千字
2016年7月第1版 2016年12月第2次印刷

ISBN 978-7-5476-1146-3 /E·6
定价:88.00 元

版权所有　盗版必究（举报电话:021-62347733）
如发生质量问题,读者可向印刷厂调换。
零售、邮购电话:021-62347733 转 8538